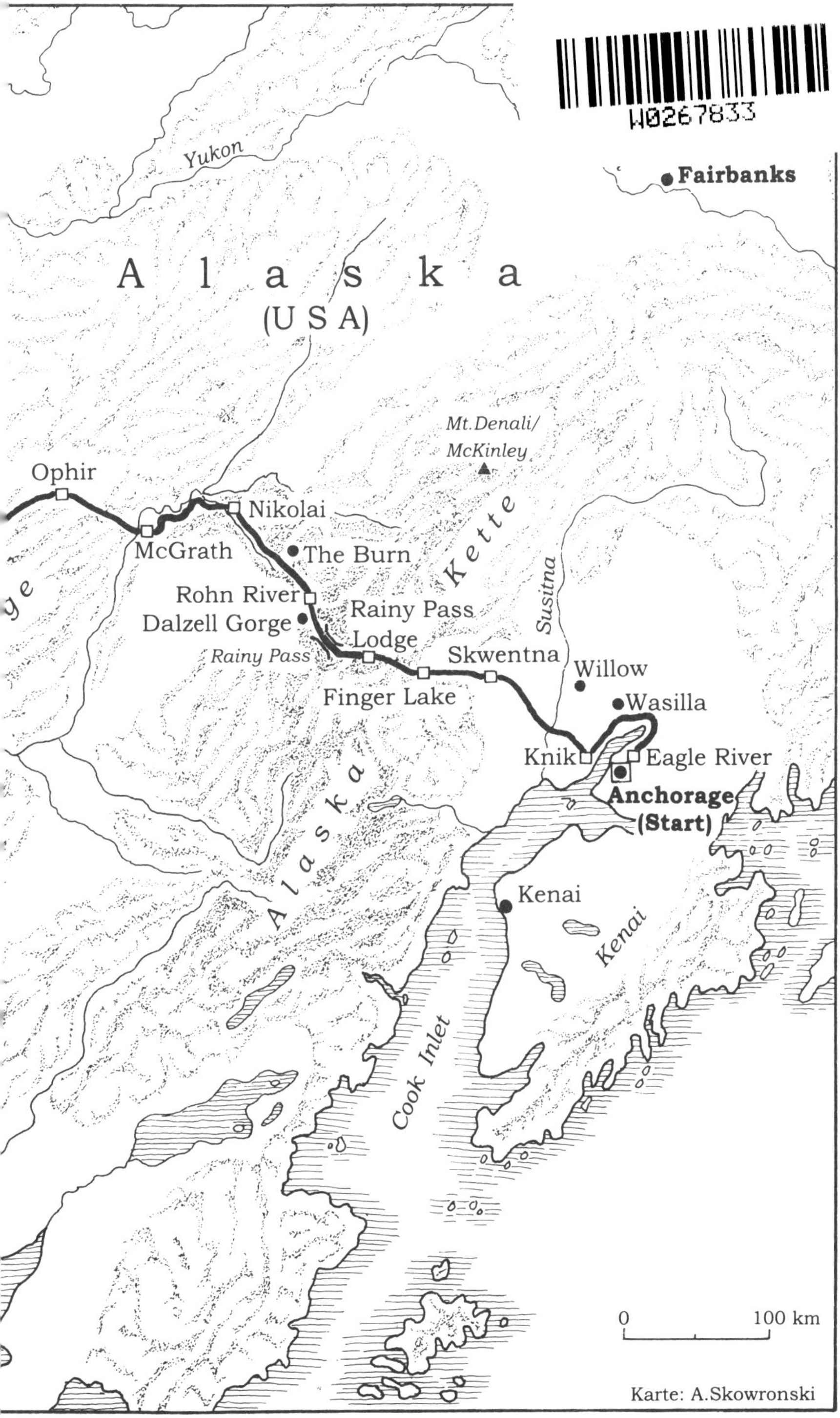

Yukon
Fairbanks
A l a s k a
(U S A)
Mt. Denali/
McKinley
Ophir
Nikolai
McGrath
The Burn
Kette
Rohn River
Rainy Pass
Dalzell Gorge
Lodge
Rainy Pass
Skwentna
Susitna
Willow
Finger Lake
Wasilla
ge
Knik
Eagle River
Anchorage
(Start)
Alaska
Kenai
Kenai
Cook Inlet
0
100 km
Karte: A.Skowronski

1781

Gary Paulsen

IDITAROD

Das härteste Hundeschlittenrennen der Welt

Aus dem Amerikanischen
von Brigitte Jakobeit

Hoffmann und Campe

Die Originalausgabe erschien unter dem Titel *Winterdance. The Fine Madness of Running the Iditarod* im Verlag Harcourt Brace & Company, New York, San Diego, London

Die Deutsche Bibliothek – CIP-Einheitsaufnahme
Paulsen, Gary:
Iditarod : das härteste Hundeschlittenrennen der Welt / Gary Paulsen.
Aus dem Amerikan. von Brigitte Jakobeit.
– 2. Aufl. – Hamburg : Hoffmann und Campe, 1998
Einheitssacht.: Winterdance ‹dt.›
ISBN 3-455-11148-3

Schutzumschlaggestaltung: Thomas Bonnie
Foto: Gary Paulsen
Satz: Dörlemann Satz, Lemförde
Druck und Bindung: Graphischer Großbetrieb Pößneck
Printed in Germany

Für die Freiwilligen des Iditarod,
ohne die das Rennen
nicht stattfinden könnte

Inhalt

Vorspiel 9

DIE HUNDE

Anfänge 29 · Höllenhunde 61 · Totale Wracks 78 ·
Hundwerdung 95 · Der erste Schnee 101 ·
Alaska 113

DAS RENNEN

Rennvorbereitungen 133 · Eagle River 144 ·
Skwentna 152 · Finger Lake 167 · Rainy Pass 177 ·
Dalzell Gorge und The Burn 183 · McGrath 197 ·
Im Landesinneren 202 · Don's Cabin 212 ·
Shageluk 220 · Der Yukon 225 · Unalakleet 231 ·
Nortonsund 241 · Nome 246

Aus 251

Vorspiel

Der Sturm brach so plötzlich und so brutal los, daß ich erschrak und Angst bekam.

Kurz nach Mitternacht hatte ich das Lager mit acht Hunden und leicht beladenem Schlitten verlassen. Es waren meine »Problemhunde«. In jedem Gespann gibt es gute Hunde, weniger gute Hunde und schließlich Problemhunde: Hunde, die vielleicht noch zu jung sind, gern streiten oder sich ständig umdrehen, um zu sehen, was der Schlittenführer macht. Problemhunde erfordern zusätzliche Mühe – es dauert länger, bis man sie versteht und kennenlernt und begreift, wie sie denken, reagieren und arbeiten.

Daher schirrte ich sie etwa alle vier Tage an, fuhr mit ihnen in die Berge und beobachtete sie genau. Wir waren in Alaska, um drei Monate vor meinem zweiten Iditarod-Rennen zu trainieren, und bei jedem Lauf lernte ich genausoviel dazu wie die Hunde.

Die Schwierigkeiten fingen mit Kopfschmerzen an. Manchmal sind es einfache Dinge, Kleinigkeiten, die das ganze Leben verändern. Meine Wintermütze war ins Feuer gefallen und verbrannt. Ich hatte mir eine neue gekauft, aber sie war massiger, das Futter dicker. Als ich das Lager verließ, klemmte ich mir die Batterien an die Hüfte und zog das Band für die Stirnlampe über die Mütze, so daß der Strahler in der Mitte saß. Das Band drückte, weil die Mütze dicker war. Weiter auslassen konnte ich es nicht, und um es zu verlängern, hätte ich ein Stück Stoff annähen müssen.

Aber die Hunde waren schon angeschirrt und an die Gangline gehakt, sie wollten los und gaben dieses hohe, schrille Jaulen von sich, das höchste Eile gebietet, daher verlängerte ich das Band nicht, sprang auf die Kufen und löste den Haken, mit dem der Schlitten an einer Birke befestigt war.

Am Anfang liefen sie gut, die Geschwindigkeit erregte sie. Wir fuhren in nordöstlicher Richtung in die Berge, die das Ende der Alaska-Kette markierten. Als der Trail mit zunehmender Höhe steiler und der Schnee pulveriger wurde, liefen die Hunde langsamer und stellten ihren Rhythmus auf die lange Strecke über den Paß ein.

Eine Stunde verstrich, verläpperte im leisen Hecheln des Hundeteams und im Knirschen der Kufen. Alles – die Hunde, die Landschaft, mein Leben, jeder Atemzug –, alles war wunderschön. Aber ich sah es nicht, ich konnte es nicht sehen.

Ich litt Qualen. Mein Kopf hämmerte von dem engen Band der Stirnlampe, und ich hatte kein Auge für Schönheit, Hunde, Schlitten, Landschaft – nichts von allem. Die Chinesen haben ein Sprichwort, das besagt, ein Mann mit Zahnschmerzen könne nicht verliebt sein, und der Sinn dieses Satzes traf voll auf mich zu.

Meine Schläfen pochten, und der Schmerz breitete sich im ganzen Kopf aus, verzerrte mein Denken und hinderte mich nicht nur daran, den Lauf zu genießen, sondern auch Warnsignale wahrzunehmen und auf das Gespann zu achten, und als ich die Lage endlich begriff, war es längst zu spät.

Es gab Warnsignale – von den Hunden, den Bäumen, dem Wind. Als ich anhielt, um die Hundepfoten zu überprüfen, und Salbe einmassierte, fing ein großer, weißer, dürrer Hund namens Crackers an, unruhig herumzuzappeln. Er roch die Brise, die jetzt ab und zu in böigen Wind überging. Ich nahm es nicht wahr und sah es nicht als die Warnung, die es darstellte.

Erste Schneeflocken fielen – keine großen und flaumigen, sondern kleine, fiese, die auf der Haut brannten. Sie waren ein Zeichen für kommendes Unwetter, genau wie Crackers' Unruhe (er haßte Stürme und verkroch sich gern, bevor es richtig losging), aber ich ignorierte auch den Schnee, kümmerte mich um die Hundepfoten, und sobald ich fertig war, gab ich das Startkommando.

Ich hatte vor, den Lauf zu beenden. Ich wollte es hinter mich bringen, eine Runde von hundertdreißig, hundertvierzig Kilometern drehen und dann zurück ins gemütliche Lager, wo ich mir ein neues Band an die Stirnlampe (oder die verdammte Stirnlampe, wie ich inzwischen dachte) nähen würde, nur vergaß ich in meiner fehlgeleiteten Konzentration auf mein eigenes kleines Problem ein paar grundlegende Regeln für Schlittenhundfahrer. Die wichtigste: Dein Zuhause ist da, wo du mit Gespann und Schlitten bist. Du kannst dem Wetter nicht entkommen. Oder, wie es mal ein Musher ausgedrückt hat: Du mußt tanzen, auch wenn die Musik schlecht ist.

Und die wurde immer schlechter. Der Wind nahm von Sekunde zu Sekunde zu. Eine Zeitlang hatte ihm die Richtung gefehlt, er war mal hierhin, mal dorthin geschlingert, aber jetzt hatte er ein Ziel und ziemlich viel Kraft. Und auch das Schneegestöber war stärker geworden; noch war die Sicht nicht ganz verdeckt, ich konnte das Team im gelbweißen Punktstrahl der Stirnlampe noch recht gut erkennen, doch ich sah entschieden schlechter als zuvor. Ein weiteres Warnsignal.

Aber ich achtete nicht darauf, und, was noch schlimmer war, viel schlimmer, durch meine Unachtsamkeit unterliefen mir Fehler, die die Situation verschärften.

Ich fuhr durch einen Fichtenstand. Die Bäume standen sehr

dicht und blockten den Wind völlig ab; einige waren abgestorben und hätten bestes Feuerholz abgegeben. Hier hätte ich halten, den Schlitten umkippen und eine Plane darüberziehen können, es wäre ein idealer Schlupfwinkel gewesen; ich hätte an der Öffnung ein Feuer machen können, in unmittelbarer Nähe lag genug Holz für eine ganze Woche; ich hätte eine Isomatte ausbreiten, ein paar Hunde zu mir in den Schlafsack holen und den Sturm in völliger Geborgenheit überstehen können. Ich hatte vier Dosen Rindsgulasch und zehn Kilo Fleisch für die Hunde, und selbst bei Schlechtwetterrationierung hätten wir es uns gutgehen lassen können.

Hätten. Können.

Statt dessen ließ ich mir den Kopf einquetschen und fuhr an den Bäumen vorbei, ohne sie wahrzunehmen oder wenigstens zu überlegen, was sie für mich und die Hunde bedeuten könnten. Schutz, Wärme, Hoffnung. Leben.

Am Ende des Fichtenstands führte die Spur über die Baumgrenze hinaus und in die Schneefelder des Hochlands. Von Spur konnte eigentlich nicht die Rede sein, es war eher eine Linie, und öfter fand sich gar keine Markierung im Schnee. Um den Weg zu finden, mußte ich mich auf meinen Leithund verlassen, ein zierliches Weibchen namens Duberry. Sie beherrschte ihre Rolle gut und folgte manchmal nur ihrem Gefühl, als sie flink und wachsam dahintrabte, wobei ihre kleine schwarzweiße Gestalt vorne zog wie ein Leuchtfeuer.

Gleich hinter den Bäumen führte der Trail in eine sanfte Mulde und ging etwa drei Kilometer an einer Bergflanke entlang; der Weg war so schräg, daß ich mich auf eine Kufe stellen und den Schlitten in den Gegenwinkel drücken mußte, damit er nicht den Berg hinunterrutschte.

Durch diese Haltung wurde mein Anorak vom Wind aufgebläht, und das, verbunden mit der Fahrt durch die Mulde und meinen Kopfschmerzen, lenkte mich von weiteren Warnsignalen ab. Inzwischen wehte der Wind viel stärker, er pfiff geradeaus, ohne jeden Strudel, bekam von irgendwoher Kraft, die irgendwohin blies, und erreichte einen Punkt, an dem Kleinigkeiten sehr, sehr wichtig werden. Banale Unachtsamkeiten, kleine Dummheiten, ein lockerer Bolzen, ein verlorener Handschuh, das alles konnte einen zum Krüppel machen oder das Leben kosten.

Am Ende der Mulde führte der Trail in teilweise offenes Gelände, immer noch an der Bergflanke entlang, aber völlig ungeschützt, und jeder außer einem Vollidioten hätte die Gefahr von Wind und Sturm erkannt.

Aber ich kauerte mit dem Rücken zu allem, in meinem Kopf trommelten Dschungelstämme um die Wette, und ich starrte auf die Kufe neben mir, während ich seitwärts auf der anderen hing und wünschte, ich hätte mir die Zeit genommen, das Kopfband zu verlängern. Einen Kilometer verfolgte mich dieser Wunsch, dann noch einen und noch einen …

Dreizehn, vierzehn Kilometer draußen in den Schneefeldern oberhalb der Baumgrenze, weit entfernt von Schutz, Wärme, Gemütlichkeit und Ruhe.

Auf dem Weg in den Wahnsinn.

Ich hatte mich zu drei Viertel vom Wind abgekehrt, nicht nur mit dem Rücken, ich schaute auch nach hinten auf den Trail, halb verwirrt, daß unsere Spuren sich mit Schnee füllten und verwehten, noch ehe der Schlitten zwei Meter weiter war, was der Entfernung entsprach, in der ich im Schneetreiben und Wind überhaupt etwas erkennen konnte.

An diesem Punkt setzte ein Überlebensreflex ein, der Blitz eines Gedankens durchfuhr mich, der mir sagte, daß der Wind, wenn unsere Spur so schnell verwehte, mit Sicherheit noch stärker würde …

Im selben Moment zog Duberry das Team im Bogen um die Bergflanke, und es war, als führe man um das Ende einer Mauer.

Duberry verschwand einfach.

Ich hatte mich blitzschnell umgedreht und nach vorne gesehen, als wir in völlig offenes Gelände liefen und eine wirbelnde weiße Wolke Duberry von der Seite traf wie ein Holzhammer. Zuerst dachte ich, sie sei lediglich von Schnee verdeckt und blinzelte, um durch die aufgewühlte Masse und den plötzlich aufheulenden Wind zu sehen, aber es war unmöglich.

Sie war fort.

Einfach zur Seite gefegt, und einen Herzschlag später wurden der Schlitten und der Rest des Teams wie durch Eigendynamik in das tobende Chaos gezerrt und waren ebenfalls verschwunden.

Ich griff, grapschte mit der Hand, während der Wind auf mich einpeitschte, aber er kam zu unvermittelt, zu heftig, und ich wurde vom Schlitten gerissen, vom Wind gepackt und stürzte kopfüber den Berg hinunter.

Geschwindigkeiten, technische Begriffe sind unerheblich. Ich kannte einen Mann, der im Winter den Mt. Denali/McKinley besteigen wollte. Er wurde vom Berg geweht – verloren, tot, verschollen –, die Leiche wurde nie gefunden. Einige schätzten, daß der Wind eine Stärke von zweihundertfünfzig bis dreihundert Stundenkilometer erreicht haben mußte, wenn er einen menschlichen Körper seitwärts vom Berg weht.

Ich weiß nicht, welche Stärke der Wind hatte. Ich war noch nie – einschließlich zweier Taifune auf den Philippinen – einer nur annähernd so starken Gewalt ausgesetzt wie jetzt; ich hatte im wahrsten Sinne des Wortes keine Kontrolle über mein Leben.

Es blies mich einfach vom Schlitten. Ich versuchte, mich mit dem Ellbogen am Bügel einzuhaken, verfehlte ihn aber und sah noch kurz, wie der Schlitten ähnlich einer Wetterfahne vor den Hunden schlenkerte, und dann nichts mehr.

Ich versuchte aufzustehen, aber der Wind warf mich ständig wieder um und trieb mich Purzelbaum schlagend den Berg hinunter. Ich versuchte Halt zu finden, aber es gab nichts zum Festhalten, ich rollte und fiel immer weiter. Ich bin nicht sicher, wie lange es dauerte. Ich war völlig orientierungslos, hatte nur eine vage Ahnung von oben und unten, und bis auf das Heulen des Windes sah und hörte ich nichts.

Er hätte mich überallhin wehen können, in die Hölle, aus der Welt – ich hätte es nicht gemerkt.

Statt dessen setzte er mich an einem felsigen, mit Eis bedeckten Ausbiß ab. Ich landete mit einer Wucht, die mir die Luft aus den Lungen preßte und meinen Kopf in einem Schneehaufen vergrub. Dort hing ich eine Weile, vielleicht eine halbe Minute, gehalten vom Druck des Windes, der mich gegen Eis und Stein drückte, und dann setzte stoßweise wieder mein Denkvermögen ein.

Hunde. Die Hunde. Wo waren sie? Ging es ihnen gut?

»Duberry!«

Ich versuchte ihren Namen zu rufen, zu brüllen, aber meine Stimme verlor sich im Wind. Ich lag immer noch auf der Seite, halb aufgerichtet, und krallte mich mit meinen behandschuhten Händen an den Steinen fest, während ich vorsichtig zur Seite kroch und einen windgeschützten Platz suchte.

Zentimeter um Zentimeter. Einmal hatte ich das Gefühl, als hinge mein Fuß im freien Raum, und der Wind hob mein Bein in die Luft, trieb es hoch, und ich drückte es mit aller Kraft nach unten, rutschte ein bißchen und gelangte unter einen kleinen Überhang, wo ich zum erstenmal wieder tief Luft holte und dachte, vielleicht kann ich ja diese Position halten.

Auf diese Art, so wie es mir jetzt erging, kamen Menschen ums Leben. Kleine Dinge, banale Dinge sind tödlich. Ich befand mich halbwegs aus dem Wind, aber abgesehen von meiner Kleidung hatte ich keine Ausrüstung, keinen Proviant, kein Benzin, kein … nichts.

So einfach passiert es. Gefangen in Wind, Kälte und Schneetreiben, so verwirrt, daß man das Leben vergißt, und dann kommt der Tod. Die Stürme im Hochland dauerten manchmal Tage, Wochen an, und ich saß fest, gefangen hinter einer kleinen Felsnase, verloren.

Augenblicke von Selbstmitleid und Wut über meine fahrlässige Dummheit überfielen mich. Zu allem Unglück entluden sich die Batterien ziemlich schnell, und meine Stirnlampe schimmerte nur noch schwach. In einer Tasche auf dem Schlitten hatte ich Ersatzbatterien, aber der Schlitten …

Dann übernahm mein Instinkt die Leitung, und ich versuchte das Beste aus den Umständen zu machen. Im schwachen gelben Licht und Schneegeriesel, das der Wind im Vorbeiwehen unter der Felsnase ablud, sah ich, daß sich die Öffnung unter dem Überhang leicht nach hinten wölbte – ungefähr einen halben Meter. Das Loch war mit harschem Schnee gefüllt, und ich fing an zu graben, was sich in dem gefrorenen Schnee als nahezu wirkungslos erwies, bis ich plötzlich das Gefühl hatte, als wäre irgend etwas in meiner Nähe.

Ich hatte das schon früher erlebt, wenn ich halluzinierte, und bestimmt war dies jetzt auch ein Hirngespinst. In Wirklichkeit war ich müde und dachte nicht klar. Ich schaute mich um und kam zu dem Schluß, da war nichts, meine Träume hatten mich mal wieder eingeholt. Ich ignorierte es.

Aber das Gefühl hielt an. Irgendwas war da, ganz nahe. Irgendwas oder irgendwer. Ich durfte es nicht ignorieren. Ich hörte auf zu graben und drehte mich um, versuchte, durch die

Wand aus Schnee und Wind zu sehen, aber es ging nicht, und doch war mir, als müßte ich mich nur strecken, nur ein bißchen aus dem Schutz begeben, ein winziges Stückchen …

Wahnsinn, den Schutz zu verlassen. Der Wind wäre nur stärker, und wenn ich mich ins Freie wagte, würde er mich wieder packen und wegfegen.

Trotzdem konnte ich dem Sog nicht widerstehen. Es war da, irgend etwas, etwas Nahes, ich wußte es todsicher. Vorsichtig drehte ich mich auf den Bauch, schob mich ein Stück aus dem Unterstand, klammerte mich draußen, wo der Wind tobte, mit der linken Hand fest und bohrte mit dem Zeh des linken Fußes Löcher in den Schnee, um Halt zu finden, geriet ins Schwanken und wollte schon aufgeben, da sah ich es.

Eine Form. Eine dreieckige Form im Schnee, die dahockte und im Wind hin und her schwankte.

Der Schlitten.

Er stand hochkant, hielt der vollen Kraft des Sturms stand und kippte nicht um, er befand sich direkt vor mir, keine zwei Armeslängen entfernt. Eigentlich konnte er gar nicht da sein, hätte weit weggeweht sein müssen, aber nein, da war er, als wartete er nur auf mich.

Einen Augenblick konnte ich es nicht fassen – hier wurden physikalische Gesetze in Frage gestellt. Einem gottverdammten Panzer wäre es nicht gelungen, diesem Wind zu trotzen.

Aber er war da, und ich kroch weiter auf dem Bauch, bis ich das Ende der Kufe berühren konnte, um mich von seiner Echtheit zu überzeugen, und jetzt sah ich auch, was passiert war.

Glück. Reines Glück. Als der Schlitten abgestürzt war, hatte sich der Anker – der scharfe, an der Gangline befestigte Schneeanker, der die Hunde anhält, wenn der Schlitten gebremst wird – aus der ledernen Tragetasche gelöst und war im Schnee mitgeschleift. Es war so ein Haken, der sich selbst versenkt, wie ein Bootsanker frißt er sich um so tiefer in den Boden, je fester er gezogen wird, aber im Schnee hatte er sich nicht festgebohrt. Statt dessen war er bis zu den Steinen mitgeschlittert, wo er sich mit seinen beiden Hakenenden in einer schmalen Spalte verfing.

Und auch die Hunde waren da. Ich konnte sie nicht sehen, aber sie waren noch an den Schlitten gehakt, hingen hintereinander an dem abschüssigen Berg, und der Wind setzte ihnen ordentlich zu. Man hatte mir das Leben geschenkt, wo es fast keine Hoffnung mehr gab.

Aber um zu leben, um weiterzumachen, mußte ich den Schutz verlassen, mich zu den Hunden hinunterarbeiten und sie hochholen, und dabei wäre ich die ganze Zeit davon abhängig, daß der Anker hielt. Wenn er heraussprang, würde alles von vorn anfangen, wir wären ein Spiel des Windes und ihm wieder völlig ausgeliefert, und das Glück, daß der Anker ein zweites Mal dort hängenblieb, wo er hängenbleiben mußte, dieses Glück gab es nicht. Ich sah auf das Seil und den Anker, versuchte das Risiko, das Glücksspiel zu vergessen und an andere, wichtige Dinge zu denken, denn ich wußte, es ging nicht nur um mich, jetzt nicht mehr.

Es ging um uns.

Ich konnte Isomatte, Schlafsack und Proviant aus dem Schlitten holen, zurück in das Loch schleppen, mir einen Unterschlupf bauen und die Sache durchstehen. Mir ginge es gut. Vielleicht würde ich mich sogar wohl fühlen. Ich schon.

Aber die Hunde waren noch draußen im Sturm. Dem Wind ausgesetzt. Und da sie mit dem Rücken zum Wind hingen, würden ihre Haare aufgeweht, Schnee und Graupeln kämen in ihr Fell und dicht an die Haut, und dann würde ihre Körpertemperatur sinken. Das hatten mir andere Hundeführer erzählt. Wenn ihre Körpertemperatur sank, konnte sich Flüssigkeit in den Lungen bilden, die zu einer Lungenentzündung führte, an der sie womöglich starben. Mich brachten sie vielleicht nach Hause, aber auch dann konnten sie noch sterben.

Und plötzlich kam ein Moment – ich lag auf dem Bauch und sah den Anker an, den ich im schwachen Licht der ersterbenden Stirnlampe mit den Händen festhielt –, kam der Moment, in dem mir klar wurde, daß ich das nicht zulassen durfte. Irgendwie hatten wir den Punkt hinter uns, wo dies möglich gewesen wäre und ich damit hätte leben können, wir hatten eine Ebene erreicht, wo das »Wir« zählte, nicht das »Ich«.

Mein Körper wehrte sich eine weitere Minute. Jede Faser in mir sträubte sich dagegen, aufzustehen, auf Gedeih und Verderb diesem im Spalt eingeklemmten Anker ausgeliefert, und mich zu den Hunden hinunterzutasten, um sie zu mir in die kleine Öffnung zu ziehen. Vernünftig war es nicht.

Trotzdem machte ich es. Meine Beine rührten sich, schoben mich halbwegs aufrecht, wenn auch immer noch gegen meinen Willen. Mit beiden Händen hämmerte ich auf den Anker und versuchte die Spitze tiefer in den Spalt zu treiben, dann packte ich den Schlitten und bewegte mich hinaus in den Wind.

Er hatte um einiges an Wildheit zugelegt. Er blies in meine Parkakapuze, riß an meinen Lidern, wehte mir Schnee in die Augen und brachte mich wieder aus dem Gleichgewicht. Ich wurde die Gangline entlanggetrieben, klammerte mich daran fest und schob mich durch die Hunde, die sich in einem heillosen Chaos befanden. Sie hatten sich im Wind überschlagen, hatten sich verheddert und wieder befreit, bis einige auf dem Rücken im Schnee lagen, alle vier Pfoten in den Leinen verfangen.

Ich befreite Hund für Hund und ließ mich von meinem

Tastsinn leiten. Meine Lampe war inzwischen ganz erloschen, aber ich hatte oft genug aus- und eingeschirrt und wußte, wie sich ein Riemen, eine Zugleine oder ein Halsband anfühlte. Sobald ich mit einem Hund fertig war, stand er auf, mit dem Hintern zum Wind, und wartete, bis ich schließlich zu Duberry kam, die sich als einzige nicht verheddert hatte. Sie lag im Schnee, eingerollt zu einer kleinen Kugel, und wollte nicht aufstehen, aber ich zog sie am Halsband und kämpfte mich den Hang hoch, zerrte sie mit mir, riß und hievte sie nach oben, bis wir endlich in den kleinen Schutz des Überhangs gelangten.

Duberrys Zugleine war an die Gangline gehakt, und sie hatte die anderen Hunde im 180-Grad-Bogen herum- und mit sich nach oben gezogen. Ich schob sie zur Seite und zerrte weiter, legte jeden Hund neben sie, bis alle da waren, eingezwängt in dem engen Raum.

Der Wind hatte sie zermürbt, und zwei fingen an zu raufen, was weitere Streitereien auslöste; ich fluchte und schrie und verteilte Klapse, bis sie wieder einigermaßen ruhig waren.

Dann packte ich die Hauptgangline, zog die Schlittennase zu mir herum – alles im Dunkeln – und kippte ihn auf die Seite, damit der Rahmen den um die Felskante wehenden Wind halbwegs abblockte.

Jetzt hatten wir zumindest ein Minimum an Schutz: Der Fels bildete die Hauptwand, der Schlitten hielt die von der Windseite kommenden Böen ab, und die Hunde taten ihr übriges auf der windgeschützten Seite.

Ich zog den Reißverschluß am Schlittensack auf und holte Schlafsack und Isomatten heraus, schob sie unter mich, kroch in den Schlafsack und holte ein paar Hunde zu mir herein, bis ich von einer lebenden Pelzmasse bedeckt war.

Natürlich paßten nicht alle in den Schlafsack, aber ich holte so viele ich konnte zu mir und kuschelte mich an sie. Zumindest waren sie aus dem Wind und lagen bequem auf dem Schlafsack und der Isomatte. So konnten wir den Sturm überstehen.

Das Ganze hatte kaum eine halbe Stunde gedauert, es war ein einziges Reagieren auf Wind und Wetter, und ich hatte die Situation noch gar nicht richtig durchdacht. Jetzt, geschützt und umgeben von den Hunden, setzte mein Verstand ein, und mir wurde folgendes klar: Wenn der Sturm lange anhielt, würde man frühestens in zwei bis drei Tagen nach mir suchen, und wenn es eine Lösung für mein Problem gab – sofern ich überhaupt eines *hatte* –, mußte sie von mir kommen. Von den Hunden und mir.

Ich war allein.

Immer hatte es in meinem Leben etwas anderes, jemand anderen gegeben. Ich hatte schlimme Zeiten, harte Zeiten durchgemacht, aber irgendwie waren stets andere Menschen da gewesen. Aber jetzt nicht.

Im ersten Moment war diese Vorstellung beängstigend, doch dann kam ein zweites Gefühl dazu, eine Art Befreiung, die ich mir nicht erklären konnte. Das ergab keinen Sinn. Ich befand mich in einem Unterstand in der Alaska-Kette inmitten des schlimmsten Sturms, den ich je erlebt hatte, ohne jegliche Chance auf Hilfe von außen – und ich fühlte mich befreit.

Die Hunde ruhten eine Weile, aber sie waren nicht müde, und da sie auf engstem Raum zusammengezwängt lagen, ohne daß sie eine Pause benötigten, wurden sie unruhig. Sie wissen genau, was sie mögen und was nicht, und nicht selten hassen sie sich aus keinem ersichtlichen Grund – besonders die Weibchen. Es kann gefährlich sein, sie so eng zusammenzupferchen, wenn sie nicht müde sind. Sie fingen an, herumzuzappeln und zu streiten, und im Nu waren meine Kleider zerfetzt, und ich hatte blutende Bißwunden. Als ich sie anbrüllte und fluchte, beruhigten sie sich wieder, wenn auch unter leisem Geknurre, und ich kehrte zu meinen Gedanken zurück.

Mein Gefühl der Befreiung, überlegte ich, rührte wohl daher, daß Alleinsein eine Art Freiheit bedeutet. Natürlich konnte ich umkommen und die Hunde ebenfalls. Wir hatten zwar Proviant für drei Tage, und ich konnte vielleicht noch vier bis fünf Tage ohne Nahrung laufen, aber falls während des Sturms auch nur ein Meter Schnee fiel, Pulverschnee, müßte ich auf Schneeschuhen vor den Hunden hergehen, um eine Spur zu legen, und das wäre auf Dauer zu anstrengend. Hundertdreißig bis hundertfünfzig Kilometer bei einer Geschwindigkeit von zwei Stundenkilometern, vielleicht auch nur einem, wenn ich die Spur legte …

Ich rechnete ein bißchen, während ich von Hunden zugedeckt in einem Schneeschutz lag und das Ende eines Sturms abwartete: Wenn man mit Schneeschuhen bei einer Geschwindigkeit von einem Stundenkilometer vor den Hunden herginge und der Weg zum Lager, wo es Futter für das Gespann gab, hundertdreißig Kilometer betrüge, bräuchte man hundertdreißig Stunden.

Captain Cook, der so dumm war und nichts von Hunden hielt, starb in der Antarktis, nur siebzehn Kilometer von seinem rettenden Proviantdepot entfernt.

Wieder zappelten und wühlten die Hunde herum, und ich brummte sie an. Inzwischen knurrte ich sie mehr an, als daß ich mit ihnen redete. Knurren als Sprache.

Wenn man also bei normalem Wetter hundertdreißig Stunden bräuchte, wie lange würde es dann dauern, wenn man ganz allein wäre und frei, und ein weiterer Sturm käme auf, während man sich auf dem Rückweg befand? Wie lange würde es dauern, wenn zwei Züge Chicago verließen und Stürme aufkämen und ihre Leithunde wunde Füße hätten und sie sich einfach nicht mehr bewegen könnten und kein Futter vorhanden wäre?

Meine Musherkarriere dauerte noch nicht lange genug, um beim Laufen mit den Hunden verrückt zu werden. Das kam erst später. Doch die Anfänge des Wahnsinns, die Konzentration, die primitive Schläue, die Instinkte, das alles war da, und als mir die Zeit unter den Hunden lang wurde und der Sturm ewig nicht aufhörte, liefen meine Gedanken von selbst, überstürzten sich und setzten aus, bis die Hitze von Hunden und Schlafsack die Belastung und Müdigkeit einholten und ich einschlief.

Ich weiß nicht, wie lange ich schlief. Erst döste ich nur, und die Hunde rumorten weiter herum, aber bald fiel ich in Tiefschlaf und bekam nichts mehr mit, bis ich plötzlich einen Schmerz in den Augen spürte.

Er war stechend und gezielt, wie Nadeln. Ich wurde wach und sah einen dünnen, blitzlichthellen, weißen Lichtstrahl, der sich durch ein Loch zwischen Duberry, die auf meinem Kopf lag, und einem Hund namens Walter, der über meiner Brust kauerte, direkt in meine Augen bohrte.

Ich bewegte Kopf und Schultern, und die Hunde spürten mich, gähnten, streckten sich auf mir, und dann standen sie auf und schüttelten sich, und ich sah die Welt durch einen Schneeschauer, der sich auf den Hunden abgelagert hatte.

Es hatte nicht viel geschneit, aber da und dort türmten sich hohe Wehen auf. Ich setzte mich auf und sah, daß die Felsnase, unter der wir uns schützten, zwischen zwei etwa drei Meter hohen Verwehungen lag.

Ich öffnete den Reißverschluß am Schlafsack, stand auf und sah zum erstenmal bei Tageslicht, wo ich mich befand.

Es war überwältigend. Vor mir, über mir und weit draußen

im Nordwesten erstreckte sich die gesamte Alaska-Kette. Man kann einen Monat unterhalb des McKinley und der Kette wohnen, ohne sie jemals durch die Wolken zu sehen, aber im Moment trübte kein Schatten den Himmel, und die Bergspitzen sahen aus, als hingen sie direkt über mir.

Es war still, kein Lüftchen regte sich, und bitterkalt. Fünfundvierzig, vielleicht fünfzig Grad unter Null. Ich schüttelte den Schnee aus dem Schlafsack, zog den Reißverschluß zu und rollte ihn zusammen, dann kippte ich den Schlitten wieder auf die Kufen und klopfte den Schnee von der Schlittentasche. Ich hatte einen Ofen dabei, und weil das Wetter klar war und eine Weile so zu bleiben schien, wollte ich mir die Zeit nehmen, Fleisch zu kochen und die Hunde zu füttern.

Ich holte Futtersack und Ofen, und wenig später schmolz ich Schnee auf dem 20-Liter-Aluminium-Gestell und taute Fleischbrocken für die Hunde auf. Dann fütterte ich sie, leinte sie im Schnee aus, ordnete die Leinen, hakte diejenigen wieder an, die sich gelöst hatten, und als ich zum Schluß den Schlitten belud, sah ich, wie knapp ich an der Kippe gestanden hatte.

Ich sah zwei Dinge, die hätten tödlich sein können:

Der Anker, dem ich vertraut hatte, als ich zu den Hunden hinunterkletterte, um sie zurückzuholen, der Anker hatte sich gelöst und hing nur noch mit der äußersten linken Hakenzinke an einer winzigen Felsecke. Er wackelte, nahezu ohne Halt, und als ich nach ihm griff und ihn leicht mit der Hand streifte, löste er sich und fiel ganz ab. So knapp war es gewesen, als ich die Hunde hochholte – mein Leben hatte an einem seidenen Faden gehangen.

Und als ich auf dem Schlitten stand, dem Gespann ein Kommando zurief, um den gleichen Weg zurückzulaufen, mußte ich blinzeln, weil ich keine Sonnenbrille dabeihatte, und sah, was passiert wäre, wenn der Anker sich gelöst hätte.

Unter uns, dort, wo der Wind uns hingeweht hätte, lag eine riesige Schlucht. Der Sturm hatte uns auf diese Schlucht zugetrieben, die etwa hundert Meter nahezu senkrecht abstürzte und unten in einem gefrorenen Fluß endete. Ich hätte den Absturz nicht ohne ernsthafte Verletzung überlebt, unmöglich, und jede Verletzung wäre fatal gewesen. Wäre ich am Fuße der Schlucht gelegen, ohne Hunde, hätte keiner von uns es geschafft.

Der Anker hatte sich in den Stein gebohrt, die Hunde waren nach unten gerissen worden, bis sie an der noch immer am Anker befestigten Gangline hingen, Duberry war keine fünfzehn Meter vom Abgrund entfernt gewesen. Wenn man sich die Verwehung wegdachte, die jetzt über den Rand hinausragte, hatte sie sich fast über dem Abgrund befunden, als der Anker sie aufhielt.

Reines Glück.

Ich hatte alles falsch gemacht: Das Band an der Stirnlampe nicht verlängert, die Batterien nicht ersetzt, war weitergefahren, wo ich besser gehalten hätte, hatte mich bei schlechtem Wetter in unbekanntes Gebiet begeben – alles dumme Fehler, Fehler, die Menschen schon verletzt und das Leben gekostet hatten. Das Glück hatte uns beigestanden und uns gerettet.

Der Schnee lag nicht besonders hoch, außer in den Verwehungen, und die konnten wir umfahren. Ich ließ die Hunde laufen, bis sie ihren Rhythmus gefunden hatten, und überließ mich der Fahrt und der Schönheit der Berge. Wir waren hoch genug und konnten die Landschaft bis nach Willow und Anchorage überblicken, sie breitete sich unter uns aus wie eine wunderschöne Landkarte. Die Hunde liefen gut, ihre Schultern arbeiteten kräftig, alle Leinen waren straff, und die Windstille ließ die vorherige Nacht wie einen Alptraum erscheinen.

Der Schock kam erst viel später. Wir beendeten den Lauf, die Hunde waren im Lager festgebunden und schliefen im Stroh, und ich saß mit einem Freund zusammen, trank Tee und betrachtete das Feuer. Mein Gesicht brannte von der Hitze der Flammen, zumindest kam es mir so vor, und als ich die Teetasse hob, zitterten mir die Hände.

»Kalt?« fragte mein Freund.

»Nein. Angst.«

»Angst wovor?«

Ich hatte ihm einiges von dem Vorfall erzählt, aber nicht, wie knapp die Sache war, auch nicht, wie das Bild des am äußersten Ende hängenden Ankers auf mich gewirkt hatte, wie die Schlucht in die Tiefe stürzte und endlos gähnte und wie der Wind tobte und wie gottverdammt knapp die Sache wirklich war. All das brach jetzt über mich herein, und ich starrte in meine Teetasse und dachte, in einer Minute, wenn das Zittern etwas nachläßt, trinke ich einen Schluck.

»Einfach Angst – du weißt schon. Das Leben. Alles.«

Und weil er in der Armee gewesen war und solche Dinge gesehen und erlebt hatte und alt genug war, um Bescheid zu wissen, fragte er nicht weiter. Er nickte, und wir saßen da, starrten ins Feuer, und ich dachte, jeder zurechnungsfähige Mensch, der die Vierzig überschritten hatte und halbwegs erfolgreich im Beruf war, würde jetzt aufhören, die Hunde aufgeben, sofort einen Schlußstrich ziehen und in die Welt und zur Vernunft zurückkehren, aber gleichzeitig wußte ich, was mir Angst machte, war nicht die Schlucht und auch nicht der an der äußersten Spitze hängende Anker, sondern das Wissen, die absolute Gewißheit, daß ich nicht aufhören konnte, nicht aufhören würde, niemals imstande wäre, aus freien Stücken auf das Laufen mit Schlittenhunden zu verzichten.

DIE HUNDE

Anfänge

Inzwischen lief ich fast ein Jahr mit Schlittenhunden. Kleine Zufälle – diese herrlich unverhofften Ereignisse, die das Leben so unvorhersehbar machen – hatten mich zwei Jahre gelenkt und an diesen Punkt gebracht. In Colorado fing es an. Meine Familie und ich waren pleite, es zog uns nach Norden, wo wir einen billigen Ort zum Leben suchten und uns in einer Hütte in den Wäldern von Minnesota niederließen, was uns finanziell noch weiter in den Ruin stürzte. Wir besaßen nicht einmal ein Fahrzeug, bis mir jemand vier Hunde und einen beschädigten Schlitten schenkte und ich anfing, mit ihnen auf die Jagd zu gehen und Fallen zu stellen. Wir lebten also, und um beweglich zu sein und arbeiten zu können und nicht zuletzt aus Freude lief ich mit Schlittenhunden.

Ich habe niemals vorsätzlich den Entschluß gefaßt, nach Alaska zu gehen und am Iditarod teilzunehmen.

Wir waren zufrieden mit unserem Leben, wir gärtnerten, gingen ab und zu auf die Jagd, stellten ein paar Fallen, betrieben ein bißchen Landwirtschaft, wir versuchten eben, jedem Bereich unseres Lebens ein gewisses Maß an Qualität abzugewinnen.

Dieses Prinzip hatten wir so weit perfektioniert, daß ich dachte, ich müßte es nur schaffen, eine einzige perfekte Tomate großzuziehen (was nie vorkam und bis heute nicht vorgekommen ist, obwohl ich es weiter versuche), und ich wäre der glücklichste Mensch auf Erden.

Allmählich nahm ich die Hunde stärker wahr. Als ich mehr Zeit mit ihnen verbrachte, mit ihnen die Trapperroute abfuhr und Schürholz transportierte – wir verbrauchten zum Kochen und Heizen fünfzig Raummeter Eiche im Jahr, alles von den Hunden gezogen –, als ich täglich mit ihnen zusammen war und sie beobachtete, bekam ich ein Gespür für die wahre Unantastbarkeit des Lebens, ich begann zu verstehen, daß Leben all das umfaßt, was der Kosmos gibt, und daß Leben zu zerstören, egal aus welchem Grund, falsch ist.

Diese Veränderung vollzog sich nicht plötzlich, sondern über den Winter, in dem ich die Hunde zum Überleben benutzte, sie beim Denken beobachtete, sie kennenlernte und mich mit einem alten Mann unterhielt, einem ehemaligen Cowboy aus Montana.

Er sprach über Kühe. Damals aßen wir noch Rindfleisch, wir zogen Kühe groß und schlachteten für den Eigenverbrauch, aber ich sah sie nie als Wesen, die in gewisser Weise auch Leben in sich tragen. Sie zockelten durch die Gegend, sie lebten, sie beanspruchten Platz, aber irgendwie betrachtete ich sie wie Al Capps kleine Comicfiguren – als nichtdenkende, nichtexistente Proteinquellen, als riesige Protozoen. Sie lebten nicht wie wir Menschen. Der alte Cowboy aber saß bei uns im Haus am Ofen und trank Kaffee und erzählte uns, daß Weidelandkühe etwas entwickelten, was er »Grasweisheit« nannte. Beim Weiden, sagte er, bewegten sich Kühe und Kälber weit vom Wasser fort, manchmal bis zu sechs Kilometer. Die Kälber brauchten kein Wasser, denn sie tranken ja die Milch von ihren Müttern, aber die Kühe mußten etwa alle zwei Tage an die Tränke. Das Dumme war nur, daß die Kälber nicht jedesmal den ganzen Hin- und Rückweg zurücklegen konnten, aber allein lassen konnte man sie auch nicht, denn ohne erwachsenen Schutz hätten sich die Koyoten über sie hergemacht. Eine scheinbar ausweglose Situation.

Die Kühe lösten sie, indem sie eine der ihren auswählten, um dazubleiben und auf die Kälber aufzupassen, solange die anderen zum Wasser gingen. Das allein war vielleicht gar nicht so erstaunlich. Doch dann erzählte er uns, daß sie einen Dienstplan einhielten und nicht immer dieselbe Kuh blieb, sondern jedesmal eine andere, und sie wußten immer, welche an der Reihe war, und da beschloß Ruth auf der Stelle, keinen Bissen Fleisch mehr anzurühren, und ich hängte das Fallenstellen, Töten und Jagen an den Nagel.

Aber die Schönheit des Waldes, die unglaubliche Freude, die er gibt, ist zu verführerisch, man kann ihr nicht widerstehen, und ich fand es unerträglich, darauf zu verzichten. Also lief ich mit den Hunden, um mit ihnen zu laufen; ich wollte im Wald und ein Teil der Natur sein.

Einige glaubten, ich würde weiter Fallen stellen, und ich ließ sie in dem Glauben, denn ich hatte Gewissensbisse, man könnte es als Zeitverschwendung auffassen, wenn ich nur aus Spaß an der Sache mit den Hunden laufe, doch genau das wollte ich, und mit der Zeit stellte sich dabei eine Veränderung ein.

Diese Veränderung vollzog sich seltsamerweise schnell und zugleich langsam. Und sie hatte etwas mit Schönheit zu tun. Beim Laufen mit den Hunden sah ich wunderschöne Dinge, Bilder von unschätzbarem Wert, die mir einfach fehlten, wenn ich nicht mit ihnen unterwegs war. Ich spannte sie also vor den Schlitten, weil ich die schönen Dinge wiedersehen und die herrlichen Orte aufsuchen wollte, an die sie mich brachten.

Zum Beispiel die hintereinanderliegenden Seen …

Drei kleine Seen, traumhaft gelegen in einem riesigen Kiefernwald, mit Biberbauten, die nie mit Fallen bestellt und angerührt wurden, weil man zu weit zu Fuß gehen mußte, und mit Schneemobilen war das sumpfige, mit dichtem Unterholz bewachsene Gelände nicht befahrbar. Aber die Hunde konnten sich durchschlängeln, und ich verbrachte viele Tage an diesen Seen und glitt lautlos auf dem Schlitten am Ufer entlang, umflattert von Chikadee-Meisen und Schneevögeln. Die Seen waren so einzigartig, so sauber, so unberührt, daß sie fast künstlich wirkten; wie die Landschaften in diesen gläsernen Schneekugeln, wo die Flocken in der Flüssigkeit herabschweben.

Einmal fuhren wir an einem eiskalten Januarnachmittag bei den Seen um eine Kurve, als ich vor uns auf dem Eis eine Gestalt entdeckte. Es war ein Biber, groß genug, um als das durchzugehen, was in Trapperkreisen als »Decke« bezeichnet wird, ein etwa fünfundzwanzig bis dreißig Pfund schweres Tier. Was er da auf dem Eis trieb, war ein Rätsel. Biber verbringen in der Regel den ganzen Winter unter Eis, leben in ihren Bauten mit Unterwasserzugängen, horten dort Futter und kommen nur hoch, um Äste – und Mais, falls in der Nähe welcher angebaut wird – nach unten zu holen, die sie friedlich verspeisen. Aber da war er und marschierte unbekümmert über den See.

Die Hunde sahen ihn ebenfalls und stürzten sofort auf ihn zu, ich konnte sie nicht aufhalten. Ich benutzte einen Arbeitsschlitten mit einer primitiven Eisenklaue als Bremse, die im Eis nicht griff, und obwohl ich mit beiden Füßen auf das verdammte Ding sprang, prallte es immer wieder ab. Eis hat viele Festigkeitsgrade, je nachdem, wie es gefroren und wie kalt es ist, aber bei dreißig, fünfunddreißig Grad minus – wie jetzt – ist es hart und spröde wie Marmor, da halfen weder Bremse, Schneeanker noch meine Füße auf dem Eis. Ich holte sogar mein Jagdmesser aus dem Schlitten und versuchte, die Spitze ins Eis zu bohren, damit wir zum Stehen kämen.

Ich wußte einiges über Biber. Man sagt ihnen nach, sie seien sanfte, freundliche Tiere, die immer nur Wassergräben und Wohnstätten bauen und Bäume abnagen. Bis zu einem gewissen Grad trifft das zu. Aber sie sind auch enorm stark, und ihre Vorderzähne funktionieren notfalls wie eine Guillotine, sie können damit ganze Eichen durchnagen und tun es auch, obwohl sie gar kein Eichenholz fressen. Ich habe mal beobachtet, wie ein auf dem Eis festgesetzter Biber ein Rudel Timber-Wölfe abwehrte, mehrere verletzte und einem so zusetzte, daß der davonlief und starb, wenigstens nach der Blutspur zu urteilen.

Und ich konnte die Hunde nicht aufhalten. Wir waren etwa achthundert Meter von dem Biber entfernt, und obwohl meine Bremsversuche den Schlitten etwas verlangsamten, kamen wir flott voran. Ich warf mein Gewicht zur Seite und kippte den Schlitten auf die Seite, aber auch das bewirkte nichts. Wenn man bedachte, daß der Schlitten mit einer Geschwindigkeit von über zwanzig Stundenkilometern fuhr und annähernd hundertachtzig Kilo wog, plus meine eigenen neunzig, und dann das Interesse der Hunde am Biber anhand ihrer gewaltigen Zugkraft abschätzte, näherte sich die Situation schnell einem kritischen Punkt.

Eine Möglichkeit blieb mir noch. Ich ging zwar nicht mehr auf die Jagd oder stellte Fallen, hatte aber immer eine Waffe im Schlittensack. Für Notfälle. Das Gespann und ich waren so oft und so verheerend von wilden Hunderudeln angegriffen worden, daß ich beschlossen hatte, in Zukunft eine Waffe mitzunehmen. Bislang hatte ich die .357er Magnum nicht gebraucht, aber sie war da, und wenn nötig, konnte ich damit den Biber töten.

Natürlich lag mir nichts ferner als das, und außerdem war nicht sicher, ob ich überhaupt zum Schuß kommen würde. Ich müßte von einem holprigen, fahrenden Schlitten aus schießen und versuchen, eine bewegliche Zielscheibe zu treffen, bevor sich die Hunde in die Schußlinie drängten und einen gezielten Treffer verhinderten. Hinzu kam, daß ich selbst an einem guten Tag, wenn ich die Waffe mit beiden Händen festhalten und still wie ein Stein dastehen konnte, gerade mal die Breitseite eines Güterwaggons traf – und damit wurde die Sache fast schon zur Wissenschaft.

Aber es war die letzte Hoffnung. Ich streifte den rechten Fausthandschuh ab und ließ ihn an der Kordel baumeln, dann suchte ich die Magnum, die irgendwo im Ladebett des Schlittens unter einer zusammengefalteten Zeltplane lag.

Und wieder kam mir einer dieser kleinen Zufälle zur Hilfe. Hätte ich die Gelegenheit gehabt, ist es möglich – nicht wahrscheinlich, aber möglich –, daß ich eher den Biber getötet hätte als meine Hunde von ihm in Stücke reißen zu lassen.

Aber ich ging falsch vor. Oder auch richtig.

Ich sagte mir, daß es mir nicht gelingen würde, den Biber vom fahrenden Schlitten aus zu treffen, und überlegte mir einen Plan. Wenn das Gespann etwas näher wäre, würde ich im kritischen Moment vom Schlitten springen, stehenbleiben und schießen, bevor die Hunde in die Schußlinie gerieten und das Risiko bestand, sie anstelle des Bibers zu treffen. (In diesem Fall hätte ich die ungefähr fünfzig Kilometer nach Hause zu Fuß marschieren können, denn die Hunde hatten entsetzliche Angst vor Feuerwaffen; der unerwartete Schuß hätte sie in Panik versetzt, und sie wären ohne mich losgerannt.)

Zunächst lief alles wie geplant. Die Hunde zogen den noch immer zur Seite gekippten Schlitten über den See, ich saß oben drauf und hielt den angelegten Revolver wie einen Pfeil auf den dahinzockelnden Biber gerichtet.

Je näher wir dem Biber kamen, um so schneller liefen die Hunde, und ich rechnete mir aus, daß mir, wenn ich Glück hatte und alles planmäßig funktionierte, gerade noch die Zeit für einen Schuß blieb; einen sorgfältig gezielten, mit beiden Händen ausgeführten Schuß. Ich hielt mich bereit und wartete auf den richtigen Moment, den Revolver in einer Hand, die andere am Bügel, alles in Bewegung, die Hunde, der Schlitten, und dann war es soweit.

Ich sprang.

Und landete auf der Nase. Mein Fuß steckte in einem kleinen Spalt in der Eisoberfläche, brachte mich zu Fall, und ich mußte zusehen, wie der Revolver vor meinen Augen über den Schnee schlitterte. Auf allen vieren kroch ich hinterher, stürzte mich darauf, packte ihn, kniete mich hin, zielte und spannte den Hahn …

Zu spät. Die Hunde waren einen Bogen gelaufen und blockierten die Schußlinie, und selbst als ich schnell aufsprang, versperrten sie mir die Sicht auf den Biber.

Ich rannte los, jeden Moment auf das Heulen und Knurren einer blutigen Schlacht gefaßt. Meine Hunde hatten oft Biberfleisch gefressen – ein paar Trapper brachten mir immer Kadaver vorbei –, sie wußten, worum es sich handelte und wie es schmeckte. Ich versuchte schneller zu laufen, rutschte auf dem glatten Eis aber immer wieder aus. Die Hunde würden sich nie beherrschen können, sie würden sich auf ihn stürzen …

Aber ich irrte mich.

Als ich näher kam und über die Hunde hinwegsehen konnte, die Magnum im Anschlag, falls sich eine Schußmöglichkeit bot, war nichts, wie ich befürchtet hatte. Der Biber saß aufrecht auf seinen Hinterbeinen, fletschte seine Fünf-Zentimeter-

Beißer und gab ein kehliges, drohendes Geräusch von sich; er war auf den Angriff vorbereitet.

Aber die Hunde griffen nicht an. Sie hatten sich ihm auf etwa eineinhalb Meter genähert, waren stehengeblieben und saßen jetzt im Halbkreis um ihn herum, das Geschirr locker, die Leinen schlaff, während der Schlitten auf die Seite gekippt hinter ihnen lag.

Sie musterten den Biber.

Die Magnum noch immer im Anschlag, schlich ich näher, und jetzt hätte ich schießen können und ihn vielleicht sogar getroffen, aber das war nicht mehr nötig, und plötzlich dämmerte mir, daß sie noch nie einen Biber gesehen hatten.

Gefressen ja, aber als kleingeschnittene Kadaverstücke. Ihre Kiefer und Zähne sind so stark, daß sie sogar die Schädel spalteten und an den Biberzähnen kauten.

Aber einen ganzen Biber, der dasaß und sie zum Kampf herausforderte, hatten sie noch nie gesehen, und ein paar Hunde konnten es nicht fassen und verstanden offenbar nicht, wieso dieses große, runde, braune Tier so sauer war. Sie saßen einfach im Halbkreis um ihn herum, betrachteten ihn, warfen einander ratlose Blicke zu, und als ich nähertrat, sah der Biber mich an, dann die Hunde, spuckte einen letzten verächtlichen Knurrer aus, drehte sich um und trottete über den See davon, wobei er hin und wieder zu mir und dem Gespann zurückblickte.

Die Hunde blieben sitzen und beobachteten seinen Abgang, dann erhoben sie sich und entwirrten ihre Leinen – als ehemalige Trapperhunde wußten sie, wie das geht –, und wir schwenkten von der Biberspur ab und folgten unserem eigenen Weg. Gelegentlich drehte sich der eine oder andere nach links um, um festzustellen, was der Biber so trieb, aber sie rissen sich nicht wieder los oder jagten hinter ihm her. Sie wollten nur wissen, was da an einem kalten Januarnachmittag übers Eis marschierte. Jetzt hatten sie es herausgefunden, und es war Zeit, wieder an die Arbeit zu gehen. Sie waren zufrieden.

Den ganzen Tag liefen wir noch in dem Gebiet um die Seen, und am Abend hielt ich in einem wunderschönen Kiefernstand und schlug ein Lager auf. Es dauerte eine Weile, bis ich die Hunde mit ihren jeweils eigenen Leinen an kleine Bäume gebunden hatte. Dann machte ich ein Feuer und sammelte die riesigen Holzmengen, die man braucht, um eine vierzig Grad kalte Nacht zu überstehen. Schließlich drehte ich den Schlitten um und säuberte ihn vom losen Schnee, stellte ihn wieder hin und breitete darin Isomatten und Schlafsack für die Nacht aus.

Inzwischen war es völlig dunkel, und da ich zu der Zeit noch keine Stirnlampe benutzte, war das Feuer die einzige Lichtquelle. Jeder Hund hatte sich sein Bett gemacht, den Schnee bis zum Boden weggescharrt und dann das Gras aufgegraben, damit es locker und weich wurde. Ich fütterte sie mit Fleischbrocken, die ich vorher zum Auftauen und Erhitzen ums Feuer in den Schnee gelegt hatte, und dann machte ich es mir für die Nacht gemütlich.

Ich schlief nicht gut. Dazu war es viel zu schön. Es war bewölkt gewesen, aber das Wetter klarte auf, und am Himmel stand ein fast voller Mond, dessen Licht sich im Schnee spiegelte und den Wald mit fahlen Schatten erfüllte. Ich döste ständig ein und wachte wieder auf, und immer, wenn ich die Augen aufschlug, war der Mond weitergewandert, und alles sah anders aus. Die Bäume verwandelten sich und wurden stehende Gestalten, weinende Nonnen, schwebende Geister, fliegende Träume.

Gegen drei Uhr morgens wurde ich zum vierten- oder fünftenmal durch ein Geräusch geweckt. Ich öffnete die Augen, hörte aber nichts und wollte mich umdrehen und weiterschlafen, dachte mir aber, ich sollte wenigstens mal nach den

Hunden sehen. Ich setzte mich auf, schaute seitlich über den Schlittenrahmen und sah sie alle im Licht des Mondes stehen. Das war weiter nicht ungewöhnlich, sie standen oft auf oder wälzten sich im Schlaf herum, um bequemer zu liegen oder ihre Betten umzubauen. Ich besaß einen Hund namens Franzi, der nachts stundenlang sein Bett umbaute und nie ganz zufrieden war.

Ich beobachtete sie eine Weile, sah, daß sich einige aneinanderlehnten und an ihren Leinen zogen. Aber sie wedelten mit den Schwänzen und knurrten nicht oder verhielten sich aggressiv, daher zählte ich schnell die Köpfe durch, kam auf neun und legte mich wieder zum Schlafen hin.

Erst Minuten später wurde mir klar, was ich gesehen hatte, und trotzdem wäre ich beinahe liegengeblieben. Die Temperatur war auf windstille vierzig Grad minus gesunken, und im Schlafsack war es warm und gemütlich. Ich schloß die Augen, fing an zu dösen, und selbst als es mir schlagartig bewußt wurde, glaubte ich zu träumen.

Ich hatte nur acht Hunde mitgenommen.

Ich setzte mich auf und zählte nochmals. Trotz des hellen Mondlichts verloren sich einige Hunde in scheinbar bewegliche Schatten, und ich mußte sorgfältig zählen.

Neun.

Ich blinzelte und beobachtete die Schatten. Jeder Hund war mit einer eineinhalb Meter langen Leine an einen eigenen Baum gebunden. Es waren junge Bäume von etwa zehn Zentimeter Durchmesser, und sie standen dicht, so daß sich bei manchen Hunden Nase oder Schwanz überlappen konnten, doch das Lagerareal war von hohen Kiefern überschattet, die alles mit undefinierbaren, rundlichen Formen sprenkelten und die Sicht erschwerten.

Offenbar war alles in Ordnung. Die Hunde waren noch

festgebunden, zumindest sah es so aus, es gab keine Raufereien, und obwohl sie auf den Füßen waren und sich neugierig beäugten, machten sie einen ruhigen Eindruck. Es wäre eine normale Nacht gewesen, außer daß es neun waren, ich aber nur ein achtköpfiges Hundegespann besaß.

Im Feuer glühten noch Kohlen. Ich nahm eine Handvoll Anzündholz, das ich für den nächsten Morgen neben dem Schlitten gestapelt hatte, warf es auf die Kohlen und legte ein paar harzhaltige Stöcke darauf, die ich neben einem verbrannten Baumstumpf gefunden hatte. Die auflodernden Flammen tauchten die ganze Lichtung in einen gelben Schimmer, und jetzt zählte ich die Hunde bei ordentlicher Beleuchtung und nicht im geisterhaften Licht des Mondes.

Acht.

Genau, dachte ich. Im Mondlicht hatte ich neun Hunde, im Feuerlicht war ich wieder bei acht.

Inzwischen war jeder Gedanke an Schlaf verflogen. Ich dachte an Geisterhunde, Traumhunde, imaginäre Hunde, an Hunde, von denen ich in Büchern über Schlittenführer aus früheren Zeiten gelesen hatte, als man den Hunden noch Halsbänder aus ungegerbtem Leder umband und kein Geschirr kannte.

Ich setzte mich im Schlitten auf, fest in den Schlafsack gepackt, aber jetzt etwas höher, damit ich besser sehen konnte, ließ das Feuer abbrennen und beobachtete und wartete, wie sich acht Hunde in neun verwandelten.

Ich hätte es beinahe verpaßt.

Das Licht des Feuers schwächte die Nachtsicht, sie kehrte nur langsam mit den erlöschenden Flammen zurück. Ich beobachtete die Schatten, zählte wiederholt die Hunde, ließ die Augen von einem zum anderen schweifen, und beim dritten Anlauf sah ich es.

Ein Schemen, kaum mehr als eine vage Form, hob sich unter den übrigen Mondschatten ab. Zuerst wirkte es wie ein weiterer dunkler Fleck, aber als es sich bewegte und durch eine vom Mondlicht erhellte Stelle lief, sah ich, daß es ein Hund war.

Nein. Kein Hund.

Ein Wolf.

Für einen Waldwolf war er viel zu klein. Achtzehn Pfund, vielleicht etwas mehr, dünne Beine und ein ungewöhnlich aufgeplustertes Fell, das ihn wie ein Pelzbommel mit Beinen aussehen ließ. Es war ein Kojote der arktischen Tundra, und er mischte sich unter die Hunde, als gehörte er sein Leben lang dazu. Ich wartete auf das Bellen, das Jaulen, das Streiten, aber es blieb aus. Die Hunde begrüßten den Neuling wie einen alten verlorenen Freund, sie wedelten mit den Schwänzen und schnupperten, und wieder fragte ich mich, ob ich träume. Alles war so unscharf und schattenhaft. Der Wolf stand da, dann bewegte er sich, die Schatten glitten ineinander, und er war verschwunden. Einmal sah ich neun Hunde, wenn die Schatten sich bewegten, nur vier, dann wieder elf. Wie eine Mumie saß ich im Mondlicht, den Schlafsack über Ohren und Kopf gezogen, nur mein Gesicht lugte hervor, und beobachtete sie die ganze Nacht, schlief hin und wieder ein und wachte wieder auf, während die Hunde mit dem Wolf spielten und redeten.

Gegen Tagesanbruch war ich eingeschlafen, und als ich in der grauen Dämmerung hochfuhr, sah ich, daß der Wolf fort war. Ich machte Feuer, kochte Tee und wärmte eine Dose Rindsgulasch für mich und Fleisch für die Hunde auf.

Beim Füttern waren es wieder neun. Der Wolf war zurückgekommen, offenbar hatte er keine Angst vor mir und fraß die Fleischbrocken, die ich ihm vorwarf.

Oder ihr. Ich hatte entschieden, daß es sich um ein Weibchen handelte. Sie war zart gebaut, bewegte sich flink, und – was jeden Zweifel zerstreute – sie war läufig; nach dem Füttern reizte sie ständig die Hunde und reckte ihnen ihr Hinterteil entgegen, um bestiegen zu werden. Während ich meinen Tee trank, spielten die Hunde plötzlich verrückt, sie bellten und winselten, und ich sah, daß sich die Wölfin mit einem Rüden namens Typhoon zusammengetan hatte, und als sie richtig im Gange waren, schlüpfte ich in meine Innenschuhe und schlich näher, um sie besser zu sehen.

Die Hunde beruhigten sich erst, nachdem die beiden ihren Akt beendet hatten, und beobachteten jetzt, wie ich mich der Wölfin näherte. Sie wich vor mir zurück und fletschte die Zähne, daher trat ich einen Schritt zurück, blieb stehen und musterte sie. Irgendwann mußte sie in eine Falle geraten sein, denn ihre rechte Vorderpfote war gebrochen und schlecht zusammengewachsen. Ich hatte das schon bei Hunden gesehen, bei meinen Hunden. Irgendein Mistkerl hatte entlang meiner Trapperroute Fallen aufgestellt, und ich lief mit dem Gespann drüber. Es erwischte zwar nur einen Hund, aber es war ein Schwanenhals, der ihm den Fuß völlig zermatschte (daß Tellereisen ein Tier nicht verletzen, ist völliger Unsinn). Mein Hund fiel die ganze Saison aus, während ein Tierarzt seinen Fuß wieder in Ordnung brachte.

Die Wölfin schonte die Pfote nicht, und meine Anwesenheit schien sie nicht zu stören, wenn ich ihr nicht zu nahe kam. Sie strahlte eine Art von Schönheit aus, wie man sie nur bei wilden Wesen findet: Ihr Fell war wunderbar geschmeidig und so dicht, daß kein Regen eindringen konnte, dabei so gleichmäßig und sauber, als hätte eine Kosmetikerin es geschnitten und gekämmt.

»Marge.«

Der Name entschlüpfte mir laut. Ihre Augen. Sie erinnerten

mich an eine Frau, die ich einmal gekannt hatte. Neugierige Augen, die äußeren Winkel schräg nach oben gestellt. Sie spitzte die Ohren, als ich den Namen aussprach, aber das taten die Hunde auch – das plötzliche Geräusch brach die kalte Stille.

Sie schwänzelte ein bißchen um die Hunde herum, wie sie es immer machen, wenn sie kopuliert haben und ausgelassen sind. Sie wirkte so liebenswürdig, munter und selbstverständlich, daß ich das Gefühl hatte, ich könnte zu ihr gehen und sie streicheln, aber sobald ich mich ihr näherte, wich sie zurück; nicht weit, sie rannte nicht weg, aber immer außer Reichweite.

Ihr Verhalten war verblüffend, wenn man die Beziehung zwischen den Kojoten der nördlichen Tundra und den Menschen in dieser Region kannte. Sie hatten Hunderte, Tausende von Schafen gerissen, diese kleinen »Wölfe«, solche Mengen, daß viele Leute, die am Waldrand lebten, die Schafzucht aufgeben mußten. Es gab deswegen einige Kontroversen, aber ich kannte selbst viele Fälle, wo zwei, drei Kojoten in einer einzigen Nacht Dutzende von Schafen töteten, dem einen bissen sie ein Ohr ab, dem anderen rissen sie das Euter aus, sie fraßen die Schafe nicht, verletzten sie aber so schwer, daß sie starben. Die Sache endete damit, daß die Leute – allen voran die Farmer – die Kojoten wahllos niederknallten. Die Kadaver hängten sie oft über Zäune, in dem irrigen Glauben, sie würden weitere Kojoten fernhalten.

Die Kojoten hatten aus dem Schaden gelernt, und man traf kaum noch einen, der beim Anblick eines menschlichen Wesens nicht sofort die Flucht ergriff und rannte, bis er in sicherer Entfernung war.

Aber Marge, die sie jetzt für mich war, blieb den ganzen Tag bei uns und noch länger, drei Tage und Nächte. Und damit ermöglichte sie mir den Einblick in etwas, das mir sonst verschlossen geblieben wäre: die Denkweise eines wilden, ursprünglichen Verstandes.

Hunde sind etwas Wunderbares. Wirklich. Sie zu kennen und mit ihnen zu sein, ist eine transzendentale Erfahrung, eine Möglichkeit, die heitere Seite des Lebens und die Bedeutung von Treue zu erfahren.

Aber es sind Hunde. Seit Tausenden und Abertausenden von Jahren sind sie mit dem Menschen verbunden. Und auch wenn einige nahezu wild leben wie zum Beispiel die Schlittenhunde der Eskimos oder irgendwelche Streuner, bindet sie trotzdem etwas an den Menschen, haben sie trotzdem eine Beziehung zu uns, die sie nicht ganz wild sein läßt. Liebe, Futter, Leben, Richtung, das alles gibt der Mensch den Hunden, und das beeinflußt ihre Persönlichkeit und ihr Verhalten.

Wilde Tiere wie Wölfe, Bären und Kojoten führen ein Leben, das den Menschen mit einkalkuliert, besonders was Todesangst betrifft, aber sie sehen ihn nicht als Teil ihrer Lebensgleichung. Natürlich gibt es ein paar Ausnahmen – Bären und Müllhalden am Stadtrand sind das beste Beispiel –, aber in der Regel leben wilde Wesen allein, vielleicht neben dem Menschen, aber nicht *mit* ihm.

Wegen dieser Trennung vom Wilden kann man eigentlich nie verfolgen, wie wilde Tiere denken, und man kann nie wirklich an ihrem Leben teilhaben.

An jenem Morgen legte ich den Hunden das Geschirr an, und Marge saß ruhig an der Seite und sah zu. Die Hunde interessierten sich zwar noch für sie, aber nicht übermäßig, sie versuchten nicht, sich ihr zu nähern oder mit ihr zu laufen.

Als ich sie angehakt und den Schlitten beladen hatte, richtete ich sie aus, zog den Anker, und wir brachen auf. Der Trail, auf dem wir liefen, war fest, weil wir ihn so oft befahren hatten. Marge rannte flink und leichtfüßig nebenher, konnte aber in dem tiefen Pulverschnee an der Seite nicht mithalten – die Hunde waren ausgeruht und liefen volles Tempo. Doch sobald wir vom Lagerareal auf den festgefahrenen Trail gelangten, setzte sie sich hinter uns und kam mühelos mit.

Ich weiß nicht, warum sie uns folgte. Ich hatte verschiedene Theorien: Jemand hatte sie von klein auf großgezogen, und sie war an die Umgebung von Menschen gewöhnt; Typhoon bedeutete ihr so viel, daß sie sich noch einmal mit ihm paaren wollte; oder sie wollte noch ein Weilchen so leicht an Futter kommen …

Was auch immer. Sie allein wußte es. Kilometer um Kilometer lief sie mit uns, immer dreißig, vierzig Meter hinterher. Wenn ich anhielt, um die Hunde zu füttern, warf ich ihr einen Fleischbrocken zu, und sie fing ihn auf. Wenn wir stehenblieben, um etwas Sehenswertes zu bewundern oder um einen Elch zu beobachten, blieb sie ebenfalls stehen und beobachtete.

Ich wollte noch nicht nach Hause.

Es war keine konkrete oder plötzliche Entscheidung, sondern eine allmähliche Erkenntnis, eine leise Ahnung von einem neuen Teil meines Lebens, den ich nicht ganz verstand. Ich wußte nur, ich mußte es tun. Im Schlitten lag jede Menge Proviant für die Hunde und mich. Ruth würde sich Sorgen machen, wenn ich mich verspätete, aber in meinen Trappertagen war ich auch oft zu spät gekommen, und es war immer in Ordnung gewesen. Und damals war es gefährlicher, denn ich mußte oft auf schlechtem Eis Biberbauten umfahren oder große Conibear-Fallen aufstellen, die einem den Arm brechen konnten, wenn man nicht aufpaßte.

Jetzt lief ich nur mit den Hunden, und sie wüßte sicher, daß sie sich keine Sorgen machen brauchte. (Eine falsche Vermutung: Am zweiten Tag bat sie einige Männer, mich zu suchen, weil sie dachte, ich wäre durchs Eis gebrochen oder hätte mich verletzt. Ich wies sie darauf hin, daß mir derartige Dinge nie zustießen, was sich ebenfalls als falsch herausstellte: Beides passierte mir im Laufe von eineinhalb Jahren.)

Was ich sehen, spüren und erleben wollte, würde ich nicht zu Hause finden. Es war hier draußen in den winterlichen Wäldern beim Laufen mit meinen Hunden. Also fuhr ich Richtung Norden und fing an, den Horizont zu beobachten, ich versuchte, über den nächsten Hügel hinwegzusehen, ich hoffte, hinter der nächsten Biegung etwas Großartiges zu entdecken – mit anderen Worten, ich tat Dinge, die unausweichlich zum Iditarod führten, auch wenn ich es noch nicht wußte.

Die Hunde spürten ebenfalls, daß etwas anders war. Wir überquerten einen See auf dem Trail, den wir oft benutzten – Marge trottete immer noch hinter uns her –, und auf der anderen Seite, wo der Fluß einmündete, kamen wir an eine offene Wasserstelle, die wegen der schnellen Strömung nie zufror.

Aus dem offenen Loch stieg Dampf, und ich fuhr jedesmal vorbei, weil ich dort gewöhnlich frische Spuren von Tieren entdeckte, die sich die Stelle zum Jagen oder Spielen aussuchten. Zweimal hatte ich beobachtet, wie ein Otter die Böschung hinunter ins Wasser glitt.

Allerdings waren wir sonst, nicht weit vom offenen Wasser, immer links abgebogen und am Ufer entlang zurück nach Hause gefahren.

Diesmal hielten wir dort an und sahen uns genau um. Als ich keine Otter entdeckte (man hatte sie in Fallen gefangen, wie ich später herausfand, obwohl es verboten war und ihre Felle nur auf dem Schwarzmarkt verkauft werden konnten), rief ich die Hunde und gab das Kommando für »rechts«: »*Gee.*«

Zu der Zeit hatte ich eine Leithündin namens Cookie. Seit

dem Jahr, als wir Fallen stellten und arbeiteten, bedeutete sie mir mehr als ein Hund, mehr als ein Freund – sie war fast mein Alter ego. Und sie war so sicher, daß ich mich irrte, daß sie die Hunde nach links in Richtung Zuhause ziehen wollte.

»*Gee*«, wiederholte ich, und da blieb sie stehen, drehte sich um und sah mich über die Hunde hinweg an, um sicherzugehen.

Ja, nickte ich. »*Gee.*«

Sie bog scharf nach rechts und lief am Seeufer entlang. Als sie ein Stück vom Wasser entfernt war, rief ich wieder ein Kommando: »Jetzt *haw* – links – und dann gradeaus.«

Das verwirrte sie, aber nur kurz. Sie drehte sich noch einmal um, um sich zu vergewissern, daß ich noch bei Sinnen war, und dann sprang sie munter den Fluß entlang, auf einer Eisrinne, die breit genug war für Hunde und Schlitten.

Ich hatte mir den Flußlauf einmal kurz auf der Karte angesehen. Er war seicht und schmal – an den breitesten Stellen keine zwanzig Meter, im Durchschnitt um die zehn Meter breit. Aber er schlängelte sich meilenweit in nordwestlicher Richtung dahin. Über seinen weiteren Verlauf wußte ich nichts. Weder wo er endete noch ob dieser Punkt mit einem Hundegespann erreichbar war. Aber das war mir egal. Ich ließ sie laufen, stand schweigend auf den Kufen, und dabei passierte etwas Seltsames.

Sie, wir, die Hunde und ich warteten gespannt, was als nächstes käme. Der Fluß schlängelte sich auf und ab, und manchmal zogen sich seine Schleifen achthundert Meter in die Länge, um eine Strecke von hundert Metern Luftlinie zu überbrücken. Vor jeder Biegung scherten die Hunde aus, damit sie sehen konnten, was sich dahinter verbarg, und ich machte es genauso. Ich lehnte mich weit zur Seite, schaute um die Ecke und wartete.

Inzwischen hatte ich Marge ganz vergessen, aber in einer Kurve überholte sie mich plötzlich von links in blitzschnellem Galopp und setzte sich vor das Gespann. Das hielten die Hunde nicht aus, sie beschleunigten sofort, um sie einzuholen, und eine Zeitlang wurde es recht abenteuerlich, ich schlingerte über das Brucheis neben dem offenen Fluß und sauste um die Kurven, bis Marge plötzlich rechts die Böschung hinaufsprang und dahinter verschwand.

Die Hunde versuchten ihr zu folgen, fielen aber wegen der steilen Böschung leicht zurück, bis Cookie sich an der Kuppe festkrallte und sie hinüberzog. Einen Augenblick schwebte ich mit dem Schlitten in der Luft, dann landete ich hart hinter ihnen.

Der Fluß hatte sich bislang durch Hartholzwald gewunden, naturgemäß laublos, doch die Bäume standen dicht wie Tausende in den Himmel gerichtete Finger. Jetzt änderte sich das Gelände, wurde hügeliger, und der Fluß führte an dicken Fichten und Kiefern vorbei, zwischen denen alte, umgestürzte und abgestorbene Pappeln lagen. Es war unmöglich, ein Hundegespann mit Schlitten durch dieses Chaos zu schleusen, daher trat ich auf die Bremse, warf den Anker um einen Baum und lief nach vorn, um Cookie herumzuziehen, damit sie die Hunde wieder zum Fluß brachte.

Aber Marge war nicht weit gelaufen. Sie war etwa zwanzig Meter vor Cookie stehengeblieben und wartete, den Kopf leicht zur Seite geknickt, und ignorierte die Hunde, die zuerst ein bißchen winselten, jetzt aber verstummten und die Kojotin beobachteten. Ich hielt Cookie am Geschirr fest, dort, wo die Riemen sich über ihrem Rücken kreuzten, und sah Marge an.

Sie hatte etwas Bestimmtes vor. Die ganze Zeit war sie uns am Fluß gefolgt und hinter den Hunden hergetrabt, und dann sauste sie plötzlich an uns vorbei, um hier an diese Stelle zu gelangen.

Mir fiel nichts Besonderes in der Umgebung auf. Die Kiefern waren zweite oder dritte Generation – nicht sonderlich groß –, und die vom Wind umgestürzten Pappeln hatten den Hain in ein Chaos verwandelt, das Jahrzehnte brauchen würde, bis es zu Mulch verfault war. In der Mitte befanden sich mehrere kleine Lichtungen. Es war noch früh am Tag, nicht mal zwei Uhr nachmittags, aber die Sonne stand tief, und in der Luft lag ein Hauch von Dämmerung. Ich sah mir die Lichtungen genauer an, entdeckte aber nichts, dann fiel mir erneut Marges seltsamer Ausdruck auf, und ich versuchte es ein zweites Mal. Beim dritten Versuch sah ich es.

Im Pulverschnee in den Lichtungen waren kleine Bewegungen, fast wellenförmig, und als ich in die Hocke ging, sah ich winzige Dampfwölkchen aufsteigen. Es waren Bauten von Schneehühnern.

Die letzte Nacht war kalt gewesen, und diese Nacht würde ebenfalls kalt werden. Wenn der Schnee weich und pulvrig ist, hüpfen die Schneehühner vom Ast und »fliegen« im Sturzflug nach unten, um sich im Schnee kleine wärmende Höhlen zu buddeln. Der Dampf, den ich sah, war ihr Atem, der aus den Löchern stieg.

Marge hatte gewußt, daß die Schneehühner hier waren oder wahrscheinlich hier waren, und war vorausgeeilt, um sich ihr Abendessen zu holen. Ähnliches hatte ich schon bei Hunden beobachtet, sie erinnern sich an Orte, die sie nur einmal gesehen haben, sie müssen nur ein einziges Mal durch ein Gelände laufen, um sich an jeden Winkel, jeden Stock, jede Form zu erinnern. Marge mußte diese Stelle gut kennen. Wahrscheinlich kam sie hier auf ihrem wöchentlichen Streifzug vorbei.

Aber noch hatte sie die Schneehühner nicht. Sie zu entdekken war eine Sache, aber eines davon zu erwischen eine ganz andere. Als ich noch zur Jagd ging, hatte ich mich auf Skiern dicht an ihre Löcher geschlichen und stand manchmal fast auf ihnen. Aber sie spüren jede Schwingung, und in der kalten Stille hören sie unglaublich gut, und mir war klar, daß Marge sich den Löchern wahrscheinlich nicht nähern konnte, ohne daß die Hühner herausstoben.

Ich prüfte, ob der Anker am Baum hielt. Überall wuchsen hohe Preiselbeerbüsche mit gefrorenen Beeren an den Zweigen, ein bevorzugtes Winterfutter der Schneehühner. Vielleicht versteckten sich dort drei, vier Hühner im Schnee, und wenn Marge sie erschreckte und sie davonflögen, würden die Hunde durchdrehen und hinter ihnen herjagen. Ich hatte keine Lust, daß mein Gespann samt Schlitten und mir in dem Durcheinander aus abgestorbenen Bäumen und Ästen landeten.

Meine Sorge war überflüssig. Marge wußte genau, was sie tat.

Eine weitere Minute begutachtete sie aufmerksam die Lichtung, jeden Baum schien sie einzeln zu mustern, und was sie vorhatte, begriff ich erst, als sie plötzlich einen federnden, leichtfüßigen Satz machte, der sie hoch über den Schnee auf einen umgestürzten Baum katapultierte.

Es war eine Pappel von etwa fünfundzwanzig Zentimetern Durchmesser, die vor zwei, drei Jahren bei einem Sturm auf halber Höhe umgeknickt war. Das Holz war ausgetrocknet, nicht vermodert, und der abgeknickte Teil hatte sich mit dem unteren Ende ungefähr eineinhalb Meter über dem Boden in einer anderen Pappel verfangen, während das obere Ende in viereinhalb Metern Höhe noch am Stumpf hing.

Marge landete auf dem unteren Ende, verharrte eine Weile, um ihr Gleichgewicht zu finden, dann trabte sie flink ans obere Ende. Damit befand sie sich mehr als vier Meter über dem Boden, die gleiche Entfernung, die sie horizontal von den Schneehühnern trennte.

Hier verharrte sie wieder und beobachtete die Höhlen im Schnee. Ich wußte, was sie überlegte. Schneehühner bahnen sich ihren Weg nicht gerade durch den Schnee, sondern graben von der Seite einen Iglu-artigen Eingang zu ihrer Höhle, damit keine Wärme verlorengeht. Das Eingangsloch liegt bisweilen einen ganzen Schritt vom tatsächlichen Standort des Schneehuhns entfernt, und Marge wollte sichergehen, daß sie das Huhn und nicht bloß das Loch erwischte.

Die Hunde hatten eine Zeitlang ruhig zugesehen, als Marge aber auf den umgestürzten Baum sprang, standen sie auf, und einige winselten aufgeregt.

Marge duckte sich, und dann sprang sie in hohem Bogen vom Ast, so daß sie fünf Meter hoch in der Luft schwebte. Dann stürzte sie wie ein Pfeil in den Schnee hinab, Kopf und Füße vorneweg, Maul weit aufgerissen.

Die Welt explodierte. Sofort kam sie mit einem flatternden Schneehuhn im Maul hoch, gleichzeitig aber platzten vier oder fünf andere – sie waren schwer zu zählen – wie detonierende Bomben aus dem Schnee und versprühten einen sechs Meter hohen Schneeschauer in der Luft.

Ich hatte auf dem Schlitten gestanden, und die Hunde spielten verrückt und zerrten am Anker, der wiederum am Schlitten zerrte und mich mit dem Hintern voran in den Schnee schickte.

Es dauerte zehn Minuten, bis ich die Tiere wieder geordnet hatte. Sie waren übereinander gesprungen, und ihre Leinen hatten sich völlig verheddert. Und erst als ich mit dem Team wieder am Fluß in nordwestlicher Richtung fuhr, wurde mir richtig bewußt, was ich eben gesehen hatte.

Marge hatte das Schneehuhn innerhalb von Sekunden gefressen, sie zerrte den Körper aus den Federn, verschlang ihn fast im Ganzen, und dann trottete sie weiter hinter uns her.

Was mich jedoch verblüffte und grundlegende Wertvorstellungen anzweifeln ließt, war ihre Art zu jagen. Marge hatte Werkzeuge benutzt. Schimpansen tun das auch, sie machen und verwenden grobe Werkzeuge, um Termiten zu fressen, und Gorillas gehen ähnlich vor, wenn sie sich ein Bett bauen, der Mensch aber in seiner unsäglichen Überheblichkeit muß immer Unterschiede ziehen. Das hängt wahrscheinlich mit dem biblischen Unsinn von der angeblichen Macht des Menschen über die Erde zusammen, jedenfalls versuchen wir ständig, uns über andere zu erheben – innerhalb wie außerhalb unserer Spezies: Eines der Trennungsmerkmale war der Einsatz des Verstandes und der Gebrauch von Werkzeugen. Der Mensch, sagen die Verfechter dieser Theorien, vermag logisch zu denken und Werkzeuge zu benutzen, um sein Ziel zu erreichen. Andere Arten können das nicht.

Marge tat beides. Sie gebrauchte ihren Verstand auf eine äußerst komplizierte Art – eine Art, auf die viele Menschen vielleicht gar nicht kämen. Sie fand die Schneehühner, weil sie wußte, wo sie sich versteckten, und sie wußte auch, ohne äußeres Hilfsmittel – Werkzeug – kam sie nicht an sie heran.

Wir liefen noch vier Tage, und drei davon blieb Marge bei uns. Ich fütterte sie mit dem Hundefutter, aber angewiesen darauf war sie bestimmt nicht. Sie lief am Fluß hinter uns her, und wenn sie Hunger hatte, machte sie einen Abstecher ins Dickicht. Noch zweimal fing sie Schneehühner und dreimal Schneeschuhhasen – sie bog vom Trail ab, hoppelte in den tiefen Schnee und kam dann mit ihrer Beute im Maul zurück.

Mit Typhoon paarte sie sich noch zwei weitere Male – sie blieb wählerisch –, und ich hoffte schon, sie würde uns folgen und in der Nähe unserer Hütte bleiben, um ihre Jungen zu kriegen, doch es sollte nicht sein. Am dritten Tag überquerten wir einen mittelgroßen See. Es war still, klar und kalt, aber die Sonne schien mir warm ins Gesicht. Ich hatte immer noch kein Ziel, dachte nicht daran, wo wir hinfuhren, und ließ die Hunde über den See laufen und Cookie den Weg bestimmen.

Am Anfang folgte uns Marge, aber als ich mich auf halber Strecke über den See umblickte, hatte sie sich abgesetzt und trottete im Neunzig-Grad-Winkel zu uns davon.

Ich hielt die Hunde an und rief sie.

»He, wo gehst du denn hin?«

Dummes Ding, dachte ich. Sie blieb stehen und sah mich an, aus dreißig, vierzig Meter Entfernung, schien mich kurz zu mustern, bedachte mich dann mit etwas ähnlichem wie einem Schulterzucken und zog weiter. Ich beobachtete, wie sie den restlichen Weg über den See trottete, dann die Böschung hochsprang und im Dickicht verschwand, und die ganze Zeit hatte ich das Gefühl, als verlöre ich einen Freund. Immer wenn ich in dieser Gegend trainierte, hielt ich Ausschau nach ihr und hoffte, sie wiederzusehen, aber vergeblich; mir kam auch nicht zu Ohren, daß ein Trapper oder sonst jemand sie erschossen hätte. Sie war da und wieder verschwunden – ein kleines Wunder.

Der restliche Verlauf dieser ersten langen Fahrt bescherte mir noch viele kleine Überraschungen. Es waren keine weltbewegenden Dinge, sondern Kleinigkeiten, die meinen Geist, meine Denkweise änderten; Kleinigkeiten, die mich letztlich und vielleicht unvermeidlich zum Iditarod führten.

Eine Chickadee-Meise machte es sich einen halben Tag lang auf dem Rand meiner Anorakkapuze gemütlich, und sogar als ich die Hunde fütterte, blieb sie sitzen wie ein Schmuckstück, pickte mir Fleischstückchen vom Finger und sah mir über den

Kapuzenrand ins Gesicht, während ich auf dem Schlitten durch den Wald fuhr.

Am vierten Tag stießen wir auf einen Hirsch, der in eine Schlingfalle geraten war. Früher war das eine übliche Methode bei der Rotwildjagd. Man legte Stahlseile über den Rotwildtrail und band daran Blechdosen oder Eisenstücke. Wenn ein Hirsch hineinlief und spürte, wie ihm die Schlinge den Hals zuschnürte, geriet er in Panik, trat um sich und strangulierte sich zu Tode. Die klappernden Blechbüchsen und Metallteile dienten zweierlei Zwecken: Erstens steigerten sie das Entsetzen und die Todesangst des Opfers, zweitens signalisierten sie dem Fallensteller, sofern seine Hütte nicht allzuweit entfernt lag, daß er etwas gefangen hatte.

Rotwild mit Fallen zu fangen ist strengstens verboten, bei Wölfen und Füchsen dagegen ist diese Methode noch erlaubt. Die Seilstärke wird streng kontrolliert, damit kein Material benutzt wird, das Rotwild oder große Tiere hält; die Schlingen müssen außerdem niedrig gelegt werden, damit ein normal durch den Wald spazierender Hirsch nicht mit dem Kopf hineingerät.

So sollte es sein.

Aber Trapper sind Menschen, und wie alle Menschen machen sie Fehler. Ich hatte schon entsetzliche Dinge gesehen, die Fallensteller ganz zufällig Tieren angetan hatten. Einmal fand ich einen Fuchs, der schon über ein Jahr tot war – außer dem Skelett und einer knochigen, in eine Falle geklemmten Pfote war nichts mehr übrig. Bevor er qualvoll verdurstete, war er so lange im Kreis gerannt, daß er um den Fallenpflock eine dreißig Zentimeter tiefe Rinne gegraben hatte, aus der das Skelett herausragte, unberührt von irgendwelchen Aasfressern, als versuchte er immer noch zu entkommen. (Später erfuhr ich, daß der Trapper – sein Name stand auf der Falle, und ich reichte sie bei der Gemeindeverwaltung ein – ein Trinker war und häufig Fallen aufstellte, deren Standort er dann vergaß; er kontrollierte sie nicht mehr und ließ die Tiere regelmäßig darin verenden.)

So etwas ähnliches war der gefangenen Hirschkuh zugestoßen. Ein Trapper hatte ein Seil von einem halben Zentimeter Durchmesser verwendet – stark genug, um ein Auto abzuschleppen –, die Schlinge zu groß gemacht und alles noch verschlimmert, indem er es für einen Kojoten viel zu hoch am Baum befestigte. Wäre ein Stück Rotwild erhobenen Kopfes durch den Wald gestreift, hätte es die Schlinge wahrscheinlich verfehlt oder mit der Schulter beiseite geschoben und wäre davongekommen. Aber Hirsche gehen eben oft mit gesenktem Kopf, schnuppern am Boden und fressen Weidenäste, besonders im Winter.

Und genau das hatte diese Hirschkuh getan. Sie hatte den Waldboden abgesucht, und dabei glitt ihr Kopf durch die Schlinge, und als das Seil ihre Ohren streifte, war sie vermutlich zurückgeschreckt, und es zog sich zu.

Diese Fallen sind mit einem Schlingmechanismus versehen, der sich nur enger zieht, nie aber erweitert, und wenn das Tier sich wehrt, wird sie immer enger, bis das Opfer erstickt. Je mehr das Tier kämpft, um so schneller stirbt es. Aber zuerst, bei der ersten Berührung mit dem Seil, gerät es in Todesangst und versucht um alles in der Welt zu entfliehen.

Die Hirschkuh hatte ganz normal reagiert. In den ersten Sekunden war sie in Panik ausgebrochen, zerrte und rannte ständig im Kreis herum, bis sie das Dickicht um den Baum niedergetrampelt hatte.

Normalerweise hätte sie dabei sterben müssen. Aber als sie durch das Gestrüpp um den Baum rannte, hatte sich ein ungefähr dreißig Zentimeter langes, handgelenkdickes Holzstück zwischen das Seil und ihren Hals geschoben und verhindert, daß ihr die Schlinge die Luftröhre zudrückte. Das Seil hatte sich zugezogen, ihr die Luft abgeschnitten, und sie war ohnmächtig. Aber sie lebte noch. Als ich sie vom Fluß aus entdeckte, hatte ich gedacht, sie sei tot. Sie hatte den Baum mehrere Male umrundet, das Seil dabei aufgerollt und derart verkürzt, bis ihr Hals an den Stamm gepreßt war und sie dahing, den Kopf einen knappen Meter über dem Boden, der Körper leblos.

Die Flußböschung war an dieser Stelle gut zwei Meter hoch, und die Hirschkuh befand sich hinter der Kuppe, für die Hunde nicht zu sehen, für mich aber aufgrund meiner Körpergröße gut sichtbar.

Ich wußte sofort, was passiert war, und fand, ich sollte zu ihr gehen und wenigstens das Fleisch zum Füttern für die Hunde mitnehmen, damit es nicht verdarb. Der Trapper hätte sie bloß weggeschleppt und irgendwo abgeladen, denn er hatte illegal Rotwild gejagt und wollte sicher keine Aufmerksamkeit erregen.

Ich befestigte den Schlitten an einem Baum und band Cookie mit einer Leine ihres Geschirrs an einen anderen Baum, um das Team zu halten, falls es mir folgen wollte. Dann holte ich meine Kombizange aus dem Schlittensack und stieg die Böschung hoch, um das Seil durchzuschneiden und die Hirschkuh auszuweiden.

Sie war so tief bewußtlos, daß ich bereits die Klingen am Stahlseil an ihrem Hals angesetzt hatte, bevor ich merkte, daß noch Leben in ihr war, wenn auch nicht sehr viel. Sofort schnitt ich das Seil durch, fing vorsichtig ihren Kopf auf und legte ihn mir auf die Knie.

Ich glaubte immer noch nicht ganz, daß sie lebte, und war wütend, wie sehr sie hatte leiden müssen. Das Seil hatte sich tief in die Haut gescheuert und die Haare an der Stelle ausgerissen, und in meiner Wut versuchte ich, den Striemen wegzureiben, die Haare zu glätten, ungeschehen zu machen, was ihr zugestoßen war. Es kam mir so sinnlos vor. Rotwild auf diese Weise oder sonstwie zu töten war für mich, als würde man ein Kind umbringen, ein kleines unschuldiges Kind. Ich rieb fester und fester, bis ich plötzlich eine Veränderung in ihren Augen entdeckte.

Ihr Kopf lag immer noch in meinem Schoß, und ihre Augen waren bereits glasig, was ich dem Koma oder dem nahenden Tod zuschrieb, aber jetzt kehrte Leben in sie zurück, ein Ausdruck von Neugier, und sie weiteten sich angstvoll.

Es gab einen Moment, in dem sich die Situation in die eine oder andere Richtung hätte entwickeln können. Hirsche haben enorm scharfe Hufe und können demzufolge töten. Ich habe einmal gesehen, wie eine Hirschkuh einen Kojoten mit einem einzigen Tritt ihres Vorderfußes tötete, und in einem State Park starb ein Kind, als ein allzu freundlicher »Streichelhirsch« auf es draufsprang.

Ich kniete im Schnee und streichelte eine wilde Hirschkuh, die mir jede Sekunde ins Gesicht springen konnte. Das Dumme war, ich konnte nicht weg, ohne mich nach hinten zu werfen, wodurch sie in Panik geraten und um sich treten würde, und wenn ich blieb, wußte ich nicht, wie sie auf mich reagierte.

Ich saß also da, und meine Hand streichelte weiter die verletzte Stelle an ihrem Hals. Sie starrte zu mir hoch und rührte sich nicht. Ich habe gelesen, daß in Jäger-Gejagter-Situationen der Punkt eintritt, an dem das Opfer in einen Schockzustand gerät und ganz ruhig wird, während man es umbringt. Später, viel später mußte ich oft daran denken, und jedesmal fragte ich mich, ob sie einen Schock hatte und deswegen stillhielt.

Aber sie machte nicht den Eindruck. Sie sah mich an, rollte die Augen nach unten und beobachtete meine Hand auf ihrem Hals, dann sah sie wieder zu mir hoch, versuchte sich aufzurichten und legte sich wieder hin, das Gewicht ihres Kopfes auf meinen Beinen, und die ganze Zeit streichelte ich sie.

Irgendwann, nach ein paar Minuten, einer halben Stunde, einem Tag – mir fehlte jedes Zeitgefühl –, hob sie langsam den Kopf, bekam die Beine auf den Boden und wuchtete sich hoch. Als sie aufstand, entdeckten die Hunde sie und bellten und wollten sich losreißen, und bei dem Lärm zuckte sie zusammen.

Aber sie rannte nicht weg. Sie stand ungefähr einen Meter vor mir, atmete schwer, musterte mich, und dann drehte sie um und marschierte davon und sah mich noch zweimal über die Schulter hinweg an, bis sie unter dem ausladenden Ast einer Balsamtanne verschwand.

Auf der Weiterfahrt mit dem Gespann am Fluß entlang fing ich an, die beiden – Marge und die Hirschkuh – nicht als etwas zu sehen, was zur Wildnis gehörte und beobachtet werden konnte, sondern als gute Freunde, die ich getroffen und verstehen gelernt hatte.

Diese beiden Erlebnisse lösten in gewisser Weise eine grundlegende Veränderung in meiner Selbstwahrnehmung und meinem Weltbild aus. Ich erhob mich nicht mehr über andere Dinge, und auch die anderen Bereiche der Natur tat ich nicht mehr ab. Die Natur und ich wurden ein echtes »Wir«.

Als ich von dem Lauf zurückkehrte, nachdem ich all diese Tage und Nächte von Schönheit umgeben war, all diese Dinge erlebt und gesehen hatte, die mich so grundlegend verändert hatten, brachte ich die Hunde in die Zwinger, legte ihnen die Ketten an und mochte nicht glauben, daß es vorüber war.

Ich kochte Fleisch, fütterte sie und brachte ihnen frisches Stroh. Dann setzte ich mich auf Cookies Hütte und sah unser Haus an.

Es war dunkel. Wir waren den ganzen Tag gelaufen, damit wir endlich nach Hause kämen, und waren leise in den Hof gefahren. Zu der Zeit besaßen wir noch nicht viele Hunde, und da ich immer mit allen lief, gab es niemanden, der bei unserer Rückkehr bellte und Ruth vorwarnte.

Die Hunde bauten ihre Betten, stöberten im Stroh, um es aufzulockern, und dann wurden sie ruhig. Irgendwo in der Ferne heulte ein Kojote, ein sanfter Schnitt durch die stille Nacht. Es war ein schwaches Geräusch, aber zwei Hunde wachten auf, hoben ihre Köpfe und winselten leise, und ich wußte genau, ganz genau, was ihr Winseln bedeutete. Es bedeutete, wir würden ja gern auf dein Heulen antworten, aber wir sind müde und haben den Bauch voll Futter, und das Stroh ist warm und vielleicht ein andermal.

Ich glaube ehrlich gesagt nicht, daß ich in diesem Augenblick hätte ins Haus gehen können, ich fragte mich, ob ich es je wieder könnte. Dort gehörte ich nicht mehr hin. Ich war erfüllt von dem Lauf, den Hunden, dem Wissen um die Hunde und ihre Gefühle und wie ich ein Teil von ihnen geworden war.

Ich konnte einfach nicht ins Haus gehen, blieb auf Cookies Hütte sitzen, und da hätte ich womöglich die ganze Nacht verbracht, wäre nicht die Tür aufgegangen und Ruth mit einer Pfanne schmutzigem Wasser herausgekommen. Sie schüttete es auf das Stalagmitgebilde aus gefrorenem Spülwasser neben der Tür – ein Kunstwerk, an dem wir arbeiteten –, schaute zum Zwinger herüber und sah mich dort sitzen und auf das Haus starren.

Sie ging hinein und kam kurz darauf im Anorak heraus,

in der Hand eine dampfende Tasse. Ich beobachtete, wie sie schweigend auf den Zwinger zukam. Sie blieb stehen und reichte mir die Tasse; es war heiße Suppe. Ich trank einen Schluck, und sie schmeckte köstlich, besser als alles, was ich bisher gegessen hatte.

»Ich habe mir Sorgen gemacht«, sagte sie nach einer Weile. »Ich habe Ray gebeten, dich mit dem Schneemobil zu suchen, aber im Norden, am Clearwater Lake, hat er deine Spur verloren …«

»Tut mir leid. Ich bin einfach mit ihnen gelaufen. Mit den Hunden.« Ich trank noch einen Schluck Suppe und betrachtete den Himmel. Es sah aus, als würden die Sterne herunterfallen, so klar war die kalte Luft. Als könnte man direkt hingehen und sie vom Schnee aufheben.

»Ich konnte nicht zurückkommen.«

Sie schwieg wieder eine Weile, dann seufzte sie. »Du bist so anders. Mit den Hunden, meine ich. Irgendwie hast du dich verändert.«

»Ja.« Plötzlich spürte ich ein Gefühl von tiefer Erkenntnis, vielleicht auch tiefer Unkenntnis. Ein Mangel an Verständnis und das Bedürfnis, zu verstehen. »Ich *bin* anders. Ich sehe die Dinge, wie sie sie sehen.«

»Wie wer sie sieht?«

»Die Hunde.«

»Du willst an dem Rennen teilnehmen, stimmt's?«

»Welches Rennen?« Und so wahr Gott mein Zeuge ist, ich wußte nicht, wovon sie sprach, ich dachte nicht an irgendein Rennen. Nur an den Rausch beim Laufen mit ihnen, an die unglaubliche Freude dabei.

»Das in Alaska.«

»Den Iditarod?«

»Ja. Genau. Du willst mitlaufen, stimmt's?«

Wir hatten ein paarmal über den Iditarod gesprochen. Hatten davon gehört und über den Irrsinn des Ganzen gestaunt, wie verrückt es war, mitzulaufen. Eine Verwandte hatte sogar zu mir gesagt: »Normale Menschen machen so was nicht«, und ich hatte ihr recht gegeben. Ich war gerade mal mit einem Gespann zweihundertfünfzig Kilometer in vier Tagen gelaufen, glücklich dahingetrabt, langsam, und zwischendurch hatte ich ein Lager aufgeschlagen. Ich wußte nichts von Alaska, wie man Bergketten überquert, auf Meereseis läuft, mit einem Hundeteam tausendsechshundert, tausendsiebenhundert Kilometer durch nackte Wildnis läuft, tausendachthundert Kilometer Schnee und bittere Kälte, Kälte, wie ich sie mir nie hätte vorstellen können, Winde jenseits von Gut und Böse, tosende Gewässer und tödliche Träume – eine Welt, ein Universum, das sich meiner Kenntnis entzog. In diesem Augenblick war ich auf der ganzen Welt wahrscheinlich der am wenigsten qualifizierte Hundeführer, der nach Alaska fahren und den Iditarod laufen konnte.

»Ja«, entgegnete ich und hörte Cookie in Ruths wartendes Schweigen atmen. »Ich glaube schon …«

Höllenhunde

Die Hunde standen mitten im Hof und sahen mich an, als wollten sie fragen, was ich eigentlich will, und dazu hatten sie auch allen Grund.

Es waren drei Hunde aus Kanada, Devil, Ortho und Murphy, die seit ihrer Welpenzeit vor vier Jahren in Kanada eine Trapperroute gelaufen waren. Wilde, schlaksige und an lange Strecken gewohnte Hunde. Wie Cookie und der Rest waren sie nicht reinrassig, sondern diverse Mischungen aus Schlittenhunden mit einem Schuß Wolfsblut. Ich war mit Ruth in einem geliehenen Pickup mit aufgebauter Campingkabine nach Kanada gefahren, um sie zu kaufen, und nun brachten wir sie in drei Hundezwingern aus Plastik zurück, die wir vor Ort in der Tierhandlung gekauft hatten. Das heißt, wir versuchten, sie zurückzubringen. In Wirklichkeit gibt es nämlich einen riesigen Unterschied zwischen dem, was Besitzer von Tierhandlungen sich unter einem Schlittenhund vorstellen, und dem, was ein Schlittenhund wirklich ist. Die Zwinger waren eindeutig für einen Phantasiehund konstruiert, der sich brav hinsetzt und akzeptiert, was mit ihm geschieht, und dem die Freiheit schnuppe ist. Oder vielleicht für einen Pudel. Jedenfalls waren sie nicht für drei Hunde aus einem Eskimodorf bestimmt, die Kiefer hatten wie Haie.

Wir waren noch keine zehn Kilometer unterwegs, da hatten Devil und Ortho ihre Zwinger bereits zerlegt. Ich hatte

Glück, daß ich es überhaupt mitbekam. Als ich an einer Ampel vor der Auffahrt zum Highway anhielt, hörte ich ein brummendes Geräusch und dachte, der Pickup fällt hinten auseinander. Ich machte die Tür auf, um unter dem Wagen nachzusehen, warf zufällig einen Blick in die Campingkabine und sah, daß Devils Kopf an der Seite seines Zwingers herausragte, einen wilden Blick in den blau-braun gescheckten Augen, die Zähne gefletscht und in meine Richtung knurrend. Während ich ihn betrachtete, schien er mit den Schultern zu zucken, und der Zwinger fiel ganz von ihm ab. Ortho hatte noch eins draufgesetzt und seinen Käfig komplett auseinandergenommen; er bewegte sich frei im Inneren der Campingkabine und machte sich am Plastik und Aluminium der Seitenfenster zu schaffen. Murphy kaute und knabberte nicht – er war nicht der Hellste, wie ich später feststellte –, sondern hockte in seinem Zwinger und heulte in tiefen, klagenden Tönen, die ich gehört und mit einem technischen Problem verwechselt hatte.

»Was sollen wir jetzt machen?« Meine Frau war ebenfalls ausgestiegen und sah die Hunde mit einem Blick an, als handelte es sich um Serienkiller. »Wir haben noch dreihundert Kilometer vor uns …«

»Einer von uns«, setzte ich hoffnungsvoll an, »wird hier hinten bei ihnen bleiben und auf sie aufpassen müssen.«

»Du bist derjenige, der am Iditarod teilnehmen will«, sagte sie in entschiedenem Ton. »Ich fahre den Transporter.«

»Verstehe.« Ich ging nach hinten und blieb stehen, die Hand zögernd am Türgriff der Kabine.

»Das ist eine gute Gelegenheit, die Hunde kennenzulernen und mit ihnen vertraut zu werden.«

Ich nickte. Bisher hatte ich sie noch nicht einmal berührt. Der Mann, der sie uns verkauft hatte, hatte sie selbst in die

Zwinger verfrachtet. »Ja, das stimmt – ich werde sie kennenlernen.« Aber den Griff drehte ich noch nicht um. Das Gejaule in der Kabine war ohrenbetäubend. Es klang, als würde jemand in Stücke gerissen.

Und dann der tödliche Satz. »Du hast es so gewollt.«

»Ich weiß.«

»Na also …«

Mit dem Gefühl, mich gleich auf eine Handgranate zu werfen, drehte ich den Griff um, öffnete die Tür einen Spalt und schlüpfte hinein, bevor die Hunde heraus konnten.

Im ersten Moment passierte nichts. Murphy heulte weiter in seinem Zwinger, aber Devil und Ortho starrten mich nur an, vermutlich verblüfft, daß sich ihnen eine so unglaubliche Gelegenheit bot. Daß jemand so dumm war und sich ihnen beiden gleichzeitig in einem kleinen, begrenzten Raum aussetzte, war einfach unfaßbar. Ein Traum ging in Erfüllung.

»Siehst du!« Meine Frau beobachtete uns durchs Seitenfenster. »Sie *mögen* dich, es läuft bestimmt ganz prima …«

Sie wandte sich ab, um in den Transporter zu steigen, und sobald ihr Gesicht vom Fenster verschwand, sprangen mich Ortho und Devil in Brusthöhe an, und ich stürzte rücklings mit beiden Hunden auf mir zu Boden.

Ich erinnere mich noch, wie ich den Wagen schlingern spürte, als Ruth den Gang einlegte und auf die Straße fuhr, und ich kritisch – und ziemlich großspurig – dachte, sie hat immer noch nicht gelernt, die Kupplung richtig durchzutreten, und dann herrschte nur noch Chaos. Danach war nie ganz klar, was eigentlich passierte, wer oben war und wer unten, wer biß oder wer gebissen wurde.

An einem Punkt, das weiß ich noch, waren alle hochtrabenden Gedanken an Hunderennen und Iditarods und den Wintertanz verschwunden, und ich dachte, wenn ich nur lebend aus dieser Campingkabine komme und noch halbwegs im Besitz meiner Glieder bin, wäre ich schon zufrieden.

Eins der Probleme lag darin, daß Ortho und Devil einen ernsten Persönlichkeitskonflikt miteinander hatten, der mir nicht bewußt war.

Erst nagten sie an der Kabine, doch als ich sie von dort zurückzerrte, fielen sie übereinander her, und als ich sie an ihren Halsbändern zu trennen versuchte, sahen sie mich fragend an und bissen mich mit großem Vergnügen in Arme und Beine oder was immer sie gerade zu fassen kriegten. Also ließ ich sie los, und sie stürzten sich aufeinander, und dann kam ich wieder an die Reihe ...

Und so ging es drei Stunden ohne Unterbrechung.

Als wir zu Hause ankamen, hatte ich vollkommen auf Autopilot geschaltet, genug Blut verloren, um einem Bluter das Leben zu retten, und mittlerweile angefangen, zurückzuknurren und -zubeißen, wenn sie mich bissen. Irgendwie kriegten wir sie an die Kette und in den Zwinger und gingen ins Haus, wo ich mit Ruths Hilfe literweise Wasserstoffperoxyd und einige Meter Pflaster und Binden verbrauchte.

»Die Männer an der Zollschranke waren so lustig«, sagte sie. »Sie haben in die Kabine gesehen und wollten wissen, wer davon das menschliche Wesen ist. Ich konnte vor Lachen kaum fahren.«

»Es war aber nicht lustig.«

»O doch, Schatz. Es war sehr lustig. Es mag ja weh getan haben, aber lustig war es trotzdem.« Und damit marschierte sie lachend aus dem Haus und schüttelte den Kopf, während ich dastand und Blut und Wasserstoffperoxyd auf den Boden kleckerte.

Und da standen jetzt alle drei – Ortho, Murphy und Devil – an den Pfosten gebunden, und warteten, daß ich etwas unternahm. Nur wußte ich nicht, was, und das sah man mir an …

Ortho kratzte sich am Ohr, hob ein Bein und pinkelte auf Murphy. Devil sah mir ins Gesicht, direkt in die Augen (kein gutes Zeichen, denn direkter Augenkontakt ist eine Drohgeste), reckte sich über Ortho und pinkelte auf Murphy. Murphy schien es nicht zu stören.

Ruth stand an der Haustür und beobachtete mich und die Hunde.

»Das erinnert mich daran«, sagte sie, »als du mal betrunken warst und die Rocker zum Abendessen mit nach Hause gebracht hast …«

»Ich dachte, das Thema wäre für immer erledigt.«

»Irgendwie sind sie genauso. Nur niedlicher.«

»Die Rocker?«

»Die Hunde. Aber sie pinkeln sich genauso an.«

Ich wußte immer noch nicht, was ich tun sollte. Es war ein Tag Anfang Herbst, eigentlich noch Spätsommer, und diese Hunde waren mein erster Versuch, ein Gespann für den Iditarod zusammenzustellen.

Als ich beschlossen hatte – oder besser, als mir klar wurde, daß die Hunde irgendwie die Entscheidung für mich getroffen hatten –, an dem Rennen teilzunehmen, stand ich vor dem grundlegenden Problem, auf das alle Iditarod-Teilnehmer stoßen.

Hunde.

Im Grunde ist es kein Schlittenrennen und auch kein Rennen zwischen Menschen, auch wenn viele es sich auf die Fahne schreiben; ebensowenig geht es um Geld (wenngleich dies an zweiter Stelle steht), um schwachsinniges Macho-Gehabe, weibliche Stärke, Intellekt oder Mut …

Es ist ein Hunderennen.

Und die wesentliche Zutat, die Basis der Gleichung, sind Hunde.

Man benötigt eine bestimmte Menge an Hunden, und sie müssen genügend Qualitäten besitzen, damit sie das Rennen überstehen, ohne sich zu verletzen. Und in einer Welt, die verrückt ist nach Hunden, sind solche Exemplare ausgesprochen rar.

Ich hatte mein Trappergespann, das heißt ein Arbeitsteam von sieben Hunden, mit einem hervorragenden Leithund und lieben Freund namens Cookie. Es waren gute Hunde, die ich sehr mochte und noch immer mag, nur ist es ein großer Unterschied, ob man täglich eine Trapperroute von vierzig bis fünfzig Kilometern abfährt und hin und wieder eine Ladung Brennholz nach Hause schleppt oder ob man täglich die dreifache Strecke durch Berge fährt, die gewaltiger sind als die Rockies.

Ich brauchte Hunde.

Ich rief jeden auffindbaren Menschen an, der in den achtundvierzig Staaten südlich von Kanada wohnte und am Iditarod teilgenommen hatte – ganze zwei Männer –, und fragte, wie ich vorgehen sollte.

»In welcher Beziehung?« fragte einer der beiden.

»In jeder.« Ich hatte so wenig Ahnung, daß ich nicht einmal die richtigen Fragen kannte, geschweige denn die Antworten. »Das Rennen. Hunde. Schlitten. Kleidung. Proviant. Alles.«

»Ziehen Sie Mukluks an.« Klick.

Ich drehte mich zu Ruth. »Was zum Teufel sind Mukluks?«

»Eine Art Fußbekleidung aus Rentierleder oder Robbenfell«, sagte sie. »Ich habe gerade was darüber gelesen. Angeblich sind sie sehr warm.«

Der andere Mann war nicht ganz so kurz angebunden.

»Sie brauchen unbedingt gute Hunde. Versuchen Sie, gute Hunde zu kriegen …«

»Und wo?«

Klick.

So fing die Suche an.

Ich hatte sieben Hunde. In meiner Naivität – oder Idiotie, wie Ruth es formulierte – stellte ich eine einfache Rechnung auf. Ich hatte gelesen, daß die meisten Teilnehmer mit fünfzehn oder sechzehn Hunden liefen. Ich brauchte also noch acht oder neun weitere.

»Es kann doch nicht so schwer sein«, sagte ich zu Ruth, »acht oder neun Hunde aufzutreiben.«

Irgendwie glaubte ich, man tritt mit der richtigen Anzahl von Hunden an und läuft das Rennen, und irgendwie klappt schon alles. Ich dachte nicht an Ersatzhunde für mögliche Zwischenfälle: Verletzungen durch Kämpfe zum Beispiel, Elchattacken, betrunkene Schneemobilfahrer (wie kommt es eigentlich, daß anscheinend alle Schneemobilfahrer Säufer sind?), schwachsinnige Rotwildjäger, die in Zwinger schießen, Viruskrankheiten, Sexualtrieb oder einfach Hundelaunen. An manchen Tagen mögen sie nicht laufen, und dann lassen sie sich um nichts in der Welt dazu bewegen.

Alles in allem kann es verdammt hart sein, acht oder neun Hunde zu finden, die den Iditarod laufen können. (Später, als ich es am dringendsten nötig hatte, las ich von einem Mann, der zu seinem ersten Iditarod praktisch ohne Hunde anreiste; in Anchorage ging er zum städtischen Hundezwinger und nahm alles, was sie da hatten. Allerdings stellte er fest, daß kein Leithund darunter war, also band er sich ein Seil um die Taille und verließ die Startbox als sein eigener Leithund. Er kam als absolutes Schlußlicht ins Ziel – ich glaube, nach achtundzwanzig Tagen –, aber es ist wahrscheinlich immer noch der größte Lauf in der Geschichte des Rennens.)

Es kann schwierig sein, auch nur *einen* Hund zu finden, der den Iditarod laufen kann.

Ich fing an, Hundehalter und Sprintzwinger anzurufen, und dort fand ich Hunde: alte Hunde, müde Hunde, Hunde, die zu langsam waren für die kürzeren Sprintrennen, bei denen sie zehn bis zwölf Kilometer volles Tempo laufen und dann ins Bett gebracht werden.

Ich erstand sie kleckerweise. Hier ein Hund, da ein Hund. Oft entledigten sich die Besitzer nur ihrer schlechtesten Tiere. Manchmal meinten sie es gut, hatten aber – wie ich – schlicht keine Ahnung von der Ungeheuerlichkeit des Iditarod.

Süße Hunde, griesgrämige Hunde, Hunde, die freundlich mit dem Schwanz wedelten und gleichzeitig bissen, Hunde, die erst dann glücklich waren, wenn sie einen Finger zum Kauen hatten, Hunde, die sich einfach hinlegten und einen fragend ansahen, wenn man sie anschirrte, Hunde, die gern, und Hunde, die ungern liefen, Hunde, die permanent rauften, Hunde, die aufgaben, und einige seltene Exemplare, die um nichts in der Welt aufgaben.

Hunde wie Menschen.

Und dann die Hunde aus Kanada.

Echte Schlittenhunde aus dem Norden wie Devil, Ortho und Murphy. Große, gräuliche, gelbäugige Fleischfresser, die nur eines wollten: ziehen und fressen. Keine Streicheleinheiten, keine Liebe, keinen Haß, keine Berührung. Nur das Geschirr und den Horizont.

Sie standen da und beobachteten mich. Beziehungsweise Devil und Ortho standen. Murphy saß in einem, wie ich bald herausfinden sollte, fortwährenden Beinahe-Koma-Zustand da.

Ich hatte einiges gelesen. Musher-Broschüren, Zeitschriften mit Bildern und ein altes Armee-Handbuch mit dem Titel

Transport, Hundeteam, je einmal, oder so ähnlich, das sich ohne Scherz als unbezahlbar erwies.

Ich wußte, Sprintläufer trainierten im Sommer und Herbst, bevor es schneite, mit sogenannten »rigs« – selbstgebastelten Vehikeln auf Rädern, die von den Hunden gezogen wurden. Ich besaß bisher noch kein Trainingsgefährt, und da kein Schnee lag, konnte ich die Hunde nicht richtig testen, nicht einmal auf einer kurzen Strecke. Jedenfalls dachte ich, ich könnte sie nicht testen.

»Wir haben doch das alte Fahrrad«, sagte Ruth. »Das Ding, das du auf der Versteigerung für 1 Dollar 25 ergattert hast.«

»Ich dachte, dieses Thema wäre auch für immer erledigt.«

Bei Versteigerungen packt mich der Wahnsinn. Ich hatte nicht nur das Fahrrad, sondern auch einen Bobschlitten gekauft, für zweieinhalb Dollar, ein Modell, das in den alten Holzfällerlagern zum Transport von Baumstämmen verwendet wurde, nur um festzustellen, daß er über hundertfünfzig Kilo wog und ich ihn nicht nach Hause bringen konnte; und schließlich hatte ich für fünfeinhalb Dollar neunzehn ausgewachsene Gänse erstanden. Die Gänse brachte ich nach Hause; sie machten den Garten platt, deckten alles unter einer dicken Schicht Gänsescheiße zu und töteten eine von Ruths Katzen, bis ich endlich eine freundliche Seele fand, die sie mir abnahm.

»Ich dachte nur, mit dem Fahrrad funktioniert es vielleicht. Du könntest Cookie anhaken und zwei oder drei von den anderen mit einer langen Leine ...«

Ich hätte auf sie hören sollen. Sie war die Vernunft, Logik und Sensibilität in Person.

Aber manchmal ziehe ich aus einem Bereich vorschnelle Schlüsse auf einen ganz anderen, und noch ehe sie zu Ende erklärt hatte, wie ich vorgehen könnte, war ich weg und holte das

Fahrrad – ein altes Schwinn mit dicken Reifen. Ich nahm die Gangline vom Schlitten und hakte sie vorne an das am Boden liegende Rad, dann band ich es sicherheitshalber mit einem Seil an einem Baum fest und fing an, die Hunde zu holen.

Ich hakte Cookie an die Spitze, dann kam ein Hund namens Max als Swinger – die Position gleich hinter dem Leithund – und dann Ortho, Murphy und Devil. Ortho verhielt sich entgegenkommend, und Murphy sank wie immer zu Boden, aber Devil zerfleischte mich fast und erinnerte mich an alte Cartoons, die vom Beutelteufel handeln; er knurrte und schnappte und biß nach allem, was in der Nähe war.

»Meinst du nicht, du hast ein paar Hunde zuviel?« fragte Ruth, die uns von der Seite beobachtete.

»Ach was, das geht schon.«

Ich hob das Fahrrad auf. Die Hunde und die Gangline zerrten an dem Seil, das hinter dem Fahrrad am Baum festgebunden war.

Sobald ich mich dem Rad näherte, stand Cookie auf und straffte die Leine, und die restlichen vier warfen sich ins Geschirr und jaulten in den höchsten Tönen.

Ich setzte mich aufs Rad, brachte es ins Gleichgewicht und stellte es in die Laufrichtung der Hunde, dann faßte ich mit der Hand nach dem mechanischen Panikhaken, der das Seil zwischen Gangline und Baum hielt.

Irgendein Instinkt, ein angeborener Lebenswille meldete sich, und ich zögerte. Das Seil zitterte und bebte wie eine Gitarrensaite. Ich legte den Zeigefinger drauf und zuckte sofort zurück. Das Ding summte ganz schön, und mir wurde klar, welche gewaltige Kraft hier vorhanden war, eine viel stärkere, als ich sie jemals mit meinem gewohnten Team auf dem Schlitten gespürt hatte, dabei fuhr ich mit weniger Hunden als sonst.

»Ich weiß nicht«, sagte ich zu Ruth. »Vielleicht sollte ich doch einen oder zwei zu Hause lassen …«

Im selben Moment riß das Seil, das die Gangline mit dem Baum verband, und das Rad schoß mit Höchstgeschwindigkeit – so kam es mir vor – aus dem Hof und auf die Straße zu.

Ich schwankte kurz, fand wieder das Gleichgewicht und bekam mein Entsetzen so weit in den Griff, daß ich wieder ein Minimum an Kontrolle gewann. Die Bäume im Hof rauschten wie im Nebel vorbei, und wir näherten uns dem Ende der Zufahrt in Zeitraffertempo.

Cookie war in ihrem Element. Auf unserer Trapperrunde hatte sie oft Hunde hinter sich gehabt, doch dies war anders, diese Hunde waren stark, spornten an.

Unten an der Zufahrt schrie ich: »*Gee*!« – das Kommando für »rechts«.

Cookie fuhr einen weiten Bogen nach links, dann fegte sie rechts um die Kurve auf die Straße. Die Hunde folgten ihr gut, und ich legte das Fahrrad schräg, streifte kurz mit dem Fuß den Boden und nahm die Kurve wie ein Radprofi.

Wir fuhren eineinhalb Kilometer über die Schotterstraße, bei gleichbleibender Geschwindigkeit, das Fahrrad klapperte und hüpfte, und allmählich faßte ich Vertrauen, wurde vielleicht sogar ein wenig übermütig. Die neuen Hunde liefen gut. Ortho und Devil wühlten förmlich die Straße auf, und zu meinem Erstaunen holte selbst Murphy kraftvoll aus, und die Zugleine spannte sich über ihren wunderbar gewölbten Rücken – ein Zeichen, daß Hunde gut ziehen.

Ich fing an, mir Sachen zurechtzulegen, die ich Ruth nach meiner Rückkehr erzählen würde. Ich würde über die Umgehungsstraße laufen, insgesamt sechs Kilometer, und sie wäre bestimmt überrascht, wenn ich ihr berichtete, wie gut sich die kanadischen Hunde bewährten, von denen sie seit jener Zwingerzerlegung nichts hielt. Das Radfahren war angenehm und hat Spaß gemacht, würde ich zu ihr sagen, das Gespann war wunderbar, der Himmel klar, und mit solchen Hunden könnte ich vielleicht sogar den Iditarod gewinnen …

Und dann, ausgerechnet in diesem Moment, beschloß ein Kaninchen, von einer Straßenseite zur anderen zu rennen; in dieser großen Welt mit den vielen Hasen und vielen Straßen wählte dieses Kaninchen diesen Augenblick, um diese Straße vor diesen Hunden zu überqueren.

Cookie hatte schon Tausende von Kaninchen gesehen, sie wußte, worum es sich handelte, und fiel nicht darauf herein. Sie sah es zwar, rannte aber weiter, und Max versuchte ihr zu folgen.

Nicht aber Ortho, Devil und Murphy. Devil schwenkte nach links und jagte hinter dem Kaninchen her, Ortho sofort mit ihm und Murphy nur einen Tick später.

Cookie versuchte sie aufzuhalten, aber das war, als wollte man einen Zug bremsen. Sie schlitterte einfach rückwärts, riß Max mit sich und beschloß, daß, wenn sie am Leben bleiben und mit heilen Gliedern davonkommen wollte, sie lieber vor den drei Kanadiern herliefe und sie zu kontrollieren versuchte, solange sie das Kaninchen hetzten.

Die Entscheidung war richtig, hatte aber trotzdem katastrophale Folgen. Ich befand mich jetzt auf Karnickeljagd, saß auf einem verrosteten 1957er Schwinn mit zerfledderten Quasten an der Lenkstange und wurde von fünf Hunden durch dichten Wald gezerrt.

Im Grunde gab es nicht die Spur einer Hoffnung, der Lage Herr zu werden. Ich tat mein Bestes. Wir gelangten an einen Graben und machten einen Satz, das Fahrrad schwebte in der Luft, dann landeten wir aufrecht, und irgendwie gelang es mir, das Rad auch weiter aufrecht zu halten.

Irgendwann verschwand das Kaninchen in dichtem Weidengestrüpp, die Hunde hinterher, und von da an verlor ich den Überblick. Im Nu lag ich am Boden, dann fiel das Fahrrad auf mich und prallte ab, dann war ich wieder oben, aber nicht auf Rädern, ich schleppte es nur, und dann hing ein Kiefernast etwa einen Meter über dem Boden und erwischte mich irgendwie in Magen und Gesicht gleichzeitig, und das war mein Ende. Ich landete auf dem Bauch, völlig zerknautscht, während Fahrrad und Gespann mit großem Geklapper durch den Wald entschwanden.

Es dauerte eine Weile, bis ich mich wieder zurechtfand und den Rest meiner fünf Sinne zusammen hatte. Eine Zeitlang hörte ich noch das Fahrrad krachen, immer schwächer und schwächer, dann nichts mehr, und ich beschloß, daß ich die Hunde einfangen mußte, und fing an zu laufen. Früher oder später, stellte ich mir vor, würde sich das Rad in einem Baum oder im Dickicht verfangen, und dann würde ich sie einholen.

Ich täuschte mich. Ich hatte die Kraft der drei kanadischen Hunde unterschätzt. Ich folgte der Spur, was nicht schwer war, weil die Suche vom Scheppern des durchs Dickicht gezerrten Fahrrads hilfreich unterstützt wurde, und erwartete, jeden Moment das Team zu entdecken.

Die Spur zog sich durch Weiden, führte fast einen Kilometer an einem Sumpf entlang, dann verlor sie sich *im* Sumpf. Ich folgte ihr, bald hüfthoch in einer Mischung aus Gras und Schlamm, die von den Einheimischen »Seetaucherscheiße« genannt wird, watete durch Stellen, wo die Hunde geschwommen sein mußten, um Baumstümpfe herum und wieder durch Dickicht, Kilometer um Kilometer, vor mir die furchige, unregelmäßige Spur des Fahrrads wie ein Leuchtfeuer.

Jeden Moment, redete ich mir zu, von Moskitos geplagt

und bei lebendigem Leib aufgefressen, mit Holzzecken bedeckt, von Dornen und Dickicht zerkratzt –, jeden Moment finde ich sie, verheddert und übel zugerichtet, und dann sind sie bestimmt heilfroh, wenn sie mich sehen …

Nach etwa acht Kilometern gelangte ich an einen Highway, und als ich sah, daß sich die Schleifspuren im Verkehr verloren, sank mein Mut. Schlittenhunde haben keine Vorstellung von Autos oder Verkehr, und ich war sicher, sie würden überfahren. Aber die Spuren führten auf der anderen Straßenseite über den Seitenstreifen wieder in den Wald, und ich marschierte dankbar hinterher.

Die Hunde waren noch ein Stück in südlicher Richtung gelaufen, dann ging's entlang einer Überlandleitung nach Osten. Inzwischen war es früher Abend, und ich zu Fuß, mindestens zehn Kilometer durch schwieriges Waldgebiet von zu Hause getrennt, bedeckt von Schlamm, Unkraut, Zecken und Mükkenbissen, aber die Spur führte mich weiter.

Sie verlief noch immer in östlicher Richtung, und ich blieb dabei, bis es dunkel wurde, und dann weiter im Dunkeln, verfolgt von Moskitoschwärmen, so dick, daß ich nicht atmen konnte, bis ich schließlich nichts mehr sah und mir meine Niederlage eingestand.

Ich hatte mein Hundegespann verloren.

Es heißt, man sei kein echter Musher, wenn einem das eigene Team nicht wenigstens einmal davongelaufen ist und einen im Stich gelassen hat. Mir war das zweimal im Winter mit dem Schlitten passiert, allerdings mit den Trapperhunden, und die hielten ein Stück weiter an, und ich konnte sie einfangen. Und einmal brachte Cookie das Team zu mir zurück.

Aber hier lag die Sache anders. Diese kanadischen Hunde tanzten eindeutig nach ihrer eigenen Musik, und freiwillig würden sie niemals stehenbleiben, das stand fest. Mir blieb jetzt nichts anderes übrig, als nach Hause zu gehen, mich am nächsten Tag ins Auto zu setzen und loszufahren, um sie zu suchen.

Aber so leicht war mein Zuhause gar nicht zu erreichen. Nachdem ich die Straße überquert und auf die Überlandleitung gestoßen war, hatte ich ungefähr sechs Kilometer zurückgelegt. Mittlerweile war es stockfinster, und ich befand mich im tiefsten Wald, Stunden entfernt von unserer Hütte. Das Wort »verloren« kam mir in den Sinn.

Ich überlegte kurz, ob ich ein Lager aufschlagen sollte. Aber ich hatte den Hof ohne Ausrüstung verlassen, da ich ja nur einen kurzen Lauf geplant hatte, und mir fehlten Streichhölzer und Campinggerät. Ohne Feuer und ein bißchen Bewegung würden mich die Moskitos aussaugen. Meine Lider waren fast zugeschwollen, so hatten sie mir an den Augen bereits zugesetzt.

Also ging ich weiter. Bedrückt, daß ich meine offenbar doch beachtlichen Ziehhunde verloren hatte, vor allem Cookie und selbst das Dumpfhirn (so nannte Ruth ihn) Max. Ich fühlte mich gräßlich.

Und der Weg hob auch nicht eben meine Stimmung. Das Gelände war unmöglich. Drei Stunden dauerte es, bis ich überhaupt wieder an den Highway gelangte, und dann machte ich den Fehler und nahm eine Abkürzung durch einen Kiefernwald, statt die etwa zwanzig verbleibenden Kilometer auf Straßen zu gehen.

Die Abkürzung erwies sich, wie das bei Abkürzungen meistens so ist, als Umweg und führte mich durch zwei weitere Sümpfe, die so tief und schwierig waren, daß ich an einer Stelle fast zweihundert Meter durch dreckiges Wasser schwimmen mußte.

Ich weiß nicht, wie ich unsere Hütte fand. Ich glaube sogar, ich fand sie weniger, sondern stolperte versehentlich darüber.

Gegen drei Uhr morgens bewölkte sich der Himmel und verdunkelte das spärliche Licht der Sterne, in dem ich zumindest verschwommene Schatten hatte erkennen können. Irgendwann um diese Zeit verlor ich jeden Bezug zur Realität, jeden Orientierungssinn, und schaltete völlig ab. Ich lief und lief, bis ich in etwas rannte, machte kehrt und lief, bis ich in etwas rannte, machte kehrt und lief, bis ich ...

Dem puren Zufall war es zu danken, daß eines der Dinge, über die ich kurz vor Tagesanbruch stolperte, unsere Hütte war.

Ich taumelte hinein und entdeckte hinten auf dem noch warmen Herd einen Topf mit Kaffee. Ich wollte eine Tasse trinken, mich dann ins Auto setzen – ein Freund hatte uns einen alten Ford Maverick geschenkt, der manchmal lief – und versuchen, einen Farmer ausfindig zu machen, der ein Hundeteam mit einem zerbeulten Fahrrad gesehen hatte.

Ruth sah im Halbschlaf vom Speicher. »Ach, da bist du ja. Wie spät ist es?«

Die Uhr hing über dem Fenster. »Kurz vor sechs.«

»Morgens?«

»Ja.«

»Bist du eben erst gekommen?«

»Ja. Ich trinke einen Schluck Kaffee, und dann gehe ich die Hunde suchen ...«

»Welche Hunde?«

»Das Team. Ich hab sie draußen im Wald verloren. Wahrscheinlich sind sie inzwischen halb in New York.«

»Ach was. Sie sind gestern abend zurückgekommen. Ich hab' gerade gekocht, da hörte ich, wie sie das Fahrrad in den Hof zerrten. Cookie hat sie gleich in den Zwinger geführt.«

»Tatsächlich?« Ich saß am Küchentisch und hielt die Kaffeetasse wie einen Stützbalken.

»Ja. Und Devil war so lieb. Als ich ihm das Geschirr abgenommen habe, hat er mir die Hand geleckt …«

Nur mal zum Antesten, dachte ich. Um zu sehen, wie's schmeckt.

»… und als ich ihn an die Kette legte, hat er mit dem Schwanz gewedelt. Es geht allen gut. War die Nacht draußen hart?«

Meine Augen waren zugeschwollen, meine Lippen doppelt so dick wie normal, ich war von Dornen und Zweigen zerkratzt, hatte wahrscheinlich Würmer, weil ich Sumpfwasser geschluckt hatte, und fühlte mich, als hätte ich einen Monat nicht geschlafen (ein Gefühl, das, wie ich noch erfahren sollte, beim Training für den Iditarod ganz normal ist). Trotzdem war da diese andere Sache. Die alberne Sache. Stolz.

»Nein. Es war mehr oder weniger normal.«

Das schlimmste ist, daß sich meine Antwort bewahrheiten sollte.

Totale Wracks

Nach diesem Mißgeschick traten die Hunde und ich in eine Phase, die laut Ruth unbedingt mit »Totale Wracks« betitelt werden sollte. Und eigentlich ist das eine korrekte Definition.

Meine Musher-Laufbahn begann in völliger Unwissenheit und speiste sich aus noch größerer Unwissenheit und einer Riesenportion falscher Informationen. (Ein Kurzstrecken-Musher, der mit irischen Settern lief, sagte mir zum Beispiel, man dürfe die Hunde nicht mit Fleisch füttern, sondern ausschließlich mit Getreideprodukten, damit ihr Körper »sauber bleibt«.) Und mein Versuch, falsche Dinge richtig zu machen, verschlimmerte alles noch mehr.

Mit dem Bau eines Trainingsgefährts fing es an. Ich sprach mit einigen Kurzstreckenläufern, machte mir ihre Ideen zunutze und dachte mir ein hübsches, leichtes, aus Rohren zusammengeschweißtes Ding aus, das auf Schubkarrenrädern lief; eine Dreirad-Konstruktion, deren Vorderrad über zwei Zugleinen gesteuert wurde.

Ein leichtes Trainingsgerät läßt sich viel einfacher ziehen als ein Schlitten. Auf festen Straßen rollt es auf Kugellagern, und die Hunde spüren es kaum. Irgendwann folgte ich dem Beispiel der Sprintläufer und trainierte mit großen Teams – zehn, zwölf, fünfzehn Hunden, ich spannte einfach jeden neuen dazu.

Der verfahrenstechnische Unterschied besteht allerdings darin, daß Sprintläufer nur kurze Strecken mit Höchstgeschwindigkeiten trainieren. Sie legen keinen Wert auf Muskeln, die Ausdauer und Zähigkeit versprechen, denn die verlangsamen die Hunde, und beim Sprint zählt allein die Geschwindigkeit. Ich habe tatsächlich schon Windhundteams gesehen, die bis kurz vor dem Start Pullover anhatten, dann wie aus der Pistole geschossen und heulend eine Fünfzehn-Kilometer-Strecke liefen und nach dem Rennen sofort wieder in ihre Pullover und warmen Betten gesteckt wurden.

Aber da die meisten Sprintläufer – zumindest die, die ich um Rat fragte – ihre Hunde nicht auf Ausdauer und Kraft trainierten, hatten sie keine Ahnung, wie unglaublich stark, wie zäh Schlittenhunde sein können.

Napoleon sagte mal, gute Truppenmoral ist, als hätte man für einen Soldaten derer vier, und so ähnlich verhält es sich bei den Schlittenhunden. Wenn sie durch Training an Kraft gewinnen, an Wissen und an Vertrauen, wenn sie begreifen, daß du ihnen Fleisch gibst, wenn sie gut laufen, und Fett und Liebe und deine eigene Seele, wenn sie all das spüren, verstehen und *wissen*, werden sie völlig anders. Plötzlich sind sie nicht mehr nur Schlittenhunde oder Haustiere, sie werden Langstreckenhunde – Hunde, die man nicht aufhalten kann und nicht aufhalten wird.

Am Anfang ist diese Veränderung beängstigend; es ist, als beobachtete man, wie Dr. Jekyll sich in Mr. Hyde verwandelt. Ihre Schultern wachsen, sie entwickeln Fett und – noch wichtiger – Muskeln, und durch das zusätzliche Fleisch und Fett (wenn das Training auf Hochtouren läuft, kriegen sie soviel sie fressen können) wird ihr Fell ganz geschmeidig. Und sie werden *stark* – Gott, und wie.

Der Unterschied zwischen einem optimal auf Marathons

und einem »normal« trainierten Hund ist erstaunlich – als hätte man für einen Hund derer vier, fünf, manchmal acht.

Auf einem leichten Trainingsgefährt könne man problemlos mit zehn bis zwölf Hunden laufen. So wurde mir gesagt, und so machte ich es. Allerdings sollte man vor das gleiche Gefährt nie mehr als vier bis fünf gut durchtrainierte Langstrekkenhunde spannen, es sei denn, man ist lebensmüde. Und die magische Zahl, die sieben, sollte nicht überschritten werden, wenn man nicht mindestens ein ausgeschlachtetes Autowrack verwendet, wie ich es später tat. Zwischen dem siebten und achten Hund passiert etwas, es ist wirklich phänomenal. Eine Kraftkurve wird überschritten, und mit acht und mehr Hunden befindet man sich in einer Zone, die sich ohne Spezialgerät jeglicher Kontrolle entzieht.

Von all dem wußte ich nichts. Sobald ich meine Trainingskarre hatte, begann ich mir Hunde zu besorgen und spannte sie zu den übrigen.

Typhoon, Cookie, Yogi, Max, Storm, Steven, Bill, Devil, Murphy, Ortho, Big Mac, Raven, Byron – anderer Leute Hunde, anderer Leute Namen. Ich taufte nicht einen Hund aus dem Gespann. Erst später, als wir Welpen hatten, viele Welpen, durfte ich die Namen aussuchen.

Ich trainierte sie so, wie ich meinte, es sei richtig, fügte bei jedem neuen Hund oder Hundepaar neue Gangline-Segmente hinzu und integrierte sie ins Team.

Aber unter den Hunden hatte sich eine Art Ansteckung breitgemacht, eine Willensübertragung, die mir entgangen war. Ich hatte das Trapperteam, die ursprünglichen sieben Hunde. Sie waren immer nett, glücklich und friedlich gewesen. Den ganzen Winter über hatte ich mit ihnen Fallen aufgestellt und kontrolliert, und es gab nie ein Problem, besonders nicht mit Cookie. Ich nahm sie oft mit ins Haus und ließ sie dort frei herumlaufen.

Dieses Stammteam, obwohl bereits sehr stark, war leicht zu handhaben, und ich dachte, das würde mir helfen, die Kontrolle über die neuen Hunde zu erlangen. Und zu behalten.

Es lief genau andersrum. Meine Trapperhunde wurden ein Langstreckenteam, und das Problem lag darin, daß sie durch das ganzjährige Laufen bereits gut trainiert waren. Die anderen Hunde – die neuen, wilden, kanadischen Hunde – steckten das alte Trappergespann mit ihrer herrlichen Verrücktheit an und ich … ich war nur noch Teil des Gefährts.

Es war Wahnsinn.

Als ich anfing, mit acht, dann neun und zehn Hunden zu laufen – inklusive den drei neuen aus Kanada –, spürte ich, daß etwas anders war. Irgendwie verlor ich die Kontrolle. Als ich drei weitere hinzufügte und dann noch zwei weitere, betrat ich eine Welt, die einem surrealen Traum glich.

»Du siehst aus wie ein Spielzeug«, sagte Ruth, als ich zurückkam, nachdem sie mich auf dem Bauch aus dem Hof geschleift hatten und ich an der umgekippten Trainingskarre hing. »Wie ein großes Hundespielzeug …« Bei den ersten zwanzig Fahrten kam ich nicht ein einziges Mal heil aus dem Hof.

Mein erster Lauf mit einem großen Team verlief klassisch und hätte mich vor den folgenden Versuchen warnen sollen. Ich wollte eine längere Strecke mit den Hunden trainieren. Mittlerweile war es tagsüber kalt genug für eine ausgedehnte Fahrt. Ich wußte noch nicht, daß man auch nachts laufen kann, denn mir hatte tatsächlich jemand aufgetischt, Hunde seien nachtblind und könnten im Dunkeln nichts erkennen – völliger Unsinn. Ich dachte also, ich versuche es mal mit fünfzig Kilometern. Das ist nicht viel, ein knappes Drittel der Strecke, über die erste Trainingsläufe sich erstrecken sollten, aber mir schien es ausreichend, und ich fand, ich sollte vorsichtshalber Ausrüstung mitnehmen. Ich belud den Karren mit einem Rucksack, einer Kiste Hundefutter, einem Zelt, einer zusammengerollten Plane, einem Wintermantel – falls es abkühlte –, Töpfen und Pfannen zum Kochen, einer kleinen Axt, einer Bogensäge, fünf Litern Petroleum für die Laterne und einem großen Colemanitofen mit zwei Brennern.

Als ich aus dem Hof fuhr, sah ich aus wie ein Eisenwarenhändler, und so klang es auch. Doch viel weiter als aus dem Hof kam der Kram auch nicht.

Ich streifte dreizehn Hunden das Geschirr über den Kopf. Das Trainingsgefährt war an einen Baum gebunden, mit einem starken Seil und einem Panikhaken, den ich mindestens viermal überprüft hatte.

Die Hunde brannten darauf loszulaufen. Ich hakte Cookie an die Spitze, ließ sie die Gangline langziehen, holte dann jeden Hund einzeln und hakte ihn an die jeweilige Position. Mit jedem neuen Hund wuchs die Ungeduld im Team, und beim zehnten war der Lärm ohrenbetäubend. Das Getöse und Drängen der Hunde steckte mich ebenfalls an, und als ich Nummer elf und zwölf an ihre Plätze gebracht hatte und nur noch einer übrigblieb – Devil –, rannte ich wie ein Sprinter vom Zwinger zum Trainingsgefährt und versuchte mich zu beeilen, damit sie endlich laufen konnten. Devil schnappte nach mir wie immer, aber es floß weniger Blut als sonst, und ich dachte mir, vielleicht freunden wir uns doch langsam an. Ich hakte ihn an die Gangline, ging zu der Karre, stieg auf, winkte Ruth zu, die an der Haustür stand, und löste den Panikhaken.

Ich glaube nicht, daß die Karre auf dem Weg über den Hof den Boden mehr als zweimal berührte. Mein Gott, dachte ich, sie haben fliegen gelernt. Als wir das Ende der Zufahrt erreichten, wo wir die Kurve kratzen mußten, um auf die Straße zu kommen, hing ich hinten wie eine zerfledderte Flagge.

Die Hunde nahmen die Kurve gut.

Die Karre zeigte ebenfalls gute Ansätze, nur vergaß ich, mich in die Schräge zu legen, und deshalb überschlug sich das Ding, und da es schon mal dabei war, überschlug es sich immer weiter. Ich hatte noch Zeit, einen kurzen Blick zurückzuwerfen: Es sah aus, als ob ein Kurzwarenladen auf der anderen Straßenseite in die Luft gegangen und im Graben gelandet wäre. Dann suchte ich etwas zum Festhalten.

Irgendwie verstehe ich nicht, warum ich mich festhielt, ich nehme an, weil ich sie auf dem Fahrrad verloren hatte und fest entschlossen war, diese Pleite nicht zu wiederholen. Wir fegten die Straße entlang, die Karre umgekippt, die gesamte Ausrüstung weg, und ich schleifte bäuchlings auf dem Schotter.

Wir legten ungefähr sieben Kilometer zurück, bis ich das Ding wieder auf den Rädern hatte, wobei das geschweißte Lenkstangenrohr mittlerweile abgebrochen war und ich mich nur noch an den Steuerleinen festhalten konnte. Außerdem war ich fast vollkommen entblößt, denn meine Kleider waren bei der Schleifpartie zerfetzt worden.

Wir schafften die fünfzig Kilometer in knapp zweieinhalb Stunden, und nicht ein einziges Mal war ich auch nur annähernd Herr der Lage. Zu allem Übel war Cookie gerade läufig. Sie ließ sich einfach ständig besteigen, auch bei den folgenden Trainingsläufen, aber es war egal. Sie rannte vor ihnen her, und die Rüden wurden von ihr erregt und nutzten jede sich bietende Gelegenheit, um einen, wie es in der Musher-Sprache angeblich heißt, »Titten- und Eierkrieg« anzuzetteln.

Es war ein Luftkampf am Boden, angeführt von dieser süßen, kleinen, gierigen Hündin, die ihren Schwanz zur Seite reckte, während ich hinten an zwei Seilen hing, halb nackt,

Obszönitäten brüllte und die streitenden Hunde aufzuhalten versuchte.

Später im Herbst, kurz vor dem ersten Schnee, saßen Ruth und ich da und unterhielten uns über diesen ersten Lauf mit einem großen Team auf dem leichten Trainingsgefährt.

»Es wäre schön gewesen«, sagte sie, saß am warmen Ofen und trank Kaffee, »wenn das dein schlechtester Lauf gewesen wäre.«

Ich nickte.

»Leider war es dein bester.«

»Na ja, der beste nun auch nicht …«

»Doch, Schatz. Es war dein bester.«

Bei den folgenden Läufen verließ ich den Hof auf Gesicht, Hintern, Rücken, Bauch. Ich schleifte zwei, drei, vier Kilometer auf dem Boden. Mindestens achtmal verlor ich das Gespann; marschierte fünfzehn, zwanzig, einmal an die sechzig Kilometer auf der Suche nach den Hunden. Bei jeder Fahrt brach die Karre zusammen, löste sich in Einzelteile auf, bis ich mir schließlich ein Schweißgerät auslieh und das Ding Abend für Abend wieder zusammenbaute. Jeder Farmer im Umkreis von sechzig Kilometern wußte über mich Bescheid, kannte mich als den »verrückten Kerl, der sein Team nicht im Griff hat«. Einmal verließ ich den Hof mit Streichhölzern in der Tasche, die sich entzündeten, als ich an der Haustür vorbeigeschleift wurde; ich sah aus wie ein Meteorit und schrie Ruth zu, meine Eier würden brennen, und sie lachte so heftig, daß sie kaum stehen konnte.

Ich hielt alles für meine Schuld.

Inzwischen hatte ich verschiedene Zeitungsartikel gelesen und einiges über Susan Butcher und andere Iditarod-Teilnehmer erfahren, und ich verstand einfach nicht, wo der Unterschied zwischen ihren Hunden und meinen lag und warum sie ihre Hunde anscheinend unter Kontrolle hatten und ich meine offenbar nicht.

Ich kam einfach nicht heil vom Hof.

Irgendwann entdeckte ich ein Bild von einem Gespann, das im frühen Herbst in Kanada für den Iditarod trainierte. Es bestand aus fünfzehn Hunden, alle etwa so groß wie meine, angehakt an eine normale Gangline.

Sie zogen ein Auto.

Ein *ganzes* Auto. Motor, Windschutzscheibe, Türen, mit allem Drum und Dran. Sogar der Rücksitz fehlte nicht. Im Innern saß ein Pärchen, lehnte sich aus den Fenstern und lächelte in die Kamera. Die beiden befanden sich im Trockenen und wurden – ganz offensichtlich – nicht auf dem Bauch über Schotter gezerrt.

Ein ganzes Auto.

Ich lief mittlerweile mit fünfzehn Hunden, von denen sieben schon sehr kräftig waren, auf einer Karre, die allerhöchstens fünfundfünfzig Kilo wog. Das Paar auf dem Bild zog mit der gleichen Anzahl von Hunden ein Fahrzeug, das über eine Tonne wog. Aber was vielleicht noch entscheidender war: Die beiden lächelten, während ich die letzten dreißig bis vierzig Läufe stets nur mit schreckensverzerrtem Gesicht überstanden hatte.

Noch am selben Abend zerrte ich Ruth aus dem Haus und machte mich mit ihr in unserem alten Ford auf den Weg in die Stadt.

»Wohin fahren wir denn?« fragte sie.

»Zum Schrottplatz. Wir besorgen uns eine alte Mühle und bauen ein richtiges Gefährt. Das Training muß langsam mal ernste Formen annehmen.«

Wir fanden einen alten englischen Ford. Der Motor fehlte zwar, aber in allen vier Reifen war Luft, und – das wichtigste –

die Bremsen funktionierten. Der Schrotthändler stiftete das Wrack für die gute Sache, und wir schleppten es nach Hause und stellten es rückwärts am Zwinger ab. Als erstes entfernte ich die Türen, damit ich schneller ein- und aussteigen konnte.

In einem der Artikel hatte ich gelesen, man sollte Hunde nur mit einem Spring- oder irgendwie gearteten Bungeeseil vor schwere Ladungen hängen, damit das Anreißen beim Start gemildert wird. Da ich dachte, ein einfaches elastisches Seil würde nicht ausreichen, konstruierte ich zwischen Hund und Auto eine Verbindung aus zwei kompletten Innenschläuchen von Lastwagengröße – einen Bungee-Donut, wenn man so will –, um die Last zu dämpfen, wenn sie losstürmten. An diese Vorrichtung hakte ich vorn die Gangline, zog die Handbremse und begann die Hunde anzuschirren.

Als ich zum achten Hund kam, schaute ich hoch und sah, wie sich das Auto langsam bewegte. Schnell suchte ich ein Seil, wickelte es um einen Baum und hakte den Rest der Hunde an.

Ruth beobachtete uns, und ich winkte sie zu mir.

»Kleine Spazierfahrt gefällig?«

Sie sah das Auto an, dann mich, dann die Hunde, und lächelte. »Diesmal schau ich lieber zu. Vielleicht wenn die letzten Fehler behoben sind ...«

»Welche Fehler? Es ist ein Auto – die Hunde ziehen es, und wir fahren mit.«

»Ich warte lieber.«

Eine weise Entscheidung.

Ich hatte aus den Katastrophen mit der Dreiradkonstruktion gelernt und zog es vor, keine Ausrüstung mitzunehmen, sondern lediglich zehn Kilometer über Schotterstraßen zu fahren.

Als alles bereit war, stieg ich ins Auto und löste den Panikhaken.

»Ziehen!« rief ich den Hunden zu, und sie warfen sich ins Geschirr, als stünden sie in Flammen.

Das Auto rührte sich nicht.

Aber nur eine Sekunde lang.

Ich hatte vergessen die Handbremse zu lösen. Das holte ich jetzt nach, aber die Hunde hatten mittlerweile die beiden Schläuche auf Spaghettiformat gedehnt.

»Siehst du?« Ich lächelte Ruth an, die an der Seite stand. In sicherem Abstand. »Klappt doch hervorragend ...«

Die Schläuche zogen sich zusammen und katapultierten das Auto nach vorn, mit einem Ruck, der mir fast den Kopf abriß. Durch den Schub konnten die Hunde ihre Kraft voll nutzen und schossen vorwärts. Wieder dehnten sich die Schläuche. Das Auto ruckte erneut nach vorn. Die Hunde warfen sich ins Geschirr. Die Schläuche wurden immer länger. Das Auto ruckte ...

Ich verließ den Hof wie ein Bungee-Springer in der Waagerechten.

Ein Bild von Ruth nahm ich mit: Sie hielt sich den Bauch und krümmte sich vor Lachen. Dann war ich weg, boingte die Straße entlang und versuchte mir eine Methode auszudenken, wie ich halten könnte.

Auf mich allein gestellt, hätte ich das Problem wahrscheinlich nicht gelöst, aber es war egal. Wir drehten unsere Runde in eineinhalb Stunden, und auf dem Rückweg hatten die Hunde den Mechanismus raus: Sie zogen langsam an, bis die Schläuche den Ruck dämpften und das Auto sich bewegte, und dann beschleunigten sie.

Zu Hause bastelte ich ein Seil in das Bungee-System, um die Dehnung zu begrenzen. Ruth kam heraus, als ich daran arbeitete.

»Heute abend laufe ich eine längere Strecke und schlage mit

den Hunden ein Lager auf. Morgen früh kommen wir zurück. Gegen zehn dürften wir hier sein.«

Sie nickte und wollte etwas sagen, zögerte aber.

»Was ist denn?«

»Nichts.«

»Na los. Du wolltest doch was sagen.«

»Du klingst so bestimmt. Wäre es nicht besser, wenn du nicht alles im voraus planst? Sag doch einfach, du läufst mit ihnen, und nicht, wie lange und wie weit. Immer wenn du das tust, durchkreuzen die Hunde deine Pläne, und es kommt ganz anders ...«

»Diesmal nicht. Ich hab das Auto, die Kontrolle. Keine Angst.«

Und das glaubte ich wirklich.

Wir starteten bei Anbruch der Dunkelheit. Ich hatte mich über Nachtfahrten mit Schlittenhunden informiert und mir aus einer Batterie einen in der Hand zu haltenden Scheinwerfer gebastelt, damit ich sie unterwegs beobachten und sicherstellen konnte, daß alles ordnungsgemäß funktionierte.

Und – Überraschung aller Überraschungen – es funktionierte wie geplant. Ich war mit allen fünfzehn unterwegs, und nach einigen Kilometern hatten sie ihren Rhythmus gefunden, zogen gleichmäßig, und ich lehnte mich gemütlich im Sitz zurück und dachte, wie schön es wäre, wenn ich mir etwas zu lesen mitgenommen hätte. Falls sich der Lauf so weiterentwickelte, konnte ich wahrscheinlich schlafen. Sie zogen das schwere Auto mit einer gleichmäßigen Geschwindigkeit von etwa neun Stundenkilometern. Ich wollte drei Stunden laufen, dann eine Pause einlegen, die Hunde füttern und tränken, sie eine Weile schlafen lassen und gegen Mitternacht wieder aufbrechen ...

Gott, es war herrlich. Zum erstenmal dachte ich ohne Entsetzen in der Seele in den Kategorien eines großen Gespanns, eines Iditarod-reifen Gespanns. Ich fuhr über Nebenstraßen und auf Holzwegen in den Wald, es gab keinen Verkehr, gegen den ich mich behaupten mußte, es konnte absolut nichts schieflaufen, was ich nicht wieder geradebiegen konnte.

Ich glaube, so ähnlich dachte ich, als ich mich damals zur Armee meldete – nur war ich da ziemlich betrunken – und es dann drei Jahre, acht Monate, einundzwanzig Tage und neun Stunden bereute.

Der Herbst ist eine Zeit reger Aktivitäten im Wald. Rotwild kämpft und begattet sich, Bären tollen herum und fressen alles und jedes, was ihnen vors Maul kommt, bevor sie Winterschlaf halten. Elche sehen sich nach etwas Erlegbarem um (darüber später mehr), und Stinktiere strolchen durch den Wald, auf der Suche nach Winterfett und einem Plätzchen zum Schlafen.

Stinktiere gibt es überall, und aufgrund ihrer Fähigkeit zu stinken haben Naturforscher und populäre Autoren sie größtenteils ignoriert. Jeder behauptet, sie sind niedlich, stinken wie die Pest, haben oft die Tollwut, und damit hat sich's. Es gäbe weitaus mehr über sie zu sagen, als gemeinhin bekannt ist. Sie werden von allen Tieren gefressen – von Hunden zum Beispiel, Kojoten, Füchsen, Wölfen, sie alle haben anscheinend eine Vorliebe für frisches Stinktierfleisch, je stinkender, um so besser. Aber sie besitzen auch eine Eigenschaft, die für das Laufen mit Schlittenhunden ganz entscheidend ist.

Stinktiere sind Nachttiere.

Bislang war ich nachts kaum längere Strecken durch den Wald gefahren. Meistens hatte ich angehalten, ein Lager aufgeschlagen, Feuer gemacht und geschlafen. Mit den Hunden änderte sich das. Plötzlich befand ich mich draußen, in Bewegung, und legte im Dunkeln mit fünfzehn pelzigen Freunden vor mir weite Distanzen zurück.

Somit waren alle wesentlichen Bestandteile für drohende Katastrophen vorhanden: Ein selbstgefälliger (manche mögen sagen, ein dummer) Mann gondelt durch den finsteren Wald, vor ihm ein laufhungriges Hundegespann, das unbedingt sehen will, was sich hinter der nächsten Erhebung verbirgt, und offenbar folgt jedes Stinktier in der westlichen Hemisphäre dem gleichen Weg.

Das erste Stinktier begegnete uns gegen neun.

Ich faßte gerade nach unten und wollte den Sitz etwas zurückkippen, um vielleicht ein bißchen zu dösen – eine größere Idiotie ist kaum vorstellbar –, da nahm ich den ersten schwefeligen Hauch wahr.

Er traf mich so plötzlich, so überraschend, daß ich ihn zunächst gar nicht mit einem Stinktier in Verbindung brachte, und als ich den Duft als das erkannte, was er war, war es zu spät.

Cookie und die Hunde, die vorn liefen, drehten förmlich durch. Ich knipste das Licht an und richtete den Strahl etwas nach oben, doch vor lauter Verwirrung und Lärm begriff ich nicht, was passiert war.

Ich zog die Handbremse, was sich fast erübrigte, denn die Hunde zogen ohnehin nicht mehr und stritten sich um das Stinktier, und rannte an die Spitze des Gespanns.

Cookie gewann. Sie hatte das Stinktier an den Schultern und versuchte es festzuhalten, aber Devil kam gleichzeitig mit mir vorn an und machte es ihr streitig. Er war hinten angeleint, zerrte praktisch das ganze Auto mit sich – trotz gezogener Handbremse und allem – und schnappte Cookie ihre Beute weg.

Ohne nachzudenken, zog ich an dem Stinktier, um es Devil

zu entreißen. Das allein war schon riskant. Für Devil bedeutete das Stinktier Futter, er versuchte es tatsächlich ganz zu verschlingen, so kam es mir jedenfalls vor, und Devils Futter anzurühren lief auf Selbstmord hinaus.

Zu allem Übel zerrte ich am Schwanz, mit dem Effekt, daß ich das Hinterteil des Stinktiers zu mir schwenkte, wodurch sich die potente Wunderwaffe auf mich, auf mein Gesicht richtete.

Daraufhin feuerte das Stinktier.

Seine Kraft war leicht vermindert, da es einen Teil seines Giftes auf den Hunden abgeladen hatte, aber ich bekam trotzdem eine saftige Ladung ab, die mir wie die Winde des Todes mitten ins Gesicht wehten.

»Gaaacck!«

Genau dieses Würgegeräusch. Ich habe es seither bei keinem Menschen wiedergehört, und es wurde von geschoßartigem Erbrechen begleitet, blindem Umhertapsen im Graben, von dem Versuch, mir das Zeug aus den Augen zu reiben, und dem plötzlichen und aufrichtigen Wunsch, Investmentmakler zu werden oder irgendwas anderes, das mich nie wieder in die Nähe eines Stinktierarsches bringen würde.

Es dauerte eine halbe Stunde, bis ich halbwegs sehen und normal atmen konnte, und eine weitere halbe Stunde, um die Hunde zu beruhigen, die Leinen zu entwirren und die Weiterfahrt vorzubereiten.

Es war schlimm und gräßlich und irgendwie auch grün und gallig, aber wir hatten es überstanden und konnten jetzt, dachte ich, den Lauf beenden – stinkend vielleicht, noch schwindelig und benommen, aber sonst wohlauf.

Nach eineinhalb Kilometern begegneten wir dem zweiten Stinktier.

Das Ergebnis war nahezu das gleiche, nur befreite sich das

Vieh irgendwie allein von den Hunden, und ich half ihm dabei, indem ich ihm einen Tritt in den Graben hinunter verpaßte.

Regel eins: Fasse ein Stinktier nie am Schwanz an und ziehe daran.

Regel zwei: Tritt nie nach einem Stinktier.

Es besprühte mich von oben bis unten, eine stattliche Ladung traf mich erneut im Gesicht, und sofort fing ich wieder an mich zu erbrechen, rieb mir die Augen und versuchte, Hunde und Auto zu finden.

Wieder eine halbe Stunde, um mich einigermaßen auf Vordermann zu bringen, und eine weitere, um das Leinenwirrwarr zu ordnen, erschwert durch Devil, der mich ständig biß, weil ihm die zweite Chance auf ein Stinktier entgangen war und er mich dafür verantwortlich machte.

Dann ging es ungefähr zwei Kilometer die Straße entlang.

Das nächste Stinktier.

Alles in allem stießen wir in dieser ersten Nacht auf sechs Stinktiere, und mindestens fünf davon besprühten mich. Ich ersoff in Gestank, war darin eingeweicht, und gegen vier Uhr morgens hatte ich die Nase voll. Wir waren nicht einmal dreizehn Kilometer gefahren, als ich umdrehte und auf einer Straße durch den Wald zurückfuhr.

Die Hunde sahen das ganze Unternehmen inzwischen als schöne Gelegenheit, Stinktiere zu jagen, und wir nebelten die Straße ein, immer auf das nächste gefaßt, und hetzten mit dreißig Stundenkilometern in den Hof.

Ich schirrte sie aus, brachte sie in die Zwinger und ging ins Haus. Ruth lag noch im Bett, und ich wollte sie nicht wecken, doch sobald ich durch die Tür trat, hörte ich:

»Woher in Gottes Namen kommt der Gestank?«

»Von mir.«

Sie lugte über den Rand. »Was war denn los?«

Stinkend stand ich da und sah zu ihr hoch, eingehüllt in Dämpfe, durch die ich alles irgendwie in einem gelben Schimmer sah, denn meine Augen waren von dem gespritzten Zeug geschwollen.

»Stinktiere«, sagte ich. »Stinktiere waren los. Und zwar viele.«

»Geht's den Hunden gut?«

»Den Hunden ...« Ich wollte mich beleidigt umdrehen, aber die Bewegung setzte noch mehr Düfte aus meiner Kleidung frei. Ich blieb stehen. »... denen geht's gut. Devil braucht einen Monat kein Futter.«

»Warum?«

»Weil er die Stinktiere gefressen hat.«

»*Gefressen*?«

»Ja.«

»Hättest du ihn nicht aufhalten können?«

»Nicht ohne Artillerie.«

Schließlich sagte ich mir, zur Hölle mit dem Gestank, die Kleider müssen runter. Ich fing an, mich auszuziehen.

»Was machst du denn?«

»Ich geh' ins Bett.«

»*Hier*?«

Ich stutzte. »Wo denn sonst?«

Sie stieß die Luft aus, und mir wurde klar, sie hatte sie die ganze Zeit angehalten. »Könntest du nicht vielleicht, du weißt schon, eine oder zwei Nächte draußen schlafen?«

»Bei den Hunden?«

Sie lächelte. »Ich wußte, daß du mich verstehst.«

»Im Zwinger?«

Sie nickte und kroch wieder unter die Decke. »In der Beziehung bist du so klug.«

Ich blieb noch eine Minute stehen, dann drehte ich mich

um und ging hinaus, holte meinen Schlafsack und die Thermoskannen aus dem englischen Ford und steuerte den Zwinger an. Umgeben von einer Wolke aus Gestank und Selbstmitleid stapfte ich darauf zu, ohne zu wissen, daß sich diese Nacht, was die Hunde und den Iditarod betraf, als die beste aller Schicksalswendungen erweisen sollte.

Hundwerdung

Ich hatte schon oft ein Lager aufgeschlagen und mit den Hunden im Freien übernachtet, es gehörte inzwischen zu ihrem Leben. Erst band ich sie an Bäume, dann machte ich Feuer, fütterte sie, rollte meinen Schlafsack im Schlitten auf Isomatten oder im Herbst auf einem Laubhaufen aus, und dann schliefen wir bis zum Morgen und liefen im Hellen weiter.

Aber diese Situation war völlig anders.

Dies war ihr Zwinger, und hier hatte ich noch nie geschlafen. Wenn die Hunde im Zwinger waren, wo jeder in seiner eigenen Hütte an einer Kette lag, ging ich ins Haus, und sie gingen in ihr Haus, und dann schliefen wir alle bis zum nächsten Wiedersehen.

Diesmal blieb ich bei ihnen, und das veränderte die Art, wie sie mich sahen und empfanden, über mich und mein Handeln dachten, und mich veränderte es ebenfalls – es lenkte mein Denken in die richtigen Bahnen. Ich fing an, die Dinge aus der Sicht der Hunde und nicht der Menschen zu sehen.

Es war eine klare Nacht; die Sterne strahlten am Himmel in einer Klarheit, die es nur gibt, wenn die Kälte der Luft die Feuchtigkeit entzieht. Leuchtende Lichtpunkte, die greifbar nahe schienen.

Ich überlegte, wo ich schlafen sollte. Die Hunde winselten leise, und als klar war, ich würde sie weder füttern noch streicheln, beruhigten sie sich, hockten da und beobachteten mich. Sie stanken alle gräßlich. Zum Glück störte es mich nicht, weil ich genauso stank, und so ging ich durch den Zwinger und suchte einen Platz für meinen Schlafsack.

Ich ließ mich neben Devil nieder. Dafür gab es keinen besonderen Grund, außer daß der Boden dort eben war und sich als guter Schlafplatz anbot. Ich rollte die Isomatte aus, breitete den Schlafsack darüber, warf Overall und Innenschuhe ab und schlüpfte hinein. Dann stellte ich die Schuhe griffbereit neben mich, schenkte mir eine Tasse Tee aus der Thermoskanne ein, stützte mich auf den Ellbogen, um einen Schluck zu trinken, und betrachtete den Himmel, den Zwinger, das Leben, alles.

Devil saß direkt vor mir und starrte mich an.

»Hi.« Es war nur so dahingesagt, eine Albernheit, aber er sprang auf, als hätte ich ihn angeschrien.

Und er wedelte mit dem Schwanz. Es war das erste Mal, daß ich ihn das tun sah, seit er bei uns war, und ich mußte lächeln.

»Wie geht's?«

Ein weiteres Schwanzwedeln. Na so was, dachte ich, der wird ja richtig freundlich. Ich streckte die Hand aus, um ihn zu streicheln. Sofort erstarrte der Schwanz, und Devil knurrte, ein leises Donnern, und ich zog die Hand zurück. Ein anderer Hund erwiderte das Knurren, dann ein Dritter, und irgendeiner – wahrscheinlich Cookie – fing mit einem kleinen Lied an, einem Gutenachtlied, in das alle einstimmten. Ich legte den Kopf zurück und sang so harmonisch wie möglich mit, auch wenn ich es längst nicht so gut konnte wie die meisten von ihnen, und sie hörten nicht auf, sondern sangen immer weiter, und ich ebenfalls, mindestens drei Minuten lang.

Woraufhin sie plötzlich alle verstummten und mich bei einer

falschen Note erwischten. Ich kam mir idiotisch vor und sah Devil an, der immer noch dasaß und mich beobachtete.

»Ich wußte doch nicht, daß ihr aufhört.«

Er wedelte mit dem Schwanz, legte den Kopf schräg und sah mir ins Gesicht.

»Manches muß ich eben noch lernen.« Pure Untertreibung. »Ihr müßt es mir beibringen ...«

Und während ich es aussprach, wurde mir klar, daß es mir ernst war. Was ich lernen mußte, konnten mir nur die Hunde beibringen, und ich bin mir nicht sicher, ob ich im selben Moment oder irgendwann nachts, als ich einmal aufwachte und sie alle still dasitzen und mich anstarren sah, beschloß, was ich tun mußte.

Ich mußte im Zwinger schlafen. Ich mußte immer bei den Hunden sein, ständig von ihnen lernen und sie kennenlernen. Und bei ihnen schlafen reichte nicht, ich mußte im Zwinger *leben.*

Ich mußte ein Hund werden.

Und seltsamerweise war es Devil, der mich darauf stieß; er war der Schlüssel. Wenn ich ihn verstehen könnte, ihn allmählich kennenlernte und er mich akzeptierte, wäre ich auf dem richtigen Weg oder wenigstens am Anfang.

Am nächsten Tag döste ich ein bißchen, arbeitete an meinem Trainingsgefährt und der Ausrüstung, und am Abend liefen wir wieder. Nicht lange, sondern, wie Ruth es formulierte, nur einen »Zwei-Stinktier-Lauf«, und als wir in den Zwinger zurückkehrten und ich die Hunde versorgt hatte, holte ich mein Schlafzeug, trug alles neben Devils Hütte und zog in den Zwinger.

Sofort knurrte er und kletterte auf das Dach seiner Hütte. Ruth trat mit einer Tasse Tee aus dem Haus und beobachtete mich kopfschüttelnd.

»Willst du wirklich bei Devil übernachten?«

Ich rollte die Isomatte aus und legte den Schlafsack darüber. Devil knurrte wieder.

»Morgen früh sind wir gute Freunde«, sagte ich, optimistisch wie immer. Am nächsten Morgen allerdings hatte er die Isomatte unter mir hervorgezerrt und in Stücke gerissen, das Fußende meines Daunenschlafsacks zerfleddert und die Federn verstreut. Doch das wußte ich an jenem Abend noch nicht.

Ruth starrte mich einen Augenblick an, dann schüttelte sie den Kopf und ging zurück ins Haus, und ich legte mich schlafen, während Devil auf seiner Hütte saß wie ein steinerner Wasserspeier, und in meinem Kopf tanzten Bilder vom Iditarod.

Das Leben mit den Hunden erwies sich als leichter, als ich dachte.

Nur der Anfang war etwas gewöhnungsbedürftig. Nach der Nacht mit Devil beispielsweise mußte ich den Schlafsack nähen und eine neue Isomatte besorgen. Und das Abstecken des eigenen Reviers war schwierig. In seinem Buch *Never Cry Wolf* erzählt Farley Mowat, wie er Wölfe im Pinkeln zu übertreffen versuchte – er wollte eine Grenze ziehen, aber sie setzten immer wieder ihre Duftmarke über seinen Urin. In Schlittenhunden steckt vieles vom Wolf, besonders in den gelbäugigen aus Kanada, und als ich einmal in der Nähe des Zwingers gepinkelt hatte, sah ich, wie es die Hunde zu der Stelle zog, um drüberzupinkeln. Selbst wenn ich ihnen das Geschirr überzustreifen versuchte, drängten sie mich zur Seite und pinkelten über meine Tretspuren. Cookie trieb diese Marotte auf die Spitze. Sie pinkelte über mich, ich pinkelte über sie, sie wieder über mich, ich wieder über sie, und so ging es immer weiter, bis ich mich geschlagen gab und nicht mehr pinkeln konnte, woraufhin sie ein letztes Mal meine Duftmarke überpinkelte, mit der Hinterpfote scharrte und davonmarschierte, als wollte sie sagen, jetzt ist Schluß damit. Vier Tage trugen wir die Pinkelkämpfe aus, Duftmarke auf Duftmarke, bis ich – wie Farley Mowat – genug Tee getrunken hatte, um einen Heizkörper durchzuspülen.

Ich dachte mir, die Hunde sollten mich alle möglichen Dinge tun sehen, damit sie mich kennenlernten, und für mich galt das gleiche. In der Mitte des Zwingers baute ich einen kleinen Tisch auf Zaunpfosten, stellte einen Hibachi mit einem Wok darauf und kochte dort sämtliche Mahlzeiten, bei jedem Wetter, zu jeder Tages- und Nachtzeit.

Erst fütterte ich die Hunde, dann zündete ich die Kohlen an, kochte in meinem Wok und unterhielt mich dabei mit den Hunden.

»Ein Hauch von Knoblauch kann niemals schaden«, sagte ich zu Wilson.

Und Wilson – ein großer weißer Hund mit dunkler Augenklappe – starrte mich an, als hätte ich sie nicht mehr alle. (Ich stellte übrigens fest, daß, wenn Hunde keinen Appetit haben, eine Spur Knoblauch sie tatsächlich zum Fressen bewegt; ein Gläschen Knoblauchpulver gehörte daher zu den Dingen, die ich immer bei mir hatte.)

Ich las im Zwinger, ich nähte im Zwinger, ich schlief und baute mir sogar ein kleines Bad im Zwinger.

Eines Tages, als ich gerade im Zwinger arbeitete, fing es an zu regnen, und ich rannte zum Haus. Ich war keine zwanzig Schritte gelaufen, da erhob sich hinter mir ein klagendes Heulen, und als ich mich umdrehte, hörte es auf. Offensichtlich wollten sie, daß ich blieb, also ging ich zurück und wurde naß. Nach diesem Erlebnis machte ich es wie die Hunde, ich nahm die Dinge, wie sie kamen.

Es klingt einfach, aber diese Phase erwies sich als ein weiterer großer Durchbruch. Wetter, Trail, Leben, alles gehörte zusammen. Hätte ich versucht, etwas zu ändern, mich dem Ganzen zu entziehen, dann hätte ich meine Effektivität geschmälert; indem ich dieses Leben akzeptierte und mitspielte und das Beste daraus machte, schien alles besser zu funktionieren.

Von diesem Punkt an hielt uns nichts mehr auf – ob Regen oder Schnee, Sturm oder Wind, Verletzungen oder Entbehrung.

Wir liefen.

Und beim Laufen lernten wir.

Der erste Schnee

Der erste Schnee fiel früh in diesem Herbst, er brachte kaltes Wetter mit, blieb liegen und wurde nicht hart. Im Norden von Minnesota schneit es immer nur wenig, um die zehn Zentimeter. Aber der Schnee schmilzt nicht. Und da es jeden vierten oder fünften Tag schneit, bildet sich mit der Zeit eine Schicht, die zu einer sehr tiefen Schneedecke anwachsen kann. Es gab Zeiten, da lag im Frühling in den nördlichen Wäldern über zwei Meter Schnee. Er war immer nur zentimeterweise gefallen und so weich und pulvrig, daß man bis über den Kopf einsank, wenn man seine Schneeschuhe auszog, und es war verteufelt schwer, wieder rauszukommen.

Dieses Jahr schien so anzufangen. In einer Herbstnacht sank die Temperatur weit unter normale Werte für die Jahreszeit: auf fünfundzwanzig Grad unter Null. Im Herbst schneit es gewöhnlich nicht bei dieser Kälte. Aber in der Nacht des Temperatursturzes fielen große, weiche Flocken, die nicht verharschten, sondern leicht und luftig blieben.

Am nächsten Morgen lagen zehn Zentimeter Neuschnee, für eine Karre mit Rädern zu tief, für einen Schlitten aber noch zu frisch und flaumig. Es gab keine Kontrollmöglichkeit, keine Bremskraft, keinen Halt, um die Hunde zu stoppen.

»Warte bis morgen«, sagte Ruth. »Auf einen Tag kommt es doch nicht an.«

Aber es war der erste Schnee. Der erste Schlittenschnee.

Das erste Mal im Jahr, um mit dem Schlitten zu fahren. Die Versuchung war zu groß. Die Hunde lieben Kälte, am besten laufen sie bei dreißig, fünfunddreißig Grad minus, und jetzt sangen sie die Neuschneelieder, um mich aus dem Haus in den Zwinger zu locken, damit wir endlich liefen.

Der Sog war zu stark. Am Ende hielt ich es nicht aus, ich zog mich an, holte die Geschirre von den Haken an der Decke, wo wir sie immer zum Trocknen aufhängten, und trat in den hellen Morgen hinaus.

Die Hunde waren außer sich, als sie mich mit den Geschirren sahen, sie drehten völlig durch, winselten und zerrten an den Ketten, und ihre Begeisterung steckte mich schnell an. Auf dem Weg vom Haus zum Zwinger traf ich eine Entscheidung oder besser, ich traf mehrere Entscheidungen, die mich fast das Leben und jede Chance auf den Iditarod gekostet hätten.

Ich wollte es wagen und alle anspannen.

Die Idee, das Iditarod-Team zusammenzustellen und als geschlossene Einheit zu laufen, trägt man immer im Hinterkopf – früher oder später muß man es ohnehin tun. Und es muß vor dem Rennen passieren, das ist klar, denn um den Iditarod durchzustehen, braucht man ein größeres Team.

Doch die erste Fahrt auf einem Schlitten sollte unter kontrollierten Bedingungen und mit Hilfestellung stattfinden. Es ist eine Sache, die Hunde vor ein Autowrack zu hängen, das fast eine Tonne wiegt, aber eine ganz andere, das gleiche Team vor einen Schlitten zu spannen, der nicht einmal zehn Prozent des Autos wiegt – und völliger Irrsinn ist es, dies beim ersten Schnee, bei Neuschnee zu tun, wo es keine Bremskontrolle, keine Steuermöglichkeit gibt.

Ich hätte sechs oder sieben Hunde vor einen schweren, mit Ausrüstung beladenen Schlitten spannen sollen, wie in unserer Trapperzeit; ich hätte zwei, drei Teams bilden und abwechselnd zwei, drei Tage lang mit ihnen laufen sollen, bis sie sich umgestellt hatten und wahrscheinlich mehr Schnee lag oder es gefroren hatte, so daß Bremsen und Schneeanker funktionierten. Das wäre eine vernünftige Handlungsweise gewesen.

Statt dessen beschloß ich, heißgemacht durch die jaulenden Hunde, alle einzuspannen und mit dem Team zu laufen, das ich beim Iditarod verwenden würde. Raus aus dem Hof, frisch aus dem Zwinger, sämtliche Hunde völlig aufgeputscht und wild aufs Laufen.

Für diese Idiotie gibt es keine Entschuldigung, außer daß irgend etwas an der Kälte und dem Schnee und der Sonne und den Hunden mein Denken außer Kraft setzte.

Eines tat ich allerdings, was mir letztendlich das Leben rettete. Ich benutzte keinen leichten Schlitten. Im Laufe des Jahres waren wir von vielen Leuten und Gruppen gesponsert worden; als sich unser Vorhaben in der nahe gelegenen Stadt Bemidji, Minnesota herumsprach, wollten uns plötzlich Hunderte wunderbarer Menschen helfen. Reifen wurden gestiftet, Hundeausrüstung, auch Hunde, Hundefutter, Menschenfutter, tonnenweise Fleisch und Fett für das Gespann und – neben den Hunden leider das, was wir am dringendsten benötigten – Geld. Es gab Tanzveranstaltungen, Picknicks und Nachbarschaftsessen, um uns zu unterstützen. Auf der Straße hielten mich Leute an und drückten mir zehn Dollar in die Hand.

»Für das Rennen.«

Immer nur so. »Für das Rennen. Fahr nach Alaska und lauf mit – da, für das Rennen.«

Zehn, fünf, manchmal nur ein oder zwei Dollar. In der Stadt wurden überall in den Geschäften Marmeladengläser aufgestellt, auf denen stand:

UNTERSTÜTZEN SIE DEN IDITAROD!

Fünfundzwanzig-Cent-Stücke, Fünf-Cent-Stücke – alles für die Hunde und das Rennen. Und Schlitten.

Ich baute mir einen Schlitten aus gekochter und gedämpfter Birke, und jemand anderes schenkte mir einen leichten Rennschlitten. Er wog gut fünf Kilo, und seine langen Schwänze ragten ein ganzes Stück hinter dem Fuß hervor, was das Steuern erschwerte. Mein Modell glich eher einem Rodelschlitten mit Kufen, ich hatte ihn nach Bildern von Susan Butchers Schlitten gebaut (wenn man schon klaut, dann von den Besten), und er wog knapp zwölf Kilo. Beide Schlitten hatten Teflon-ähnliche Plastikkufen, die glatt genug waren, um auf ebenem Untergrund mühelos dahinzugleiten, sowie kleine Klauenbremsen, die kaum mehr bewirkten, als den Schlitten an einem abschüssigen Hang vor dem Auffahren auf die *wheel dogs* – die unmittelbar vor dem Schlitten laufenden Hunde – zu bewahren.

Hätte ich bei diesem ersten Lauf mit allen Hunden einen der beiden Schlitten verwendet, wäre ich wahrscheinlich, wenn man das Wetter, die Schneebedingungen und die Euphorie der Hunde bedenkt, ums Leben gekommen oder zumindest ernsthaft verletzt worden.

Aber ich holte den schweren Eichenschlitten, den ich zum Fallenstellen benutzt hatte, und schleppte ihn zu einem Baum neben dem Zwinger. Ich band ihn mit einem stabilen Seil und einem leicht lösbaren Panikhaken fest und legte vor dem Schlitten die lange Gangline aus, die ich zum Ziehen des Autos verwendet hatte. Ruth, die unentwegt den Kopf schüttelte, half mir beim Anschirren. Ich fing an, die Hunde an ihre Leinen zu haken, erst den Leithund, Cookie, und dann arbeitete ich mich sorgfältig nach hinten.

Die Hunde verhielten sich seltsam. Sie drängelten immer noch und wollten los, gleichzeitig aber warteten sie und beobachteten mich, sie sahen zu, wie ich zum Zwinger ging, den nächsten Hund holte und in seine Position hakte, bis nur noch zwei fehlten. In diesem Moment schnappten sie über, waren völlig aus dem Häuschen. (So verrückt erlebte ich sie nur noch einmal: in den Startboxen in Anchorage.)

Ruth blieb stehen. Sie wollte gerade den letzten Hund holen, verharrte und drehte sich nach dem Team um, die Augen vor Schreck geweitet.

Sie hatten sich verändert.

Sie waren vielleicht nicht so wie später, wie sie für das Rennen sein mußten, aber sie waren bei Gott auch nicht mehr so, wie sie mal waren.

Sie waren ein Gespann.

Und das wußten sie, spürten sie, jaulten sie. Ein liebes Weibchen namens Tashia, immer still und sanft, fletschte die Zähne, biß in den Schnee und schüttelte den Kopf, keuchte und zerrte, versuchte, den Schlitten loszureißen, den Schnee aufzufressen, die Welt aus den Angeln zu heben und zu laufen. *Laufen.*

Einige Hunde drehten sich um, schnappten nach der Gangline und zogen daran, um den Schlitten zu lösen, so frustriert waren sie.

Wie in Trance, fast im Schock, gemischt mit Angst, ging ich zum Schlitten. Ruth stand vorn und hielt die Hunde in einer Reihe, damit sich ihre Leinen nicht verhedderten. Ich sah sie an und nickte, das Zeichen für sie, zur Seite zu treten.

Ruth starrte mich über den Lärm hinweg an und fragte mich in Lippensprache: *Bist du sicher?*

Und um die Wahrheit zu sagen, ich war es nicht. Eigentlich hatte ich mich in meinem Leben noch nie so unsicher gefühlt.

Aber jetzt, dachte ich, *jetzt* …

… oder nie.

Und ich nickte, packte den Schlitten mit der linken Hand, stellte mich auf die Kufen und löste den Panikhaken.

Jesus.

So was hatte ich noch nicht erlebt. Nicht mit Pferden, nicht mit Flugzeugen, nicht mit aufgemotzten Harleys – nichts in der Welt war mit dem hier vergleichbar. Mich da hinten spürten sie gar nicht. Schlitten, Ausrüstung, mein Gewicht, für sie war dies alles nicht vorhanden.

Fort waren sie.

In vollem Lauf erreichten sie das Ende der Auffahrt und schwenkten nach links, oder besser, sie setzten dazu an. Cookie holte weit aus, um auf die Straße zu biegen, erkannte dann unseren alten Schlittentrail vom Jahr zuvor und verließ begeistert die Straße und raste in den Wald, gefolgt von vierzehn wilden Hunden und einem brüllenden Mann auf dem Schlitten.

Ich kam nicht weit, da knallte ich gegen den ersten Baum, eine ziemlich dicke Eiche, die nicht nachgab. Der Schlitten, aus geleimtem und mit Schraubenbolzen befestigtem Eichenholz gebaut, gab ebensowenig nach.

Nur ich.

Ich hatte einen Bericht der Forstwirtschaftsbehörde über die Baumdichte in den Wäldern im Norden gelesen – es gab Zehntausende pro Quadratmeile –, und ich schloß mit jedem einzelnen Bekanntschaft. So jedenfalls kam es mir vor.

Es gab nie auch nur die Spur von Kontrolle oder Steuermöglichkeit. Ich versuchte bloß, mich festzuhalten und am Leben zu bleiben. Und selbst das gelang mir nur halbwegs.

Cookie – herrlich frei, das alte Wolfsblut in den Adern – lief vor einer vierzehnköpfigen Meute, lief wohin sie wollte und so schnell sie konnte.

Sie flitzte über den Trail, den ich im Winter zuvor, als ich noch Fallen stellte, befahren hatte; sie kannte den Weg auswendig. Auf einer topographischen Karte hatte ich die Route maßstabsgetreu eingetragen, und ohne Berücksichtigung von Hügeln und Abstechern war sie etwa hundertzehn Kilometer lang. Ein normaler Lauf, mit Unterbrechungen, um die Fallen zu kontrollieren, Pausen für die Hunde, Ab- und Aufladen von Ausrüstung, dauerte gewöhnlich vier Tage. Einmal, als wir schnell nach Hause wollten, weil wir Besuch hatten, schafften wir unseren Rekord: drei Tage und sechzehn Stunden.

Diesmal legten wir die ganze Strecke, mit Abstechern, Hügeln und allem in sechseinhalb Stunden zurück.

Vieles, beziehungsweise das meiste, sah ich nicht, und die Teile, die ich sah, waren vorwiegend verschwommen.

Ich hatte entsetzliche Angst. Nicht nur, daß ich mich verletzen könnte – obwohl das der Hauptgrund war –, sondern um die Hunde. Das Gespann lief mit so viel Kraft, so hohem Tempo und so wenig Kontrolle, daß ich befürchtete, ein Hund könnte ausscheren und gegen einen Baum rennen. (Später, beim Iditarod, sah ich mit eigenen Augen, wie ein Hund aus einem anderen Team auf diese Weise starb.)

Zwei Situationen sind mir noch in Erinnerung.

Wir fuhren einen flachen Hügel hinunter, ich stand auf der Bremse, damit der Schlitten nicht auf die Hunde auffuhr, und plötzlich lag Devil am Boden, er stolperte und fiel in eine Schneewehe.

O Gott, dachte ich. *Er liegt da, der Schlitten wird ihn erwischen und zermalmen.* Und dann, im selben Moment, im Bruchteil einer Sekunde, reckte sich Murphy, der neben Devil lief, Murphy, der sonst nichts mitkriegte, über die Gangline, packte Devil am Kreuz seines Geschirrs am Rücken und zog ihn auf die Füße; es war eine spontane Reaktion, die Devil mit ziemlicher Sicherheit das Leben rettete, eine Reaktion, die ich vorher noch nie gesehen hatte und nie wieder sah.

Die zweite Situation entstand irgendwann später aus einem Moment des Vertrauens. Wir hatten etwa sechzig Kilometer hinter uns, immer noch in strammem Galopp, immer noch in voller Fahrt. Ich hatte nach wie vor kaum Kontrolle über die Hunde, aber ich wußte, wo wir uns befanden und was Cookie im Sinn hatte. Meine Füße standen fest auf den Kufen, blieben auch irgendwie drauf, meine Hände umklammerten den Schlittenbügel, und auf wunderbare Weise war es mir gelungen, tatsächlich ein paar Bäume zu *verfehlen*, daher richtete ich mich auf, um nach den Hunden zu sehen.

Ein Fehler.

Als ich aufblickte, rutschten die Schwänze der Schlittenkufen in einen dreißig Zentimeter tiefen Graben. Meine Füße hingen kurz in der Luft, die Kufen kippten zur Seite, meine Füße landeten abrupt im Schnee, und dann schossen sie nach hinten, und durch den Ruck wiederum wurden meine Hände vom Bügel gerissen. Einen Augenblick schwebte ich im freien Raum. Erschrocken fuchtelte ich mit den Händen herum und griff nach dem Schneeanker im Lederbeutel am Bügel. Er war an einem drei Meter langen, fünf Zentner getesteten Seil direkt mit der Gangline verbunden, und er beschrieb einen perfekten Bogen, fiel auf der rechten Schlittenseite herunter und landete mit einer seiner Spitzen genau auf meinem Fuß.

Schneeanker sind so konstruiert, daß sie sich selbst versenken, je fester die Hunde also ziehen, um so tiefer bohrt er sich in den Boden. Leider hatte mir ein Freund gesagt, mit nadelscharfen Spitzen würde sich ein Anker sogar in Eis festsetzen. Ich hatte sie gefeilt, sie waren nadelscharf.

Und eine dieser geschärften Spitzen landete jetzt auf meinem Gummischuh. Sie verschwand wie in Butter, durchdrang das Gummi, dann das Filzfutter und »versenkte« sich. Entsetzt sah ich zu und wartete auf den Schmerz.

Er kam nicht.

Das Filzfutter und die dicke Wollsocke lenkten die Spitze irgendwie ab, schoben sie nach vorn, wo sie sauber zwischen dem großen und dem zweiten Zeh durchflutschte und sich durch die Stiefelsohle bohrte.

Ich fiel nach hinten und vom Schlitten, prallte einmal so hart auf, daß mir die Luft wegblieb, spürte einen gräßlichen Ruck am rechten Bein und wurde hinter dem Schlitten hergeschleift (oder, wie Ruth es später ausdrückte, ich spielte Schleppangel für Wölfe).

Ich versuchte mich aufzurichten, grapschte nach dem Seil, dem Anker, irgend etwas, aber vergeblich. Der Schnee und die Geschwindigkeit warfen mich zurück, und so sehr ich mich bemühte, ich kam nicht hoch. Im Nu waren meine Kleider voller Schnee, er drang in die Hosenbeine, in die Ärmel, in den Halsausschnitt. Ich muß ausgesehen haben wie das Michelin-Männchen, dick und rund, nur in Weiß, aber das rettete mir vermutlich das Leben.

Die Hunde liefen nicht langsamer. Sie legten sogar Tempo zu, wie ich fand, so als hätten sie eine perverse Freude an meiner Zwangslage. Vor Kurven schwenkten sie weit aus, und beim Herumfahren ließen sie »die Peitsche knallen«.

Ich war natürlich die Spitze der Peitsche und schloß in vielen Kurven intime Bekanntschaft mit Bäumen. Durch das Herumschleudern gewann ich an Geschwindigkeit und knallte mit einem Affenzahn gegen die Bäume. Der einzige Grund, warum ich mir keine schwereren Verletzungen zuzog – ich kam mit drei gestauchten Rippen und einigen Schnittwunden und Hautabschürfungen im Gesicht davon –, waren die stoßdämpfenden Schneepolster in meiner Kleidung.

Ich weiß nicht, wie lange ich hinterhergeschleift wurde. Zweimal schlug ich mit dem Kopf so hart auf, daß ich halbwegs das Bewußtsein verlor.

Das Ganze dauerte nur Minuten, fünf oder vielleicht zehn, aber mir kam es wie Stunden vor. Ich hatte keine Kontrolle, keine Hoffnung und versuchte nur die Beine zusammenzupressen, die Arme schützend um den Kopf geschlungen.

Eine Hirschkuh rettete mich. Eine Hirschkuh und Glück.

Sie sprang aus ein paar Purpurweiden neben dem Trail und überquerte ihn. Normalerweise hätte Cookie sie nicht beachtet und sie laufen lassen. Aber Cookie verhielt sich alles andere als normal, und die Hirschkuh war so nah, sie sprang fast genau über Cookie.

Das war zuviel. Ohne das Tempo zu drosseln, setzte sie hinter der Hirschkuh her. Sie schwenkte vom Trail ab und riß die zwei Hunde hinter ihr mit. Die wiederum jagten der Hirschkuh nach, und eine halbe Sekunde später war das ganze Team weg vom Trail.

Sie blieben nicht stehen. Die Hirschkuh aber machte zwei Riesensätze und war hinter den Bäumen verschwunden. Einen Weg gab es nicht. Die Weiden standen dicht wie Haare, und als Cookie sah, daß es kein Durchkommen gab, drehte sie auf der Stelle um, und das Team folgte ihr unter Schneegestöber und berstenden Weidenzweigen.

Der Schlitten blieb stehen, er zögerte, als die Hunde in das Weidendickicht rannten und wieder herauskamen, und ich packte das Ankerseil, zog mich hoch, hangelte mich noch etwas höher, erwischte den Bügel, stand auf den Kufen, und schon ging es weiter, und wir schlingerten durch den Wald.

Ich klemmte den linken Arm durch den Bügel, drückte den linken Fuß fest auf die Kufe und zog den Anker aus dem rechten Stiefel. Die restliche Fahrt verbrachte ich abwechselnd damit, mich festzuhalten, als ginge es um mein Leben, und mir Massen von Schnee aus den Kleidern zu schütteln.

Am Abend saß ich am Holzofen in der Küche und trank heißen Kakao. Wir waren im Zwinger angekommen, wie wir ihn verlassen hatten: mit vollem Tempo. Ruth hatte beim Abnehmen der Geschirre geholfen, ich hatte die Hunde gefüttert und jetzt redeten wir, das heißt, ich redete und Ruth hörte zu und nickte gelegentlich stumm.

»Sie werden nicht müde«, sagte ich. Der Herd strahlte mir herrlich warm ins Gesicht, und ich kämpfte gegen den Schlaf. »Sie machen einfach nicht schlapp. Hundertzehn Kilometer in einem Rutsch. Ich glaube, ich hätte sie umdrehen und rückwärts laufen lassen können. Ich weiß nicht ...«

»Was weißt du nicht?«

»Alles. Ob ich sie halten und mit ihnen laufen kann. Ich kenne sie nicht mehr. Irgendwie sind sie wild geworden. Sogar Cookie hat sich verändert, ist in eine Art zweite Phase getreten oder so was. Ich kenne sie einfach nicht mehr.«

Ruth seufzte. »Vielleicht ist das notwendig. Vielleicht müssen sie für das Rennen so sein.«

»Es ist ...« Ich wollte weiterreden, wollte sagen, daß es mir Angst machte, daß da aber noch etwas anderes war. Mehr als Angst.

»Es ist was?« hakte sie nach.

»Ich weiß nicht genau. Es ist auch ... aufregend. Es verschlägt mir fast den Atem.«

Ruth lächelte. »Weißt du, was wahrscheinlich dein größtes Problem sein wird?«

»Was?«

»Die Hunde zu bremsen, wenn du in Nome ankommst.«

Ich mußte lachen, denn es klang so absurd. Noch saßen wir in Minnesota. So gut wie pleite. Ohne reelle Chance, überhaupt nach Alaska zu kommen, geschweige denn, das Rennen zu laufen. Man konnte leicht Witze darüber reißen, es war wie Pfeifen auf dem Friedhof. Bis jetzt war alles noch Gerede, weit entfernt von jeder Realisierung. Wir hatten uns oft Nome auf der Karte angesehen und in der Zeitschrift *Alaska* Artikel über das Rennen gelesen. Es schien alles so fremd. Wie der Mond – eine völlig andere Welt.

»Tja«, sagte ich. »Nome …«

Alaska

Der Schlaf starb früh. Er starb vor dem Rennen, vor den Startboxen, vor Anchorage, ja sogar noch vor der Ankunft in Alaska.

Das Training in Minnesota tötete ihn ein bißchen. Lange Nächte verloren sich in langen Tagen und noch längeren Nächten, bis Hell und Dunkel sich vermischten und normaler Schlaf fast unmöglich war. Aber das Bedürfnis war noch da. An einem unvergeßlichen Morgen stand ich auf den Kufen und konnte einfach nicht erkennen, ob es morgens oder nachmittags war – alles ging in Erschöpfung unter, und die Verwirrung hielt an, bis nur ein Blick auf den Kompaß zeigte, daß die Sonne im Osten stand und den Beweis für den Morgen lieferte. Der Wunsch nach Schlaf war noch im Kopf, der Traum von Schlaf war lebendig.

Die Fahrt nach Alaska tötete ihn.

Ein alter Laster wurde gestiftet, ein 1960er Chevy Halbtonner, so salzzerfressen, daß der Boden fehlte und die Sitze im Freien hingen. Ein Freund von mir war Mechaniker und reparierte das Ding; als Boden schraubte er ausgediente Cafeteria-Tabletts aus rostfreiem Stahl an, und ein Schweißer half uns, einen alten Hunde-Trailer zu reparieren, ebenfalls ein Geschenk. So vieles wurde geschenkt, spendiert, überlassen, daß ich mich kaum erinnern konnte, wer was gab.

Trotzdem konnten wir nicht glauben, daß es tatsächlich losging, irgendwie war es unmöglich.

Sogar zum Schluß, im Hof. Der Wagen war beladen bis oben hin und bekam schon zu spüren, was man allgemein »Anfängerbeule« nennt – das hintere Ende hing direkt über der Achse, so voll war er. Zusätzlicher Proviant, zusätzliche Schlafsäcke, zusätzliches sonstwas. Der Trailer wurde an den Chevy gehakt, die Hunde hineinverfrachtet – inzwischen waren es zwanzig, alle zäh, alle bereit –, der Motor lief. Der Mann, der mir den Laster überlassen hatte, begleitete mich nach Alaska, ebenso wie ein Junge, der helfen und bei den Hunden mit anpacken wollte.

Ruth trat an die Fahrerseite und sagte: »Fahr vorsichtig.« Ihre Augen drückten echte Sorge aus, und das nicht ohne Grund. Wir saßen in einem Chevy mit Sechs-Zylinder-Motor, Dreigangschaltung, einfachen Reifen, einem Satz Schneeketten aus dem Billigladen, und wir verließen den Norden Minnesotas, um im schlimmsten Winter durch Kanada zu fahren, durch das Yukon-Tal, über den Alaska-Highway, den sogenannten Alcan. Im Yukon-Tal herrschten bei unserer Ankunft fünfzig Grad unter Null, es war so kalt, daß die Heizung nichts ausrichtete, und damit wir überhaupt etwas sahen, mußten wir *innen* ständig das Eis von der Windschutzscheibe kratzen.

Es dauerte acht Tage. Und Nächte. Wir fuhren rund um die Uhr, hielten an, legten uns auf dem Eis des Alcan unter den Laster und kämpften mit den Ketten, zogen sie um die Reifen, krochen mit drei Stundenkilometern an die Spitze eines Eisbergs, dann hielten wir an, um die Ketten für die lange Talfahrt zu entfernen, dann hielten wir an, um die Ketten wieder anzulegen, und wieder in den niedrigen Gang und …

Endlos. Alle vier bis fünf Stunden holten wir die Hunde aus dem Trailer, damit sie sich die Füße vertreten und pinkeln konnten. Dann wieder rein und weiter.

Zweimal sah es aus, als könnten wir es nicht schaffen. Ein Metallstück ragte unten aus dem überladenen Trailer, und irgendwie bohrte es sich beim Überfahren eines bestimmten Hubbels in den Reifen, und er platzte. Wir sahen überall Reifen, beim Essen, beim Schlafen, wir verbrauchten sechs Reifen, bis wir die Ursache fanden.

Die Fahrt erwies sich als verheerend teuer und verschlang das Geld, das wir fürs Rennen gespart hatten. Noch ehe wir Alaska erreichten, in der Stadt Fort Nelson in Britisch-Kolumbien, war offensichtlich, daß ich bei der Ankunft pleite wäre und wohl nicht am Rennen teilnehmen könnte.

Ich saß mit dem Mann zusammen, der uns den Chevy geschenkt hatte. Er hatte Frau, zwei Töchter, war Betonbauer und verdiente sich jeden Cent so hart wie kein anderer, den ich kannte.

»Ähem«, hustete er. Er schwieg oft, manchmal verstrich ein Vormittag, ohne daß er etwas sagte. »Ein Jammer, so weit zu kommen und dann abzubrechen.«

»Das Geld fließt uns unter den Fingern weg …«

»Meine Frau und ich haben ein paar Ersparnisse.«

»Gott, Mann, du kannst doch nicht …«

»Doch.« Er steht auf. Die Entscheidung ist gefallen. »Wir können. Ich werde sie anrufen und fragen, aber ich weiß, sie wird einverstanden sein.«

Und so wühlten wir uns weiter, bis wir schließlich irgendwie den Grenzkontrollpunkt nach Alaska erreichten, wo der Wachmann herauskam und über unseren Wagen, unseren Trailer und über uns grinste: Wir mußten in voller Montur fahren, mit Parkas, Mukluks, aufgesetzter Kapuze, Gesichtsmasken und allem, damit wir es innen aushielten.

»Hübsche Kiste«, meinte er, natürlich sarkastisch. Wir hatten dosenweise mattschwarze Farbe versprüht, um den Chevy zu verschönern, und als Heck hatten wir ein Sperrholzgehäuse gebastelt – es war gut und gern das häßlichste Fahrzeug, das ich je gesehen hatte. Aber damals nicht. Nicht in jenem Augenblick. Ich sah den Chevy an und überlegte, was er geleistet hatte – inzwischen trennten uns nur noch acht- bis neunhundert Kilometer von Anchorage, dem Startort des Rennens –, und dann nickte ich dem Wachmann zu und sagte nicht ohne Stolz in der Stimme: »Stimmt. Vielen Dank.«

Und endlich, vom Schlafmangel völlig ausgelaugt, erschöpft, weil wir nicht mehr schlafen konnten, geschlaucht jenseits der Schlafgrenze, im Kopf nur Gedanken an Schneeketten und Reifen und noch mehr Reifen und Hunde rein und raus aus dem Trailer, endloses Füttern und Tränken, endlich, *endlich* waren wir in Alaska.

Wo alles begann.

Die Leute, alle Leute in Alaska, Leute, die mit dem Rennen zu tun hatten, Leute in den Geschäften, Leute auf der Straße, jeder, der mir begegnete, war wunderbar gastfreundlich und enorm hilfsbereit. Wären sie nicht so gewesen, ich hätte es in meiner grenzenlosen Unwissenheit nicht bis in die Startboxen geschafft, geschweige denn zum Rennen.

Es fing damit an, daß sie uns nicht auslachten. Heute kann ich selber nicht daran zurückdenken, ohne zu lachen, und es wundert mich, wie sie ihre ernsten Mienen wahren konnten. Wir erreichten Wasilla, das Hauptquartier des Rennens, in einem Chevy, der buchstäblich auseinanderfiel. Als wir die Bungee-Strippen lösten, die das Ding zusammenhielten, fielen die Türen ab, aber als wir zur Anmeldung reingingen und unsere Ankunft mitteilten, blickte einer der Freiwilligen auf und meinte nur: »Ja, richtig. Wir haben schon gehört, daß Sie kommen. Man hat uns gesagt, Sie hätten ein übles Auto, aber gute Hunde.«

Eines wurde sofort klar: Ich wußte nichts, rein gar nichts darüber, wie man mit Hunden Langstrecken läuft. Und vieles, was ich im Training gelernt hatte, war sogar falsch.

Zunächst und vor allem geht es bei dem Rennen um die Pflege und Versorgung der Hunde. Sie sind das wichtigste, das ein und alles, und es reichte nicht, ihnen Futter anzuschleppen und sie ausruhen zu lassen – genau das, was ich bisher getan hatte. Bei jedem Hund muß jede Kleinigkeit beachtet werden. Füße, Zähne, Allgemeinzustand, Zehnägel, Fell, Wunden (vom Raufen, einem ständigem Problem, oder vom Laufen auf dem Trail). Und es ist keine einmalige Untersuchung. Beim Laufen müssen die Hundefüße im 30-Minuten-Turnus überprüft werden: Pfote in den Lichtstrahl der Stirnlampe heben, Zehen spreizen und Zwischenräume ansehen, Fußgewebe nach Anzeichen von Reizungen absuchen, genaue Untersuchung unter dem Nagel und weiter am Ballen entlang bis zum Haaransatz. Jeder Zeh. An jedem Fuß. Bei jedem Hund. Alle dreißig Minuten. Dann Fußgelenke und Schultern massieren – die ganze Zeit sind die Hände bei den Hunden, berühren Hunde, befühlen Hunde, bei jedem Halt gehören Hände und Augen den Hunden.

Es gibt ein altes Sprichwort über Matrosen, die in der Takelage von großen Segelschiffen arbeiteten. Sie waren so schwindelerregend weit oben, daß einige sich ängstlich an die Taue klammerten und der Maat von unten hinaufrief: »Eine Hand für dich, eine Hand fürs Schiff!«

Ich stellte bald fest, daß beim Laufen mit den Hunden *keine* Hand für den Musher bleibt und alles aufs Team konzentriert ist – Hände, Augen, Kopf und Seele.

Nachdem ich mich in der Zentrale angemeldet und tonnenweise Papierkram und Broschüren und Anweisungen in Empfang genommen hatte, fuhren wir nach Norden und schlugen unser Lager in einer Gegend auf, in der viele andere Musher für den Iditarod trainierten.

Es war Ende Dezember. Das Rennen startete erst am ersten Samstag im März, aber ohne diese zwei Monate in der Wildnis, ohne Training mit den Hunden und Suche um Unterstützung hätte ich es nicht geschafft. Ich bettelte um Hilfe. Sobald ein Musher vorbeikam, hallo sagte und mit seinen Hunden Rast machte, löcherte ich ihn oder sie – auch einige Frauen trainierten mit ihren Teams – mit Fragen. Nach allem und jedem. Geheimtips. Wie benutzt man Booties richtig? Wie füttert man richtig? Wieviel trinken sie? Und die am schwierigsten zu beantwortende Frage:

Wie ist das Rennen eigentlich?

Wie ist es *wirklich*?

Und immer sahen sie mich an – Männer, Frauen, alte und junge, jeder, der das Rennen zu Ende gelaufen war oder es angefangen und nicht bis ans Ziel geschafft hatte (und davon gab es viele) –, immer sahen sie mich an, und ihre Augen bekamen diesen Ausdruck, den man beim Militär den »Tausend-Meter-Blick« nennt, und manchmal lächelten sie, und manchmal blitzte etwas anderes auf (Angst vielleicht oder Verwunderung), und dann öffneten sie den Mund und sagten:

»Tja …«

Und Pause. Nicht daß sie mir nicht helfen mochten, das taten alle, sie überschlugen sich regelrecht, besonders wenn sie meine unglaubliche Ahnungslosigkeit spürten. Aber das Rennen ist … anders. Das wußte ich damals nicht (und eigentlich fange ich erst heute an, es langsam zu begreifen), aber es ist wirklich anders. Es unterscheidet sich von allem. Und wenn mich jemand fragt, wie das Rennen eigentlich ist, nicke ich noch heute und lächle, und mein Blick zeigt eine Spur Verwunderung, und dann öffne ich den Mund und sage:

»Tja …«

Und Pause. Es ist fast unmöglich, das Rennen als Ganzes zu beschreiben. Man kann es in Abschnitte einteilen, Tage, Stunden, Greuel, Freuden, Kontrollpunkte, Winde, Nächte, Kälte, Gewässer, Eis, Tod, Tragödien, kleine und große Heldentaten. Aber als Ganzes, allgemein zu sagen, wie das Rennen ist, dafür gibt es nicht die richtigen Worte.

Entsetzlich, vielleicht. Atemberaubend. Irrsinnig. Unvergleichlich.

Es ist alles und mehr. Ein Wort allein reicht nicht. Aber wenn man den Leuten Zeit ließ, um ins Nichts zu starren und nachzudenken, dann fingen sie an.

»Es war am Rohn River. Dort hab' ich zu Gott gefunden. Ich kam vom Rainy Pass runter auf den Rohn River, und die Temperatur sank von vier Grad plus auf fünfzig Grad minus, und als ich um eine Kurve fuhr, traf mich die Kälte wie ein Schlag, und meine Füße sind erfroren – dabei hab' ich übrigens auch meine kleinen Zehen verloren –, beide Kufen sind gebrochen, und ich wurde drei Kilometer hinter dem kaputten Schlitten hergeschleift …« Pause zum Luftholen. Das Starren kehrte zurück. »Paß also auf am Rohn River.«

Und dann begriff ich. Das, was der Mann mir beschrieb, der ganze Zwischenfall, wie man Zehen verliert und hinter dem Schlitten hergeschleift wird und zu Gott findet, die ganze Sache hatte vielleicht zwanzig Minuten gedauert. Bei einem Lauf von achtzehn Tagen, von weiß der Herr wie vielen 20-Minuten-Abschnitten, zählte dieser kleine Rat, daß man mit Zehen bezahlt, und dieser Vorgang hatte sich in zwanzig Minuten abgespielt. *Ist das ganze Rennen so? Besteht es nur aus Leidensabschnitten?*

In dieser Phase drang das Rennen, seine ganze Wahrheit allmählich in mein Bewußtsein. Erste Gedanken tauchten auf, echte Zweifel, die ich verdrängen mußte, sonst hätten sie das Rennen beendet, bevor es überhaupt anfing, die ersten echten Zweifel: *Wie zum Teufel soll ich das schaffen? Wie zum Teufel schafft das überhaupt jemand?*

Es folgte eine Zeit von nahezu ununterbrochener, mörderischer Plackerei. Gott, es war entsetzlich, was alles erledigt werden mußte.

Mit der Erkenntnis, daß ich nichts wußte, wuchs in mir der Wunsch, zu lernen, und die beste Methode, wie man etwas über das Laufen mit Schlittenhunden lernt, besteht darin, mit ihnen zu laufen.

Ich war ständig mit wechselnden Teams unterwegs. Am Anfang war ich zu schüchtern und zu beschämt über meine Ahnungslosigkeit, um viel zu sagen oder zu fragen, wenn mir ein Musher begegnete. Aber die Angst überwog schnell, die Angst, daß genau diese Ahnungslosigkeit in einer Katastrophe endete, und von da an stellte ich Fragen.

Ich entsinne mich genau, wann es passierte. Es war mitten in der Nacht, als mir ein anderes Hundegespann entgegenkam. In unserem Trainingsgebiet lag gewöhnlich tiefer Pulverschnee. Die Trails waren zwar fest, weil die Hunde darauf liefen, aber ein Schritt zur Seite, und man versank bis zu den Achselhöhlen im Schnee. In dieser Nacht lag der Schnee neben dem Trail mindestens hüfthoch, und als sich uns das andere Gespann näherte, rannte ich nach vorn, um meine Hunde zur Seite zu ziehen, damit der andere Musher vorbeikam. (Ich war mir über meinen amateurhaften »Ausländer«-Status wohl bewußt, schließlich kam ich von »da unten« oder »außerhalb«, daher wollte ich niemandem Unannehmlichkeiten bereiten.) Als ich vorne nach Cookie griff, geriet ich neben den Leithund des anderen Teams. Es war ein kleiner Hund, ein Weibchen, und sie schnappte zu, riß mir ein Stück aus dem Hosenbein und erwischte noch ein bißchen Fleisch.

»*Verdammt*!« Ich sprang zur Seite, fiel in den tiefen Schnee, und das kleine Biest nutzte die Situation und schnappte noch zweimal zu, als ich im Schnee herumstolperte. Ich hielt Cookie immer noch am Geschirr und versuchte sie aus der Sache herauszuhalten. Aber für sie ging nichts über einen schönen Kampf, und so sprang sie glücklich knurrend dazwischen, wodurch sie die beiden Hunde hinter ihr mit sich riß, und die stürzten sich ebenfalls in den Kampf. Bald rauften acht oder neun Hunde aus beiden Teams miteinander, ich unter ihnen und wirklich nicht sicher, ob ich da wieder rauskam.

»Kommt schon, verdammt noch mal! Laßt den Mist!« Der andere Musher mischte sich ein und zerrte die Hunde über mir am Geschirr weg. »Fort mit euch, verdammt!«

Ich rollte mich auf Hände und Knie, stand auf, rückte meine Stirnlampe gerade und sah mich einem Mann gegenüber, dem gefrorenes Eis in einem roten Bart hing.

»Tut mir leid«, sagte er. »Schlechte Angewohnheit von ihr, dauernd fängt sie Streit an.«

»Sie hat mich gebissen ...«

Er nickte, seine Stirnlampe wippte auf und ab. »Ja, sie mag kaum jemanden. Ich halte sie hier an der Seite fest, dann kann dein Gespann vorbei.«

Er zerrte die kleine Leithündin in den tiefen Schnee und hielt sie mit beiden Händen hinter sich fest, während ich vorbeiging. Aber ich brauchte mir nicht einzubilden, daß sie es nur auf mich abgesehen hatte. Als er sie festhielt und ich meine Hunde vorbeizog, riß sie ihm den Arsch in Stücke. Sie arbeitete da hinten wie ein Fleischwolf, zerfetzte seine Kleidung, spuckte Teile von Stoff und Hintern aus, und dann fing sie von vorn an.

Schließlich war ich an seinem Schlitten vorbei. Ich hielt meinen Schlitten neben seinem an. Er leinte sein Team aus, so daß die Schlitten nebeneinander, die Hunde aber in entgegengesetzter Richtung standen, und dann kam er zu mir. Sein Overall und die Rückseite seines Anoraks hingen in Fetzen herunter, von seinen Händen tropfte Blut.

»Ich habe eine Frage«, sagte ich.

»Ja?«

»Diese Hündin ist ein kleiner Teufel. Warum behältst du sie eigentlich?«

Er starrte mich an, als wäre ich übergeschnappt. »Mann, das ist die beste Hündin, die ich je hatte. Bei der habe ich noch nie eine schlaffe Leine gesehen …«

Und genau das war's – die einzige und wichtigste Sache, das A und O, wenn man mit Hunden den Iditarod lief: eine straffe Leine.

Noch begriff ich es nicht, wußte ich nicht, wie wichtig es werden sollte; mir war nicht klar, daß ich für eine straffe Leine leben und sterben würde, daß ich mich darauf fixieren würde, davon völlig besessen wäre und beim Essen, Schlafen und Träumen daran denken würde.

Eine straffe Leine.

Kilometer um Kilometer, Stunde um Stunde, Tage und Wochen und Monate, Tausende von Kilometern blieben hinter den Kufen zurück, während ich hinten auf dem Schlitten stand und auf die Leinen starrte. Und es kam der Punkt, und zwar oft, an dem ich die kleine Hündin, die mich gebissen hatte, liebend gern genommen hätte, eine gute Stange Geld für sie gezahlt hätte, sie meinen Hintern hätte fressen lassen und meine Seele für sie getauscht hätte.

Später, Kilometer und Ewigkeiten später, saß ich an einem Kontrollpunkt und beobachtete, wie ein Mann seine Hunde fütterte. Er konnte ihnen nicht nahe kommen, ohne verletzt zu werden. Es waren halbwilde, gelbäugige Biester, einigen hing das Fell bis zum Boden. Und sie steckten voller Haß. Nicht nur auf Menschen, alle Menschen einschließlich dem, der ihren Schlitten fuhr, sondern auf alles: andere Hunde, Bäume, die ganze Welt – sie haßten einfach. Beim Füttern mußte der Musher das Fleisch in eine Schale geben, dann einen Stock nehmen und sie in Reichweite des angepflockten Hundes schieben. An einem späteren Kontrollpunkt schnappte sich dasselbe Gespann einen Hund aus einem anderen Team, tötete ihn innerhalb von Sekunden und fing an ihn zu *fressen*, noch ehe man sie wegzerren konnte. (Von einem ähnlichen Vorfall, den ich allerdings nicht überprüfen konnte, den jedoch alle als wahr beschwören, erzählt man sich, daß sich eine Schlittenführerin in Kanada in einen Kampf unter ihren Hunden einmischte, zu Boden gerissen, getötet und halb zerfleischt wurde.) Als ich den Musher fragte, wie er sie denn anschirrte, witzelte er: »Ein Cousin hat mir immer geholfen, aber vor dem Rennen hat er sich abgesetzt …«

Aber sie zogen. Mein Gott, wie diese Hunde zogen. Ich beobachtete, wie sie vor mir einen Kontrollpunkt verließen und einen kleinen Berg hinaufstoben wie eine pelzbedeckte Rakete. Für ein solches Gespann hätte ich gern Verletzungen hingenommen.

Leinen, Ziehen, diese herrliche Kraftkurve von der Gangline über ihre Rücken wurde zum ein und alles, bedeutete mehr als Geld, Liebe, Familie und – Leben.

Die Leine.

Zwei Dinge passieren vor dem Rennen. Sie hängen voneinander ab, und wenn sie zusammenkommen, entsteht Chaos.

Erstens: Irgendwann wird einem die Unüberwindlichkeit der technischen Probleme des Rennens bewußt. Aus logistischer Sicht ist der Iditarod nämlich unmöglich. Ein Hundegespann muß im Zentrum von Anchorage starten und ins Zentrum des fast tausendneunhundert Kilometer entfernten Nome laufen. Man muß den Hunden stündlich einen Snack geben, sie ruhen lassen, pflegen, ihnen Booties über die Füße ziehen, alle vier Stunden eine volle Mahlzeit verabreichen, ihr Geschirr ersetzen und den Schlitten reparieren, den sie ziehen. Wenn sie verletzt sind, müssen sie ausgeflogen und ins Gefängnis von Anchorage gebracht werden, wo sich Häftlinge um sie kümmern, bis sie abgeholt werden. Futter muß eingeflogen und an achtzehn Kontrollpunkten quer durch Alaska abgeworfen werden; ebenso Ersatzausrüstung, Booties, zusätzliches Geschirr, anderes Futter, falls sie das normale leid sind und Abwechslung brauchen – was oft vorkommt und der Grund war, weshalb ich für das Team als Belohnung fünfzehn Kilo Truthahnmägen an jeden Kontrollpunkt schicken ließ und einige Belustigung auslöste, als es sich herumsprach. Falls ein Gespann das unglaubliche Wunder vollbringt und in Nome ankommt, muß alles – Schlitten, Hunde, Ausrüstung – in Kisten verstaut, verpackt, eingewickelt, zugeklebt und wieder nach Anchorage geflogen werden, denn Straßen zum Zurückfahren gibt es nicht, und die Vorstellung, mit den Hunden umzudrehen und zurückzulaufen, ist so abschreckend, daß sie gar nicht aufkommt. (Man erzählt sich jedoch die Geschichte von einem Mann, der mit einem Eskimo-Hundegespann von seinem Dorf aus fast tausend Kilometer lief, um an einem 650-Kilometer-Rennen teilzunehmen. Er gewann, drehte um und lief mit seinen Hunden samt Preisgeld zurück.)

Dies alles, das ungeheure Ausmaß des Unternehmens, die Tausende von Dingen, die erledigt werden mußten, überwältigten mich in genau dem Moment, als mir eine niederschmetternde Tatsache bewußt wurde.

Es blieb keine Zeit mehr.

Irgendwie war sie weg. Die Monate des Trainings, die scheinbar endlosen Stunden, die langen Tage und noch längeren Nächte waren auf rätselhafte Weise verschwunden, und ich hatte keine Zeit mehr.

Und dann passierte alles auf einmal. Ich hatte geglaubt, mit dem Näherrücken des Starttermins würden sich die Dinge von selbst richten, wenigstens einigermaßen. Nichts war weiter von der Wahrheit entfernt. Statt dessen schien alles zusammenzubrechen, es herrschte nur noch Hektik.

Plötzlich gab es nicht genug Booties. Sechshundert waren vorhanden, genäht auf einer uralten Singer-Maschine. Aber es hieß, der Schnee entlang des Trails sei schlecht, was mir nichts sagte, denn ich hatte noch nie von Zuckerschnee gehört, einer körnigen Kristallform, die für Hundepfoten mörderisch ist und das ständige Tragen von Booties erfordert. Man schätzte, daß mindestens elfhundert weitere Booties benötigt würden; die Veranstalter besorgten Stoff in Anchorage, und das Nähen begann von vorn.

Zur gleichen Zeit – und inzwischen verflog die Zeit wie im Fluge – mußte das Gespann zur tierärztlichen Untersuchung nach Anchorage. Jeder Hund mußte von einem Veterinär untersucht werden, um sicherzustellen, daß er oder sie in der Verfassung war zu laufen. Zu den Paradoxien des Rennens gehört, daß man auf die Untersuchung und Pflege der Hunde außerordentliche Sorgfalt verwendet. Vor dem Rennen werden sie systematisch durchgecheckt, an jedem Kontrollpunkt von Tierärzten untersucht, auf Drogen oder andere Stimulanzien getestet, auf ordentliche Ernährung geprüft, regelmäßig auf eventuelle Dehydration untersucht – an den Hunden wird jeder erdenkliche Test durchgeführt, nur um die Musher kümmert sich niemand. Kein Mensch untersucht die Teilnehmer oder prüft das Essen, das sie für sich selber an die Kontrollpunkte verschicken. Dies führte in der Vergangenheit zu solchen Kuriositäten, daß manche Musher während des ganzen Rennens nicht die Kleider wechselten, sich ausschließlich von Schokoriegeln ernährten und dachten, ein Satz Batterien müßte für die ganze Strecke reichen.

Mit der tierärztlichen Untersuchung mußten die Vorräte verpackt und vom Flughafen in Anchorage verschickt werden, und inzwischen benötigte der Schlitten eine Generalüberholung, die Plastikkufen mußten erneuert, jede Schraube und jeder Zurring geprüft und nachgezogen werden, und gleichzeitig mußten noch mehr Booties genäht und ein Schlittensack gemacht und ein Hundefutterofen gebaut und noch mehr Booties genäht und weiteres Futter organisiert und die Ausrüstung überprüft werden, und die Zeit verflog, und in ein paar Tagen mußten die Hunde wieder nach Anchorage zum Rennstart, und in genau dieser Phase schlug ein Mann sein Lager neben mir auf, sah meine Hunde an und schüttelte den Kopf.

»Grundgütiger, du willst sie doch wohl nicht in dem Zustand laufen lassen, oder?«

Eine lähmende Angst schnürte mir die Kehle zu. Ahnungslos wie ich war, nahm ich mir die Meinung von jedem zu Herzen.

»Warum? Stimmt was nicht mit ihnen?«

»Die sind völlig aufgedreht. Vor dem Rennen mußt du sie richtig auspumpen.«

»Auspumpen? Ich dachte, genau das Gegenteil. Sie sollen doch ausgeruht sein.«

Wieder schüttelte er den Kopf. »Mit wie vielen Hunden willst du laufen?«

Die Vorschriften bezüglich der Hunde regeln alles bis ins Detail. Man darf seinem Team später keine weiteren Hunde hinzufügen, die vor dem Schlitten angeschirrten Hunde, mit denen man Anchorage verläßt, sind das Gespann, mit dem man laufen muß. Das liegt daran, daß ein Mann mal versucht hatte, zwei volle Teams einzusetzen – eines zog, und die zehn Ersatzhunde hockten in Käfigen auf einem riesigen Schlitten. Die Sache endete in einer Katastrophe, schon in der ersten Kurve hatte er Schwierigkeiten, und so kam die Bestimmung, daß alle Hunde ziehen müssen. Laut Reglement soll ein Gespann mindestens sieben und nicht mehr als zwanzig Hunde umfassen. Aus naheliegenden Gründen, wie etwa Elchattakken auf Hunde und Schlittenführer, die sehr häufig vorkommen, Hundekämpfen oder Schulterverletzungen, versuchen die Teilnehmer mit so vielen Hunden wie möglich zu starten, damit sie weiterlaufen können, falls später welche ausfallen und nach Anchorage zurückgeflogen werden. Ich war mit zwanzig Hunden nach Alaska gefahren, aber nach dem Training und vielen Läufen in den Bergen war klar, daß sich nicht alle für Langstrecken eigneten. Ich hatte diejenigen, die es offensichtlich nicht schaffen würden, aus dem Team genommen und ihnen ein neues Zuhause gesucht, wollte sonst aber mit jedem Hund laufen, der in meinen Augen durchhalten würde.

»Fünfzehn«, entgegnete ich. »Ich will mit fünfzehn Hunden laufen.«

»Nein.« Wieder schüttelte er den Kopf. »Du willst mit fünfzehn *Iditarod*-Hunden laufen.«

Ich nickte. »Ja und?«

»Sie sind stark und zäh. Drei von denen am Schlitten bringen dich am Tag achtzig Kilometer vorwärts. Mit fünfzehn von denen mitten in Anchorage an den Start zu gehen, ist eine Katastrophe, die nur auf den richtigen Schauplatz wartet. Du mußt mit ihnen laufen, ihre Energie ein bißchen drosseln, damit du sie in der Stadt unter Kontrolle hast.«

»Aber das Rennen ist nächste Woche!«

»Eben«, nickte er, »sag' ich doch.«

Man kriegt viele Ratschläge von Leuten, die nie gelaufen sind, nie am Start gestanden haben, manche haben noch nicht mal Hunde besessen. Sie tun das nicht aus Einbildung oder Arroganz, sondern nur, weil sie unbedingt dazugehören möchten. Zu dem Zeitpunkt war mir das nicht klar, aber dieser Mann war so ein Fall.

Trotzdem hatte er irgendwie recht. Ich brauchte mehr Kontrolle über das Gespann – immer, besonders aber innerhalb der Stadtgrenzen von Anchorage, nur war seine Methode falsch.

Ich machte mich daran, ihre Energie zu drosseln. Fünfzehn Hunde vor dem Schlitten, leicht beladen, 100-Kilometer-Strekken. Zu sagen, es hätte nicht funktioniert, wäre nur die halbe Wahrheit.

Es funktionierte nicht nur nicht, es hatte den genau gegenteiligen Effekt. Das Team war erstaunlich zäh geworden – kugelsicher –, und die Schneebedingungen (guter, festgefahrener Trail von den zahllosen Gespannen, die ständig trainierten, Temperaturen um fünfundzwanzig Grad minus) wirkten alles andere als dämpfend.

Diese Hunde mit ihrer Kondition und geistigen Verfassung hundert Kilometer auf einem guten Trail laufen zu lassen war in etwa, als versuchte man ein Feuer zu löschen, indem man Benzin darübergießt. Es pumpte sie nur auf, und als die Uhr ablief und alles sich zuspitzte und es Zeit für den Start in Anchorage war, hatte ich eine Meute von fünfzehn wilden Hun-

Auf dem Weg zum Rennen: Tankstop auf dem höchsten Punkt des Alcan.

Das Team, zwei Tage vor dem Rennen.

Anchorage, fertig für den Start.

Die ersten hundert Kilometer des Rennens, in Richtung der Alaska-Kette.

Nach der Überquerung der Alaska-Kette. Vorn steht Wilson.

Der Kontrollpunkt Shageluk. Dort habe ich mir fast eine Überdosis Elch-Chili gegeben.

Laufen auf dem Meeres-eis vom Nortonsund.

Durch die Tundra in nördlicher Richtung zur Beringsee.

Wilson ruht sich aus, daneben ein anderer Musher mit seinem Team.

Abenddämmerung im Landesinneren.

den, bis oben hin adrenalingeladen, und ich wußte es, ich *spürte* ihren Wahnsinn.

»Ich werde Anchorage nicht lebend verlassen«, sagte ich zu einem Freund.

Und das war in etwa das einzige Mal, wo ich beinahe recht behielt.

DAS RENNEN

Rennvorbereitungen

Laut Ruth, die erst kurz vor dem Rennen nach Alaska kam, war der Start von Anfang an das reinste Chaos. Falls es eine Ordnung gab, und es muß sie gegeben haben, sonst hätte das Rennen nicht stattgefunden, war sie nicht zu spüren.

Es gab Ansätze von Planung, die Theorie war einfach. Wer sich für das Rennen gemeldet hatte, brachte sein Gespann am ersten Samstag im März in die Innenstadt von Anchorage und ging an den Start, die Teams verließen die Boxen in Zwei-Minuten-Abständen.

Das war vordergründig ganz plausibel und klang auch recht einfach. In Wirklichkeit aber bedeutete es, daß etwa zwölf- bis vierzehnhundert Hunde in die Innenstadt gebracht und am Sammelplatz stationiert werden mußten. Dies mußte zudem zwei Tage vor dem Start geschehen, damit die Musher alle Informationsveranstaltungen besuchen konnten. Inzwischen wußte selbst der laienhafteste Schlittenführer, daß die Hunde das Entscheidende waren, eine äußerst kostbare Ressource, weshalb die meisten ihre Teams nur ungern allein ließen. Wegen der endlosen Treffen mußten sie es trotzdem tun.

Es wurde über den Trail diskutiert, über die zulässige Ausrüstung, großes Aufheben um Schneeschuhe betrieben. Jeder Musher, heißt es in den Regeln, muß einen guten arktischen Schlafsack bei sich haben, einen guten Parka, einen Zweitagevorrat Proviant für Hunde und Schlittenführer, Booties für zwei Tage (man ging davon aus, daß die Teams selbst bei Sturm nicht länger als zwei Tage zwischen zwei Kontrollstationen unterwegs wären, eine Klausel, die später dank einiger Unwetter geändert wurde), einen Erste-Hilfe-Kasten, Ersatzbatterien, eine Axt und schließlich ein Paar Schneeschuhe, um bei zu tiefem Schnee den Trail für die Hunde zu legen. Ich hatte ein Paar mitgebracht, das ich immer bei Pulverschnee auf meiner Trapperrunde benutzt hatte. Sie waren lang und bequem, allerdings schwerer als unbedingt nötig, aber noch war mir die Bedeutung von leichter Ausrüstung nicht bewußt, und neue hätte ich mir ohnehin nicht leisten können, selbst wenn ich gewollt hätte. (Später überlegte ich sogar ernsthaft, kleinere Karabinerhaken zwischen Leinen und Geschirr zu verwenden, um das Gewicht zu reduzieren.)

Gott, was wurde alles über Schneeschuhe geredet. Mir taten die Ordner und Rennrichter leid, die dastanden und geduldig zu erklären versuchten, daß die Regeln lediglich ein Paar Schneeschuhe verlangten, die notfalls auch funktionsfähig waren. Ein Mann erkundigte sich nach den Quadratzentimetermaßen entsprechend seines Körpergewichts von achtzig Kilo; ein anderer, der nur siebzig Kilo wog, wollte wissen, ob er aufgrund seines geringeren Gewichts auch Schuhe mit kleinerer Tretfläche verwenden dürfe, und das öffnete – so kam es mir vor – einer endlosen Zankerei die Tür. Wir müßten eine Axt mitnehmen, legte ein Mann dar, aber es stünde nirgendwo, wie lang der Stiel sein dürfe und ob es erlaubt sei, eine Axt mit einem zehn Zentimeter langen Stiel oder gar ohne Stiel mitzunehmen. Von da an degenerierte die Veranstaltung zu einer Diskussion über das Gewicht von Schlittensäcken, Proviant, Batterien, wieviel darf dieses wiegen, wieviel jenes.

Die meiste Zeit saß ich entsetzt da. Ich hatte mir eher eine

Diskussion über den Zustand des Trails vorgestellt, über Wetter- und Eisbedingungen, aber diese Sache mit den Regeln – und wir diskutierten jede einzeln, wobei immer jemand auf einem Punkt herumhackte – zog sich endlos hin.

Als die Details schließlich geklärt waren, wurde endlich doch über den Trail gesprochen, und zum Schluß gab es einige Hinweise für die Neulinge. Dieser Punkt – Informationen für Ersttteilnehmer – ist inzwischen regulärer Bestandteil der Rennvorbereitungen, aber damals wurde er inoffiziell abgehandelt, indem ein paar erfahrene Musher dasaßen, Kaffee tranken und Fragen beantworteten.

Mein Problem war, daß ich zu wenig wußte, um Fragen zu stellen. Namen flogen mir um die Ohren, die mir nichts sagten.

Finger Lake.

Happy Canyon.

Rainy Pass.

The Burn.

Don's Cabin.

In dem Raum war es warm, wir hatten eben die erste Runde des inoffiziellen Informationsteils beendet, und ich fühlte mich, als hätte ich zwei Monate nicht geschlafen, was ja auch beinahe stimmte, und so ging das meiste an mir vorbei, bis jemand sagte: »Wer neu ist, sollte nicht nachts durch The Burn laufen. Jedenfalls nicht, wenn er normal bleiben will.«

Ich hob die Hand. »Was ist The Burn?«

Sämtliche Köpfe fuhren herum, Augenpaare hafteten auf mir, ungläubiges Staunen in allen Gesichtern, selbst bei den Neulingen. Bei einigen verwandelte sich das Staunen in Mitleid, als wollten sie sagen: Armer Kerl, weiß immer noch nicht, was The Burn ist.

Ein Musher, der das Rennen schon sechs- oder siebenmal

gelaufen war, seufzte und schaute auf die Uhr. »The Burn kommt gleich nach dem Checkpoint Rohn River, der wiederum direkt nach dem Rainy Pass kurz vor Nikolai und der Strecke rüber nach McGrath liegt.« Er trank einen Schluck von seinem Kaffee. »The Burn besteht aus ungefähr hundertfünfzig Kilometern Buschland und Bäumen, die bei einem Feuer niedergebrannt sind. Weil dort ständig der Wind weht, liegt gewöhnlich kein Schnee. Folglich fährt man nur über abgebrannte und umgestürzte Baumstämme, über Hügel und Steine, durch Schlamm und Dickicht. Manche halten den Abschnitt für den schwierigsten Teil des Rennens, aber da kann ich nicht zustimmen, es ist vielleicht der dritthärteste.« Er trank einen weiteren Schluck aus dem Styroporbecher und lächelte beim Schlucken. »Jeder hat da seine eigene Meinung, aber eins steht fest: Man verliert dort leicht die Nerven, und wenn du Anfänger bist, fahr nicht nachts durch.«

»Verstehe.« Ich nickte und wünschte, ich hätte den Mund gehalten. »Vielen Dank.«

»Kein Problem.«

Wie das Glück – oder Unglück – es wollte, fuhr ich nachts durch The Burn, fand die Gegend weitaus schlimmer als beschrieben, und in der Mitte wurde ich fast wahnsinnig. Doch das wußte ich in diesem Augenblick noch nicht. Ich saß den Rest des Nachmittags und frühen Abends da, völlig ahnungslos, hörte zu und machte mir Notizen, während die Musher und freiwilligen Helfer das für mich wichtigste beschrieben: den Trail und die Landschaft, durch die wir fahren mußten.

Es war eine Litanei des Grauens.

»Der Trail vom Happy Canyon runter ist durch tiefen Schnee verengt und macht zwei scharfe Kurven, die eigentlich nicht zu schaffen sind, also paßt auf.«

Wenn sie nicht zu schaffen sind, dachte ich, wozu dann aufpassen? Wenn es nicht zu schaffen ist, dann ist es eben aus, stimmt's? Dann gibt man auf und fährt nach Hause. Aber ich schwieg.

Einer der Trail-Chefs warf einen kurzen Blick in ein Notizbuch. »Beim Yukon müßt ihr auf Sauglöcher achten. Ich bin gestern über den Fluß geflogen und hatte den Eindruck, am nördlichen Ende befinden sich ein paar fiese Stellen.«

Ich konnte nicht anders. Meine Hand fuhr hoch. »Was sind Sauglöcher?«

Wieder lange Blicke von allen Anwesenden. Bestimmt fragten sie sich, wie in aller Hölle es mir gelungen war, so lange am Leben zu bleiben, ohne zu wissen, was Sauglöcher sind. Ich war ein absolutes Nichts.

»Sauglöcher sind gefrorene Strudel«, sagte mir der Trail-Chef. »Manche sind so groß, daß ein ganzes Gespann samt Fahrer darin verschwinden kann – wie ein gefrorener Kegel mit einer Öffnung am unteren Ende, die einen unters Eis in den Fluß zieht. Das Dumme ist nur, daß sie manchmal mit Schnee bedeckt und erst zu sehen sind, wenn man drauf steht und reinfällt.« Er holte Luft. »Achtet also darauf.«

Ich nickte, aber als wenn ich mich nicht schon lächerlich genug gemacht hätte, hakte ich nach: »Wenn man sie nicht sieht, wie soll man dann darauf achten?«

Einer der erfahrenen Musher, der auf einen weiteren Kaffee geblieben war, setzte sich neben mich. »An den offenen Wasserstellen siehst du manchmal ein bißchen Dampf aufsteigen, wie kleine Rauchwölkchen durch Spalten in der Schneedecke. Danach mußt du Ausschau halten. Und beobachte deinen Leithund. Wenn er sich komisch verhält oder durchbricht, steig auf die Bremse, und zwar sofort. Es dauert keine drei Sekunden, dann rutschen alle hinterher.«

Er verstummte. »Danke«, sagte ich. »So was kennen wir in Minnesota nicht.«

Er lächelte, nicht unfreundlich. »Hier oben gibt es verdammt viele Dinge, die ihr in Minnesota nicht kennt.«

Und genau da liegt vermutlich eines der wesentlichen Probleme für Neulinge, die von »außerhalb« zu dem Rennen kommen. Alaska ist herrlich, brutal, entsetzlich und erfreulich extrem. Es geht einfach nicht, den Verlauf des Rennens, die Fahrt mit einem Hundegespann quer durch Zentral-Alaska mit normalen Bedingungen zu messen.

»Bei Don's Cabin müßt ihr auf den Wind achten«, sagte ein Helfer, »besonders, wenn er ein bißchen auffrischt.« Don's Cabin wird sich nicht als Hütte entpuppen, sondern als eingefallener Schuppen, den die Bären im Sommer in Stücke reißen. Der Wind, der »ein bißchen auffrischt«, wird die vorderen Hunde nach hinten auf mich wehen und uns in ein knurrendes, kämpfendes Knäuel mit mir in der Mitte verwandeln; er wird den Schlitten und das Gespann wegfegen und mich, an eine Sicherheitsleine geklammert, abseits vom Trail meilenweit durch die Tundra schleifen; er wird seitlich auf mich einpeitschen, mir die Lider von den Augäpfeln reißen und messerscharfe Schneekristalle in die Augen treiben.

»Am Yukon war es etwas kälter, nehmt also extra Socken mit«, sagte ein weiterer Helfer. »Etwas kälter« wird bedeuten, daß einem Mann die Augäpfel erfrieren, daß sich Stahlschrauben lösen, daß an erfrorenen Fingern und Wangenknochen abgestorbenes Fleisch schwarz wird, daß sich ein Mann, ein Arzt, die Nase amputieren lassen muß, weil Erfrierungen oft eine Blutvergiftung nach sich ziehen.

Ich schrieb mir alles pflichtbewußt auf. Scheinbar einfache, fast banale Sätze, die sich in der Praxis aber als verheerend erwiesen.

Tiefer Schnee am Rainy Pass. Tückisches Eis auf dem Yukon und später im Nortonsund.

Auf der Strecke vom Yukon zur Küste der Beringsee ist mit starkem Wind aus dem Old Woman Canyon zu rechnen.

Im Landesinneren ebenfalls Wind.

Kein Schnee entlang der Küste. Das verwirrte mich wie schon bei The Burn: Wie sollte der Schlitten ohne Schnee unter den Kufen fahren? Diese Frage förderte auch die Art von Denkprozeß zutage, die bei nicht unmittelbar am Rennen Beteiligten weit verbreitet ist. Nämlich: Wenn es schlimm wird, kommt schon jemand vorbei und bringt es in Ordnung. Irgend jemand, ein Ausschuß, ein Komitee, wird irgendwie dafür sorgen, daß der Trail befahrbar ist, wo kein Schnee liegt, wo das Eis schlecht ist, wo Wind und Eisregen und Schnee weh tun; Mami wird kommen und es richten. Ich sagte zwar nichts, aber in meinen Gedanken war sie da, diese Vorstellung. Aber ich täuschte mich. Kein Mensch kommt vorbei und bringt es in Ordnung. Kein Mensch hilft dir. Da draußen ist niemand, der den Schnee präpariert, damit es sich angenehm fährt. Niemand, der den Wind aufhält. Niemand, der dich an die Hand nimmt und dir über den nächsten Hügel oder Berg hilft, niemand, der dich aus dem eisigen Wasser zieht, wenn du eingebrochen bist, niemand, der dir die Arbeit mit den Hunden abnimmt. In Notfällen können einem andere Musher helfen und tun es auch oft. Aber davon gibt es nur um die siebzig, und die sind über ein Wildnisgebiet verstreut, das so groß ist wie die gesamte Ostküste von Maine bis zur Spitze Floridas. Nicht gerade dicht besiedelt. Folglich ist man mit den Hunden allein.

Oder, wie ein Musher es später ausdrückte, als ich das Gefühl hatte, ich könnte nicht mehr weiterlaufen: »Scheiße, Mann, dies ist der Iditarod. Wenn er leicht wäre, würde *jeder* das gottverdammte Ding laufen.«

Wenn man an das Rennen denkt, ist man versucht, den ganzen Rummel, der am Abend vor dem Start in einem offiziellen Bankett kulminiert, einfach zu vergessen. In meinem Leben habe ich viele offizielle wie inoffizielle Bankette besucht, aber das in Anchorage hält den ersten Platz, sowohl was Qualität wie Länge betrifft.

Die Teilnahme ist obligatorisch. Erscheint ein Musher nicht in seiner Berufskleidung (was bei vielen Pelzmütze und Anorak bedeutet) und präsentiert sich den Leuten, geht er nicht nach vorn und zieht seine Startnummer vor den Zuschauern, ist er schon vor dem Rennen disqualifiziert. Eigentlich sollte es, wie auch die letzten zwei, drei Tage vor dem Rennen, eine friedliche, besinnliche Nacht sein, in der man Ausrüstung und Hunde vorbereitet. Statt dessen ist es eine Nacht, in der gefeiert, getanzt und krakeelt wird, und bei manchen artet sie zum ernsten Saufgelage aus.

Und es war eine Nacht ohne Ende. Zwei, drei Stunden für das Bankett sollten genug sein. Aber es dauerte bis in den Morgen. Jeder Musher trat nach vorn, zog seine Startnummer und stellte sich dann ans Mikrofon, um seinen oder ihren Sponsoren zu danken.

»Ich möchte meinem Cousin Herbie für einen Hund danken, und meinem Onkel Nick möchte ich ebenfalls für einen Hund danken, meinem anderen Cousin möchte ich auch für einen Hund danken und der Schwester von Carls Frau für die sechzig Booties und der besten Freundin von Johns Frau für die hundertfünfundzwanzig Booties und Ace Lamber für die Bretter, um den Schlitten zu bauen, und Alaska Plywood für das Holz für eine Hundekiste …«

Bei einem Musher, der schon reichlich angeschickert war, stoppte ich die Zeit: Er sprach sechzehn Minuten und dankte jedem, der ihm geholfen hatte. *Sechzehn Minuten*, dachte ich und knirschte innerlich. Wir waren vierundsiebzig Teilnehmer. Vierundsiebzig mal sechzehn. Ich rechnete mit dem Löffelgriff auf einer Serviette die Zeit aus. Eintausendeinhundertvierundachtzig Minuten. Knapp zwanzig Stunden. Ich sah auf die Uhr. Es war elf. So viel Zeit hatten wir nicht mehr, in zwölf Stunden startete das Rennen. O Gott. Ich dachte an alles, was noch erledigt werden mußte, und fragte mich, wie zum Teufel ich es schaffen und trotzdem ein wenig ruhen könnte. Ich hatte seit über zwei Tagen nicht mehr geschlafen und konnte mir nicht vorstellen, in zwölf Stunden an den Start zu gehen, ohne wenigstens ein kurzes Nickerchen gehalten zu haben.

Ich warf einen Blick in die Runde, betrachtete die anderen Tische und entdeckte den Musher, der das Rennen im Vorjahr gewonnen hatte. Er lag Gesicht nach unten auf dem Tisch, war entweder umgekippt oder schlief tief und fest, keine Ahnung. Als ich mich weiter im Saal umsah, stellte ich fest, daß einige ganz offensichtlich schliefen, die Köpfe im Nacken, die Münder offen, und da wurde mir klar, daß, wenn ich überhaupt noch ausruhen konnte, es hier bei dem Bankett sein müßte. Ich lehnte mich zurück, schloß die Augen, ließ den Lärm an mir abprallen und nickte ein, wachte immer wieder auf, alles war in einen sanften, geistigen Nebel gehüllt, und dann fiel alles ab, und ich schlief im Sitzen auf dem Stuhl.

Das Bankett dauerte nicht zwanzig Stunden. Aber es ging bis fast drei Uhr morgens, als Ruth mich am Arm rüttelte und mir sagte, es sei Zeit zum Aufbruch.

Wir gingen zum Sammelplatz in der Innenstadt zurück, wo ein Mann auf die Hunde aufgepaßt hatte, die in Kisten auf dem Trailer schliefen. Wir hatten Karten vom Startgelände erhalten und Anweisungen, wie jedes Gespann zu den Boxen gebracht werden sollte. Ich sah mir die Karte kurz an – diese

Skizze mit den ersten zwei Blocks war die einzige derartige Orientierungshilfe für das ganze Rennen –, dann überprüfte ich die Ausrüstung und machte den Schlitten startklar. Ruth und die Hundeführer boten ihre Hilfe an, aber ich fand es besser, alles allein zu erledigen, damit ich später wußte, wo sich was befand, und ich sah, daß die Ausrüstung in Ordnung war. Daher war ich auch allein, als die Sonne aufging. Ruth und die Hundeführer schliefen im Chevy.

Es war nicht kalt, vielleicht acht Grad unter Null, eher mild, und ich arbeitete im Licht meiner Stirnlampe, legte die Gangline aus und prüfte jede Leine zum hundertsten Mal. Ich hatte wiederholt den Alptraum gehabt, daß genau in dem Moment, als ich aus der Box startete, alle Leinen rissen und die Hunde frei durch Anchorage liefen (ein Mißgeschick, das sich später fast bewahrheitete). Die Batterien waren fast leer, aber ich mochte sie noch nicht ersetzen, sondern wollte am Abend, am ersten Abend des Rennens, mit einem neuen Satz beginnen, und plötzlich – von einer Sekunde zur nächsten – merkte ich, daß das schwache Licht meiner Stirnlampe einem sanften, alles überziehenden goldenen Schimmer gewichen war, und als ich mich umdrehte, sah ich die Sonne über den Bergen aufgehen.

Anchorage liegt wie ein Juwel in einem Nest aus wunderschönen schneebedeckten Bergspitzen, die im Licht irgendwie wie Silhouetten erscheinen, gleichzeitig aber deutlich zu sehen sind, ein Phänomen, das mir während des Rennens immer wieder begegnete. Es ist ein umwerfend schöner Anblick. Im Süden Alaskas ist klare Sicht relativ selten; viele halten sich dort monatelang auf und sehen den Mt. Denali/McKinley wegen der Wolken nicht ein einziges Mal. Ich hielt inne, um mir die Berge genau anzusehen, überlegte kurz, ob ich Ruth und die anderen wecken sollte, damit auch sie die Gipfel bestaunen konnten, da hörte ich ein leises Winseln. Ich stand am

Hunde-Trailer, neben Cookies Kiste, und sie jaulte leise. Wir standen uns sehr nahe, näher vielleicht, als ich je einem anderen Hund gestanden hatte oder einem Menschen, sofern dies möglich ist. In gewisser Weise sah ich sie oft als Schwester, und auch wenn sie nicht mehr lebt, war und ist sie nach wie vor eine liebe Freundin. Da ich wußte, sie würde nicht weglaufen (bei den meisten Hunden, einschließlich Devil, wäre ich mir nicht sicher gewesen), öffnete ich die Tür der Hundekiste, faßte hinein und streichelte ihr das Nackenfell. Ich spürte, wie sie mir die Hand leckte, drehte mich um und sagte ihren Namen.

Aber Cookie sah mich nicht an. Sie starrte über meine Schulter auf die zwischen den Bergen aufgehende Sonne, und sie lächelte. Ich weiß, wie das klingt – es gibt einige, die Humor und Mimik bei Hunden bestreiten, aber sie täuschen sich. Cookie lächelte oft, und auch jetzt, als sie die Berge betrachtete, lächelte sie. Ich nickte.

»Hübsch, nicht wahr?« Und beide beobachteten wir schweigend den Sonnenaufgang über Anchorage, genossen den stillen Augenblick, während ich meine Finger in ihrem dicken Nackenhaar vergrub und wünschte, es gäbe eine Möglichkeit, diese Szene in einer Flasche aufzubewahren und anderen mitzubringen, diese herrliche Ruhe vor dem Rennen.

Eagle River

Der Ablauf vor dem Rennen im Zentrum von Anchorage ist so irrwitzig und steht derart im Widerspruch zu dem, was der Iditarod eigentlich darstellt, daß man fast von außerirdisch sprechen kann. Alles ist nur Show, der ganze Start ist für Fernsehen, Zuschauer und Sponsoren inszeniert. In Wirklichkeit können die Hundeteams gar nicht direkt von Anchorage nach Nome laufen, denn der Autobahngürtel um die Stadt darf nicht gesperrt werden, auch nicht für etwas, was so typisch für Alaska ist wie der Iditarod. Der Start ist ein theaterwürdiges Ereignis, und als solches wird er auch von jedem behandelt.

Mit Ausnahme der Hunde. Und darin lag das Problem beim Start. Es gab ein großes Trara mit Fernsehkameras, Menschenaufläufen und fast tausendvierhundert Hunden, zusammengepfercht auf einem kurzen Stück der Fourth Street mitten im Innenstadtbereich. Schon vor dem Start sammelten sich Zuschauermassen, Lautsprecher fingen an zu plärren, und Hunde bellten beim Anschirren. Das Hundegebell zog weiteres Hundegebell nach sich, und bald war die ganze Straße von einem mißtönenden Krach erfüllt, in dem man nichts mehr verstand.

Noch schlimmer aber, die Hunde wurden aufgeregt. Und wie Hundegebell verbreitet auch Aufregung sich wie von selbst, bis ich einige Hunde, die ich seit Jahren zu kennen glaubte, nicht mehr wiedererkannte, sie drehten fast durch vor Eifer. Es war nicht nur, daß sie endlich laufen wollten, nein, es gab schlicht nichts anderes mehr für sie. Alles, was in ihnen steckte, die Jahrtausende vor ihrer Zeit, die Instinkte von zahllosen Bison- und Karibuherden jagenden Wolfsgenerationen, dies alles war noch da, angelegt im genetischen Code, und jetzt kam es zum Vorschein und wütete in ihnen.

Und der Irrsinn war ansteckend, übertrug sich auf die Menschen, die Hundeführer, die Musher, besonders die Neulinge. Vergessen waren alle Pläne, alle Warnungen der Infoabende. Was eigentlich hätte vernünftig beginnen sollen, steigerte sich zunehmend, und bald war alles von hektischer Eile erfüllt. Wer anfangs normal ging, fing an zu laufen, dann zu rennen, und die Hunde drängten, damit sie endlich an die Gangline gehakt und vorbereitet und an die Startbox gebracht wurden.

Inzwischen war auch ich außer mir, mitgerissen von all dem Irrsinn und so benebelt vom Lärm und Tumult, daß ich meinen Namen nicht gewußt hätte, wenn mich jemand danach gefragt hätte. Ich sah nur, wie die Hunde an den Ketten zerrten, rasend vor Aufregung; ich spürte nur, wie der gleiche Sog an mir zerrte und die Macht des Geschehens mich überwältigte.

Und in dieser Macht, der entfesselten Macht von fünfzehn Hunden in Topform, die plötzlich vor einem leichten Schlitten mit glatten Plastikkufen losgelassen wurden, lag eine sehr reale Gefahr. Menschen würden verletzt werden; einige Schlittenführer würden bereits nach den ersten fünf Blocks aufgeben müssen, mit gebrochenen Beinen, Schultern, Schlüsselbeinen, Gehirnerschütterungen. Schlitten würden zerschmettert, in Schürholz verwandelt, und Musher durch Straßen geschleift, bevor Zuschauer die Hunde packen und aufhalten konnten. Die Macht war enorm und nicht zu kontrollieren. Auf der Straße lagen nur fünf Zentimeter Schnee, die man für den Start herangekarrt hatte, man konnte die Schlitten weder steuern noch verlangsamen; die Bremsen würden nicht greifen, die Schneeanker vom Asphalt abprallen.

An diesem Punkt unterliefen mir typische Anfängerfehler, von denen sich zwei schon zu Beginn des Iditarod als kritisch für mich erweisen sollten.

Voller Angst, ich könnte den Startablauf behindern, schirrte ich die Hunde zu früh an, viel zu früh, und band den Schlitten an die Stoßstange des Transporters. Das Schwierige daran war, daß ich die Startnummer zweiunddreißig gezogen hatte und die Hunde jetzt an der Seite standen, an die Gangline gehakt und startbereit, wild darauf, loszulaufen, sie aber warten mußten – während jedes Team, das an den Start ging, an ihnen vorbeikam. Hunde warten nicht gern. Ein alter Inuit-Glaube besagt, Hunde und Weiße entstammen denselben Wurzeln, weil sie nicht warten können, keine Geduld haben und schnell frustriert sind, und das zeigte sich jetzt mit aller Kraft.

Es dauerte jeweils zwei Minuten, bis ein Gespann in der Startbox stand, ausgezählt wurde und loslief, was für meine Hunde eine Stunde Wartezeit bedeutete; eine Stunde, in der sie sich ins Geschirr warfen und bei jedem Team, das vorbeigeführt wurde, jaulten und tobten, eine Stunde Frust und Angst, eine Stunde, die mir wie ein Tag, ein Jahr vorkam.

Als es endlich überstanden war, oder wenigstens fast, und die Hunde völlig aus dem Häuschen waren und nur noch drei Teams vor uns starteten, beging ich den zweiten Fehler.

Ich wechselte den Leithund aus. Wie immer hatte ich Cookie nach vorn gespannt. Wir arbeiteten seit zwei Jahren zusammen, und sie verstand sich unglaublich gut auf ihren Job, ich vertraute ihr blind. Aber …

Mich packte die Angst vor dem Rennen, und ich legte mir eine Realität zurecht, wie ich sie für richtig hielt. Ich war noch kein Rennen gelaufen und Cookie ebenfalls nicht, sie hatte noch nie ein großes Gespann in einem solchen Chaos geführt. Ich machte mir Sorgen, daß sie nicht wüßte, was sie tun, wie sie aus der Startbox kommen und das Gespann auf der Straße ausrichten sollte, daß sie, da alles so neu für sie war, das Laufen in einem Rennen verwirren könnte.

Ich hatte einen Hund, den man mir kurz vor der Abfahrt aus Minnesota geschenkt hatte. Er hieß Wilson und besaß angeblich Rennerfahrung, auch als Leader. Später erfuhr ich, daß es sich um ein improvisiertes Rennen mit einem Mini-Gespann gehandelt hatte – ein Hund – und er lediglich ein Kind um einen Hof gezogen hatte.

In Mikrosekunden wuchs meine Sorge wegen Cookie zu einem Berg, und ich konnte mir gut vorstellen, wie sie in ihrem verwirrten Zustand beim Start stehenbleiben, von den Hunden überrannt oder in die Zuschauer rennen und in die falsche Richtung laufen würde – ich sah nur noch Katastrophen.

In den weniger als drei verbleibenden Minuten hakte ich Cookie aus, in die Position hinter den Leader, und nahm Wilson nach vorn. Es ging blitzschnell, und noch ehe ich nachdenken konnte, ob ich das Richtige getan hatte, kamen elf oder zwölf Freiwillige mit einem Mann, der ein Klemmbrett hielt.

Er notierte sich die Nummer auf meinem Latz und nickte lächelnd. »Du bist der nächste.«

Und schon schnappten sich die Freiwilligen die Gangline hinter jedem Hundepaar; ich löste den Schlitten vom Transporter, wir drängten nach vorn, und die Hunde rissen die Freiwilligen fast von den Füßen, als wir in die Box einfädelten.

Leute redeten auf mich ein. Ein Mann beugte sich zu mir

und sagte irgendwas, und ich nickte und lächelte, verstand aber kein Wort durch den Lärm von den Hunden. Zudem beschlich mich ein neues Gefühl. Nacktes Entsetzen packte mich, als ich über fünfzehn Hunde hinweg auf die Straße blickte und mir klar wurde, jetzt war es soweit, gleich würden sie mich rauszerren und wie einen Idioten auf dem Schlitten hängen lassen.

Ein Mann beugte sich mit einem Megaphon an mein Ohr.

»Fünf!«

»Vier!«

»Drei!«

»Zwei!«

»Eins!«

Aber die Hunde hatten zu lange zugesehen, sie kannten die Zahlen auswendig, und als die Helfer bei »Drei!« die Gangline losließen und sich an die Seite stellten, sprangen sie vorwärts, rissen sich mit einem Ruck von dem Mann los, der den Schlitten zurückhielt, und ich war, ganz im Wortsinn, geliefert.

Ich war regelwidrig gestartet, nämlich zwei Sekunden zu früh.

Ich bin nicht der Rekordhalter unter denen, die das Unheil beim Iditarod am schnellsten ereilte. Es gab ein paar Musher, die kamen gar nicht aus den Boxen. Ihre Hunde hechteten in die Zuschauer oder drehten um und versuchten die Boxen hinten zu verlassen. Aber ich war nahe dran.

Irgendwo existiert ein Zeitungsfoto von mir, auf dem ich gerade die Box verlasse; es zeigt Wilson, wie er mit seitlich aus der Schnauze heraushängender Zunge und wildem Blick in den Augen das Team zieht und im Sprung die Startlinie hinter sich läßt. Ich lächle auf dem Foto; es ist kein gelöstes Lächeln, sondern das Anfangsstadium zu einem weit aufgerissenen Mund, verursacht durch eine nahezu tödliche Angst.

Wir schafften fast zwei Blocks. Die Strecke bis zur ersten Kurve. Wilson folgte der Spur der einunddreißig vorherigen Gespanne. Bis zur Kurve. Am Ende des zweiten Straßenzugs ging es scharf rechts in eine Seitenstraße, dann auf Schleichwegen und Gassen zur Stadt hinaus und hinein in die Bäume entlang der Straßen, die von Anchorage wegführten.

Ich weiß noch, wie ich die Kurve mit alarmierender Geschwindigkeit auf mich zukommen sah. Die Hunde holten weit aus, und ich dachte, ich könnte es nur schaffen, wenn ich mich nach rechts legte, das Gewicht weit nach außen verlagert, damit der Schlitten nicht umkippte.

Ich bereitete mich vor, legte mich nach außen und in die Schräge und hätte es auch gut gepackt, wäre Wilson um die Kurve gelaufen. Aber er rannte geradeaus weiter, mitten durch die Menschenmenge, und machte sich auf seine eigene Entdeckungstour durch Anchorage.

Ich konnte die Hunde nicht aufhalten. Die Schlittenbremsen und der Schneeanker schrammten über die Straße und prallten vom Asphalt ab. Ich versuchte, den Anker im Vorbeifahren an eine Stoßstange zu werfen, und riß sie vom Wagen ab (wieso in Gottes Namen sind die Dinger bloß alle aus Plastik?), und die nächsten sechs Blocks oder sechs Kilometer – bei unserer Geschwindigkeit spielten Zeit und Entfernung keine Rolle – hielt ich mich nur fest und betete, und sobald ich Luft bekam, schrie ich »WHOA!«, ein Kommando, das ich bei den Hunden noch nie benutzt hatte, weshalb es auch keinerlei Wirkung zeigte.

Wir jagten durch fremder Leute Gärten, rissen Zäune nieder, stießen Mülltonnen um. Irgendwann fuhr ich mit fünfzehn Hunden und einem vollbeladenen Iditarod-Schlitten durch einen Autoeinstellplatz und einen Hinterhof. Eine Frau, die an der Küchenspüle stand, beobachtete mit großen Augen, wie wir ihren Hof durchquerten, und ich winkte ihr kurz zu, umklammerte schnell wieder den Bügel und hielt mich fest, weil wir ihren Lattenzaun ansteuerten und schließlich niederrissen, als Wilson versuchte, sich durch ein Loch zu schlängeln, das nicht viel größer war als eine Hauskatze. Und es gibt einen Cockerspaniel, der diesen Hinterhof nie wieder betreten wird. Er hörte uns kommen, drehte sich um und wollte bellen, da überrannte ihn das gesamte Gespann; ich kippte gerade noch eine Kufe hoch, damit ich ihn nicht überfuhr, und schon waren wir fort, ließen ihn stehen, verkehrt herum, und was immer ihn da eben überfahren hatte, dem kläffte er hinterher.

Später erfuhr ich, daß sich einige Leute beim Bankett über mich unterhalten und inoffiziell zu dem Kandidaten gekürt hatten, der mit größter Wahrscheinlichkeit nicht aus Anchorage herauskommt. Man hatte Wetten abgeschlossen, wie früh ich auf die Schnauze fliegen würde. Zwei, drei Blocks. Manche gaben mir nur einen. Sie hätten beinahe recht behalten.

Wieder auf der Straße, versuchte ich den Anker um Straßenschilder zu werfen. Sie waren zu dünn und verbogen sich, wenn die Spitzen dagegen schlugen, und ich gab schon die Hoffnung auf, jemals wieder zu stehen, da drehte sich mein Glück, und der Anker krallte sich direkt in ein Stoppschild und bremste das Team, worauf ich Cookie nach vorn und Wilson, noch immer wild grinsend und Dampf schnaubend und zerstörungswütig, nach hinten stellte.

Ich hatte jetzt die Kontrolle, war jedoch völlig desorientiert und befand mich in der zwiespältigen Situation, an der Straße halten und gaffende Zuschauer fragen zu müssen, ob sie den Weg zum Iditarod-Trail wüßten.

»Na klar weiß ich den. Sie fahren vier Blocks die Straße runter, dann über das kleine metallene Abflußrohr, und dort biegen Sie in den Gehweg durch den Park, bis Sie die Tankstelle mit dem alten Ford davor sehen, wo Sie schräg nach rechts müssen …«

Es grenzt an ein Wunder, daß ich jemals aus der Stadt fand. Ich ging davon aus, daß ich mich nördlich von der Rennstrecke befand, und schlug einen südlichen Kurs ein, und nach etwa zwei Kilometern schnüffelte Cookie am Boden und schwenkte plötzlich nach links in eine Baumgruppe, um eine scharfe Kurve, und dann entdeckte ich Kufenspuren, und wir befanden uns wieder auf dem Trail. (Als wir in den kleinen Birken- und Fichtenstand gelangten, sah ich die kaputten Reste eines Schlittens zwischen den Bäumen und erfuhr später, daß ein Musher in der Kurve ins Schleudern geraten und gegen die Bäume geschlagen war, sich ein Bein gebrochen hatte und aufgeben mußte. Er war nicht der erste: Zwei andere Teilnehmer hatten bereits aufgegeben, bevor sie aus der Stadt waren.)

Wir brauchten viereinhalb Stunden bis zum ersten offiziellen Kontrollpunkt in Eagle River, einem Vorort von Anchorage, wo ich die Hundeführer und Ruth traf. Wir mußten die Hunde aushaken, sie in den Transporter verfrachten und über die Autobahn zum wirklichen Startort karren, nach Knik, am Rande des Busches.

»Wie läuft es denn?« fragte Ruth, als ich die Hunde verlud.

»Nach diesem Anfang dürfte alles ein Kinderspiel sein«, sagte ich. »Nichts kann schwerer sein, als aus der Stadt zu kommen …«

An diesen Satz sollte ich mich in den folgenden Wochen noch oft erinnern.

Skwentna

Es war seltsam still. Und sehr dunkel, fast schwarz. Mit der Nacht waren Wolken aufgezogen und kündigten unmittelbar bevorstehenden Schneefall an. Das einzige Licht kam von unseren Stirnlampen, und selbst das wirkte gedämpft, verschluckt von der dichten Dunkelheit.

Ich war nicht allein. Ein anderer Musher, einer von den Neulingen, lief mit mir. Unsere Gespanne standen hintereinander auf dem Trail, und sie waren ebenfalls still. Wenn man bedachte, welchen Lärm sie sonst in Gegenwart von anderen Hunden veranstalteten, verstärkte ihr Schweigen die seltsame Atmosphäre um so mehr. Ein Hund aus dem anderen Team lag ausgeschirrt zwischen uns im Schnee. Der Hund atmete noch, aber schwach, und der Mann kniete neben ihm. Er weinte, vergrub seine Finger im Nackenfell des Hundes und hielt ihn – genauso machte ich es oft im Spaß bei Cookie –, es war eine vertrauliche, intime Geste. Der Hund starb, während er ihn hielt. Der Mann sah zur Seite, neben den Trail, wo eine große, massige Gestalt im Schnee lag.

»Verfluchter Elch«, sagte er.

Ich schwieg, denn ich hatte ohnehin das Gefühl, ihn in seiner Trauer zu stören, eine Sache, die ich schon immer als etwas Privates erachtet habe. Ich sah auf die Uhr und stellte verblüfft fest, daß es noch nicht einmal Mitternacht war.

Der erste Tag des Rennens war noch nicht vorüber.

Und doch war so vieles geschehen, daß es mir vorkam, als seien Äonen verstrichen, als wäre ich irgendwie in eine andere Zeit versetzt.

Keine zwölf Stunden waren seit dem Start vergangen, und ich hatte alles falsch gemacht, was ein Anfänger falsch machen kann.

Der zweite Start in Knik verlief recht gut. Von Eagle River fuhren wir die Hunde dorthin, hakten sie an die Gangline, dann wurden wir zu einer dichten Baumkette geführt und in der Reihenfolge unserer Ankunft losgeschickt. Jemand nannte die Gegend »den Busch«, und ich mußte lächeln, aber er hatte recht, wie ich feststellte: Plötzlich befanden wir uns am Rande der Wildnis. Ich küßte Ruth. Sie weinte, weil sie gehört hatte, der Trail sei sehr gefährlich und dieses Jahr käme bestimmt ein Neuling ums Leben; ihr Schmerz wuchs später während des Rennens ins Unermeßliche, als ich übers Amateurfunkradio zwei Stunden irrtümlicherweise für tot gemeldet wurde. Die Hundeführer und freiwilligen Helfer brachten uns zu einer schmalen Spur, die sich in den Bäumen verlor, dann ließen sie mich los, und schon verschwand das Team vor mir um eine Kurve. Der Schlitten geriet ins Schleudern, kippte um, und ich wurde auf dem Bauch aus dem Startareal geschleift, und zwar so lange, bis eine gegenläufige Kurve den Schlitten auf die andere Seite schleuderte und ich wieder aufrecht stand.

Mir unterliefen sofort Fehler; kleine Schnitzer, die zu großen führten. Bei der Schleifpartie hatten sich meine Kleider mit Schnee gefüllt, und als ich den Reißverschluß aufzog und mich ausschüttelte, achtete ich nicht auf den Trail.

Cookie hatte die Verantwortung, sie wußte, wie man Spuren folgte und ausholen mußte, damit das Gespann in den dicht stehenden Fichten und Büschen um die engen Kurven kam. Schon in unserer Trapperzeit hatte ich mir angewöhnt, ihr völlig zu vertrauen, es ging so weit, daß ich im Schlitten schlief, während sie lange Strecken auf unebenem Gelände und zugefrorenen Seen zurücklegte. Ich hatte ihr mein Leben anvertraut.

Aber diesmal versagte sie. Der ganze Tag war für den Rummel bei den beiden Starts draufgegangen. Es war Spätnachmittag, als ich endlich unterwegs war und mir den Schnee aus den Kleidern entfernte, damit er nicht schmolz und wieder gefror. Während ich nach unten blickte, nahm Cookie an einer Weggabelung die rechte Abzweigung, wir schlingerten herum und fuhren auf dem vermeintlich richtigen Trail, und dann, fast von einer Sekunde zur anderen, war es plötzlich dunkel.

Ich fischte die Stirnlampe aus dem Schlittensack und ließ die Hunde weiterlaufen – es war ohnehin zweifelhaft, ob ich sie hätte aufhalten können; sie waren immer noch aufgeputscht und unkontrollierbar.

In der zunehmenden Dämmerung hatte ich den Trail nicht gut erkennen können, ich wußte nicht, ob sich Hundespuren oder Kufenlinien im Schnee abzeichneten, und als ich die Lampe anknipste, sah ich, daß es leicht zu schneien angefangen hatte. Auf dem Trail lag eine frische Pulverschneedecke, so daß ich weiterhin nicht feststellen konnte, ob hier andere Teams gelaufen waren.

Ist ja egal, dachte ich wieder, ich vertraue Cookie. Daß ich nicht ab und zu ein anderes Gespann vor mir sah – obwohl man mir gesagt hatte, gewöhnlich träfe man andere Musher, bis sich das Feld etwas lichtete –, tat ich ab, weil ich glaubte, ich hätte eben ein sehr langsames Team, was nicht unbedingt stimmte: *Ich* war langsam, nicht die Hunde.

Aber wir hatten uns verirrt, und zwar gewaltig. Die Spur, der wir folgten, war kein Trail, sondern stammte von einem

Trapper, der mit dem Schneemobil seine Runde abfuhr. Vielleicht roch Cookie das Fleisch seiner Vorräte oder seiner Beute, vielleicht machte sie einfach einen Fehler. Was immer der Grund war, sie folgte dieser Spur und entführte mich versehentlich, in der ersten Nacht des Rennens, in eine Bergkette, meiner späteren Schätzung nach ein Umweg von fast zweihundert Kilometern.

Die Spur führte *überall* hin. Der Trapper hatte wahrscheinlich geeignete Stellen für seine Fallen gesucht. Eine Zeitlang führte die Spur an einem zugefrorenen Fluß entlang, dann überquerte sie ihn plötzlich aus keinem ersichtlichen Grund, ging die Flußböschung hoch, am Kamm entlang, führte wieder nach unten und verlief knapp am Ufer an offenem, weißem Wasser entlang, dann entfernte sie sich vom Flußbett und zog sich zwischen Bäumen hindurch immer steiler eine Bergflanke hinauf …

Es war unerträglich. Der Trail verlief in so engen Windungen, daß es fast unmöglich war, die Hunde um die Kurven zu kriegen. Ständig verhedderten sie sich, zogen zur Seite, wenn eine Kurve zu spitzwinklig verlief, dann ordneten sie sich wieder und rasten weiter. Den Hunden gefiel es, für sie war es wie Jagen oder Hindernislaufen an kurvigen Flußbetten, wo sie nie wußten, was sich hinter der nächsten Biegung verbirgt, und sie freuten sich, es herauszufinden.

Langsam wurde ich mürbe. Da ich immer noch hoffte, auf dem richtigen Weg zu sein, redete ich mir ein, das Ganze sei vielleicht ein Test, nach dem Motto: Machen wir den ersten Abschnitt hart, dann scheiden die Anfänger früher aus. Ich wurde wütend und schwor, mich an wem immer, der diesen Trail gelegt hatte, zu rächen, und beschloß, daß man mich nicht aufhalten konnte. Je rauher es wurde, um so verbissener arbeitete ich mich weiter, bis ich schließlich am Ende war.

Wir waren etwa zwanzig Kilometer durch eine enge Schlucht bergauf gefahren, und der Trail führte auf eine Lichtung, zog sich dann nahezu vertikal zu einer Felsnase hoch und endete.

Aus.

Cookie stand einen Augenblick da, und schaute die Klippe an, als überlege sie, ob sie das Gespann hinaufschleppen sollte. Dann drehte sie sich um und sah mich über die Schulter hinweg an, ihr Körper ein einziges Fragezeichen.

»Zum Teufel, ich weiß es auch nicht …«

Ich setzte den Anker im Schnee, lief zu ihr nach vorn, stellte mich neben sie und spürte, wie ihr Schwanz gegen mein Bein klatschte. Zunächst sah es aus, als endete der Trail einfach an der Klippe, der dicht fallende Schnee bedeckte die Spuren. Als ich mich jedoch niederkniete und den frischen Schnee wegwischte, sah ich, daß es sich um ein Schneemobil handelte und daß der Fahrer hier abgesprungen war, das Ding manuell umgedreht hatte und den gleichen Weg zurückgefahren war.

Da wußte ich Bescheid. Ich wußte, daß ich mich auf dem falschen Trail befand und zurück mußte. Ich packte Cookie am Geschirr, drehte sie um, und sie zog den Rest des Teams hinterher. Als der Schlitten herumschwenkte, griff ich nach dem Bügel, zog den Anker, und es ging wieder zurück.

Im selben Moment entdeckte ich das Ausmaß des Schadens. Es wäre schon schlimm genug gewesen, hätte es nur mich betroffen. Ich mußte jetzt auf der Schneemobilspur zurücklaufen und in einem Schneetreiben, das sich schnell zu einem Blizzard auswuchs, den ursprünglichen Iditarod-Trail suchen, dann zum nächsten Kontrollpunkt fahren – ein Dorf namens Skwentna –, wo ich eineinhalb Tage später als erwartet ankäme.

Aber es kam schlimmer, viel schlimmer. Als ich umdrehte

und mich auf den Rückweg machte, sah ich Dutzende von winzigen Lichtern, die mir auf dem Trail entgegenschwankten und hier und dort im Schnee aufblinkten.

Siebenundzwanzig Hundegespanne kamen mir entgegen. Das Team hinter mir war Cookies Geruch gefolgt, hatte seine Duftmarke hinzugefügt, und die anderen waren hinterhergelaufen, jedes Team hatte seine Marken und Spuren hinterlassen, bis der falsche Trail echter wirkte als der richtige.

Ein Alptraum. Während ich mich den schmalen Pfad bergab schlängelte, bei ständig dichterem Schneefall und zunehmendem Wind, mit einem noch immer vor Energie berstenden Hundegespann, wurde der Trail zu einem Kriegsschauplatz.

Sobald ein Team auf ein anderes traf, was selbst auf dem besten und breitesten Trail ziemlich ungünstig ist, geschweige denn auf dieser schmalen Schneemobilspur, standen den Hunden die Haare zu Berge.

»Vorbei! Vorbei!« brüllten wir und versuchten die Hunde mit Worten aneinander vorbeizuschieben. Es funktionierte nur mäßig. Mit jedem »Das-ist-mein-Trail-nein-das-ist-meiner«-Blick sträubten sich aggressiv die Haare, dann rempelte einer den anderen an, und schon war die Kacke am Dampfen. Sekunden später hatten sich zwei Hunde in der Wolle, die zwei zogen zwei weitere nach sich, die vier wiederum vier weitere, und noch ehe wir von den Kufen und vorne waren, rauften dreißig Hunde miteinander.

Das Chaos regierte. Noch nie in meinem Leben habe ich drei derart gewalttätige Stunden erlebt. Bald stießen drei Teams mit drei anderen zusammen – achtzig, neunzig kämpfende Hunde.

Irgendwann saßen sechs Gespanne auf dem schmalen Trail fest. Sechs ineinander verkeilte Gespanne, eingezwängt auf engstem Raum, und als sich das irgendwie geklärt hatte und alle Teams endlich wieder korrekt angeleint waren, hörte ich jemanden hinter mir rufen: »Paß auf!«, und ich drehte mich um und sah, wie die Nacht, die ganze Nacht und Dunkelheit sich plötzlich bewegte und auf mich zustürzte.

Ich hatte gerade noch Zeit, das Wort *»Elch«* zu denken. Und das war's. Schon war er über mir. Eine Elchkuh von etwa zweihundertfünfzig Kilo, ein dunkles Loch in den Bäumen neben dem Trail, ein Loch, das kein Licht reflektierte, irgendwie keine Gestalt hatte, löste sich aus dem Hintergrund und überrannte mich wie ein Zug.

Beim Training war ich öfter von Elchen angegriffen worden (und einige hatte ich erlegt, wenn ich eine Waffe dabei hatte), aber nicht mit dieser Plötzlichkeit und Aggressivität. Ich hatte keinen Revolver zu dem Rennen mitgenommen – ich selbst besaß keinen, und für das Training hatte ich mir einen geliehen –, aber er hätte mir auch wenig genützt. Die Elchkuh war einfach da, urplötzlich, und ich lag am Boden. Zweimal trat sie mit den Füßen nach mir, zwei dumpfe Schläge, dann ließ sie von mir ab. Ich wälzte mich herum, griff nach dem Schlitten, zog mich hoch, und als ich mich umdrehte, sah ich, wie sie nach links schwenkte und sich über das Gespann hinter mir hermachte.

Das war meine Rettung, das Gespann hinter mir. Mit einer Ausnahme hatten sämtliche Teams, die mir entgegenkamen, umgedreht und liefen vor mir den Berg hinunter. Nur dieses eine Gespann war an mir vorbeigelaufen und hatte hinter mir gewendet.

Die Elchkuh stürzte sich auf das Team, erwischte den Leithund und stampfte ihn in den Schnee, blieb auf ihm, trat mit den Hufen nach dem niedergestreckten Tier und den beiden Hunden dahinter.

Sie war fast unsichtbar. Irgendwie reflektierte das Licht meiner Stirnlampe nicht auf ihr; es war, als beobachtete man, wie ein böser Schatten die Hunde malträtierte. Und ich konnte einfach nicht denken, Elch ... tu doch ... irgendwas.

Die Axt. Im Schlitten hatte ich eine Axt – es war Vorschrift –, und die suchte ich jetzt, auch wenn ich weiß Gott nicht wußte, was ich damit anfangen sollte. Ein Schlag mit der Axt hätte sie nur wütend gemacht. Aber noch während ich suchte, gab es einen dumpfen Knall, dem ein Lichtblitz folgte, dann ein zweiter, ein dritter und ein vierter.

Fünfmal. Der Mann auf dem Schlitten hinter mir hatte ein Gewehr, war nach vorn gelaufen und hatte von der Seite auf die Elchkuh geschossen, jede Kugel landete zielsicher in ihrer Brust.

Trotzdem fiel sie nicht um. Sie trat weiter nach dem Hund, nach dem Mann, drehte sich dann links herum und verpaßte den beiden Hunden hinter dem Leader einen Tritt – einer lag am Boden, erholte sich aber wieder –, dann marschierte sie im Schnee davon, sank um und starb.

Keine zwanzig Sekunden waren seit ihrem Angriff auf mich verstrichen, und schon war es vorüber. Als die Elchkuh aus dem Weg war, ging der Mann zu seinem Leader und kniete sich gerade noch rechtzeitig nieder, um dem sterbenden Hund den Hals zu halten und zu sagen: »Verfluchter Elch.«

Das war der Moment, in dem ich auf die Uhr sah und feststellte, daß die ersten vierundzwanzig Stunden des Rennens noch nicht um waren, und wenn ich aus meinem bisherigen Lauf Bilanz gezogen hätte, dann hätte ich wahrscheinlich aufgegeben. Wegen des Umwegs fing ich das Rennen im Grunde mit Minus-Kilometern an. Die Teams, die mir gefolgt waren, wir alle gingen mit zusätzlich zweihundert Kilometern an den Start. Die Strecke betrug nun nicht mehr tausendneunhundert, sondern fast zweitausendeinhundert Kilometer.

Wenn man dazu die Brutalität rechnete – die stundenlangen Hundekämpfe, die Elchkuh, die das Gespann angegriffen und den Leithund getötet hatte, den der Mann jetzt leise beweinte –, und wenn ich vernünftig und objektiv gewesen wäre, hätte ich alles hinwerfen müssen. Ich habe mich oft gefragt, was aus mir geworden wäre, wenn ich aufgegeben hätte. Wahrscheinlich hätte ich mich von den Hunden getrennt und mir ein anderes, normaleres Leben gesucht.

Aber ich war verwirrt. Da war einmal der Schlafmangel. Außer dem erfrischenden Nickerchen auf dem Bankett am Abend vorher hatte ich fast drei Tage nicht geschlafen. Mein Hirn war so ausgebrannt vom Schlafentzug, daß ich am Rande des Halluzinierens stand, und die Fähigkeit, klar und realistisch zu denken, war völlig verschwunden.

Dann war da noch das Rennen selbst. Ich gehörte nicht mehr zu der anderen Welt – der Welt außerhalb des Rennens. Der normalen Welt. Arbeit, Leben, Familie, Gesellschaft, nichts davon kam mir real vor. Es gab nur eine Realität, und die fand hier statt, während ich im fallenden Schnee neben einem toten Elch stand, über einen Mann gebeugt, der um seinen toten Leithund weinte. Hätte mir jemand was von anderen vermeintlichen Realitäten erzählt – Autoraten, Stromrechnungen, Schulprogrammen, Frauen, Kindern –, ich hätte ihn für verrückt erklärt.

Und schließlich war da noch Alaska, dieses Land mit seiner verführerischen, herrlichen, tödlichen Schönheit.

Die Morgendämmerung brach an, als wir dastanden. Das graue Licht brachte Kälte mit – allerdings nur um die fünfzehn Grad minus, die schlimmen Temperaturen kamen erst im Landesinneren –, und die Kälte beendete den Schneefall, vertrieb alle Wolken, und die aufgehende Sonne beleuchtete die Spitzen der Alaska-Kette. Da wir uns noch weit oben und ein gutes Stück vom Fluß entfernt befanden, der zum ersten Kontrollpunkt führte, war alles sichtbar; der ganze Süden Alaskas schien sich vor uns auszubreiten.

Es passierte wahrscheinlich nicht plötzlich, aber es kam mir so vor: Im einen Moment schaute ich im Schein meiner Stirnlampe auf die Pieta-ähnliche Szene mit dem Mann, der den Kopf seines toten Hundes im Schoß hielt, und im nächsten blickte ich auf und sah ganz Alaska vor mir, eingetaucht in rötlich-goldenes Licht. Weit unten erstreckte sich zur Rechten der Susitna River, und als es heller wurde, erkannte ich kleine bewegliche Gestalten, es waren Hundegespanne, die sich über den gewundenen Fluß schlängelten. Ich sah den Mann mit dem toten Hund an und hustete.

»Was willst du jetzt machen?« Immerhin fühlte ich mich teilweise verantwortlich. Hätte ich nicht den falschen Weg eingeschlagen, wäre er mir nicht gefolgt, und wenn er mir nicht gefolgt wäre, dann hätte ihn die Elchkuh nicht angreifen können.

Er sah auf. »Ich weiß nicht. Ich glaube nicht, daß ich einen anderen Hund als Leader einsetzen kann.«

Ich nickte. Ich hatte Cookie. Wilson konnte vorne laufen, aber Leiten hätte ich es nicht genannt. Nicht nach dem Debakel in Anchorage. Ich wußte, was es heißt, von einem Leithund abhängig zu sein, und plötzlich spürte ich einen kalten Stich in den Schultern bis hinunter in den Rücken. Cookie. Mein Hund. Was wäre, wenn die Elchkuh sie getroffen hätte? Tödlich getroffen. Schnell sah ich zu ihr, voller Angst, aber sie saß da, beobachtete mich ruhig und wartete darauf, daß ich den Anker zog.

»Würde mir dein Gespann folgen?« Manchmal laufen Hunde hinter einem anderen Gespann her, solange sie es sehen, so stark ist der Jagdinstinkt.

Er dachte nach und runzelte die Stirn. »Vielleicht. Ich bin

noch nie ohne Thor gelaufen.« Er wischte sich über die Augen. »Vielleicht könnten wir eine Leine hinten an deinen Schlitten binden und sie anziehen, bis sie alleine laufen.«

Ich dachte darüber nach. Die Regeln waren ganz klar. Kein Team durfte ein anderes ziehen; kein Hund durfte in ein anderes Gespann überwechseln. Die Strafe war Disqualifikation für beide Teams. Andererseits, wer zum Teufel sah uns denn schon?

Mir kam eine Idee. »Wir versuchen folgendes. Ich hänge ein Stück Fleisch an eine Leine und ziehe es hinter mir her, mal sehen, ob sie dem Geruch folgen ...«

Wahrscheinlich auch regelwidrig. Aber wenn wir jemandem begegneten, konnte ich das Fleisch rasch wegziehen und einpacken, schließlich konnte ich ihn hier nicht zurücklassen. Wenn seine Hunde nicht weiterliefen, säße er in dieser Seitenschlucht fest. Er war das Schlußlicht. Ihn hier allein zu lassen ...

Und es funktionierte. Vorsichtig wickelten wir den toten Hund in den Sack auf seinem Schlitten, dann nahm ich ein Stück Biberfleisch und befestigte es an einer langen Leine, mit der ich sonst den Leithund festband. (Ich brauchte sie nicht mehr; sie verschwand mit dem Ersatz-Schneeanker, den Ersatz-Karabinerhaken, Ersatz-Klamotten, Ersatz-alles-mögliche-außer-der-Küchenspüle. Ich hatte gefährlich viel Anfänger-Ballast auf dem Schlitten, von dem ich mich später an den Kontrollstationen trennte, um das Gewicht zu verringern.)

Ich fuhr los, zog das Fleisch, und seine Hunde folgten. Zuerst hatten wir das Problem, daß seine Hunde schneller liefen als meine und er ständig auf mich auffuhr und anhalten mußte. Aber irgendwann hakte er einen seiner Hunde, der ständig neugierig nach vorn geguckt hatte, an die Spitze, und der übernahm die Leitfunktion. Der Mann überholte mich, dankte mir für die Hilfe, fuhr voraus und ließ mich allein.

Um die Schönheit zu sehen. Inzwischen hatten wir den falschen Trail hinter uns und folgten der richtigen Spur auf dem Fluß. Es war hellichter Tag, Vormittag, keine Wolke trübte den klaren, blauen Himmel, und vor mir lag das Panorama einer weißen Gebirgskette. Sie befand sich noch in einiger Entfernung – ich mußte zwei Kontrollstationen passieren, bis ich sie erreichte –, aber die Gipfel ragten hoch empor, und selbst aus der Ferne wirkten sie gewaltig und so beeindruckend, daß mir erst nach einiger Zeit bewußt wurde, was sie eigentlich bedeuteten: Sie stellten die erste echte Barriere des Rennens dar. Über diese Berge mußten wir, um ins Landesinnere zu gelangen.

Und als wir so dahinliefen und die Berge größer wurden, schien mir diese Aufgabe immer ernüchternder. Etwa einen Monat vor dem Rennen hatte sich ein Gedanke in mir festgesetzt, nachdem mich ein Musher, der den Iditarod schon einmal gewonnen hatte, zu einem Testlauf mitnahm, um festzustellen, ob ich überhaupt in der Lage wäre, an den Start zu gehen. Man mußte sich noch nicht – wie heute – in 800- oder 300-Kilometer-Läufen qualifizieren; die einzige Voraussetzung war, daß drei Musher, die das Rennen zu Ende gelaufen waren, ein Formular unterzeichneten und damit bestätigten, daß sie einen für geeignet hielten. (Aus dieser Regelung ergaben sich ein paar interessante Läufe; manche ließen sich ihr Formular bei einem Bier unterzeichnen, mit dem Ergebnis, daß sich Leute am Iditarod versuchten, die einem Hund kaum das Geschirr anlegen konnten.) Mein Musher sagte, er würde unterschreiben, aber nur, wenn wir zusammen mit den Hunden liefen, damit er meine Arbeit beurteilen könnte. Wir brachen zu einem dreitägigen Lauf auf, nachdem ich vorschnell (und irrtümlicherweise, sollte ich hinzufügen) zu ihm gesagt hatte: »Mach es härter als das Rennen, dann bin ich später nicht überrascht.«

Ich hätte die Klappe halten sollen. Irgendwann am Rande einer Schluchtwand drehte er seinen Schlitten um, wickelte Seil um die Kufen, damit sie nicht rutschten, hakte die Hunde aus und ließ sich praktisch im freien Fall auf einen unten gelegenen, zugefrorenen Fluß plumpsen. Und während ich meine Kufen ebenfalls mit Seil umwickelte und mit geschlossenen Augen über dem Rand hing, kam mir der besagte Gedanke in den Sinn:

»Wenn einer es schafft, schafft es auch ein anderer.«

Das war keine berauschende Erkenntnis, sondern eine ganz einfache, vielleicht auch naive. Doch beim Training in Alaska hatte ich mir diesen Satz oft vorgesagt, und jetzt auf dem Fluß unterwegs zu den Bergen fiel er mir wieder ein. (In diesem Moment wußte ich es noch nicht, aber vier Tage später wurde er noch wichtiger, wurde er für mich ein Mantra, ein Satz, den ich mir zubrüllte, wenn die »Aufgabe« scheinbar unmöglich wurde.)

Um ein Haar hätte ich den Kontrollpunkt in Skwentna verpaßt. Wenn man bedenkt, daß es sich um ein am Fluß gelegenes Dorf handelte, in dem Flugzeuge landeten und starteten, achtzehn bis zwanzig Hundegespanne auf dem Eis verstreut lagerten und ein Dieselgenerator ununterbrochen röhrte, wäre das ein beachtlicher Rekord gewesen. Aber ich war den ganzen Tag mit Blick auf die Berge vor mir gelaufen und kam erst im Dunkeln dort an, und mittlerweile bereitete mir der Schlafmangel ernsthafte Probleme. Dazu kamen die bohrende Anspannung vor und beim Start und der ständige Gedanke tagsüber, daß ich diesen Gebirgszug – die höchste Bergkette Nordamerikas – irgendwie überqueren mußte.

Dementsprechend befand ich mich in einem tranceähnlichen Zustand, die Augen zwar offen, der Verstand aber völlig abgeschaltet. Ich wollte gerade an dem Kontrollpunkt vorbeifahren und hätte es auch getan, wäre Cookie nicht im letzten Moment in einen Seitentrail gebogen, auf dem sie uns zu dem Haufen mit den Futtersäcken brachte, die uns erwarteten.

Irgend jemand hielt mir ein Klemmbrett hin, und ich trug mich ein. Es war eine Sie, und sie lächelte und fragte mich etwas.

»Was? Tut mir leid, irgendwie höre ich nicht gut …«

Sie nickte. »Verstehe. Möchten Sie sich auch gleich abmelden, damit Sie alles hinter sich haben?«

An jedem Checkpoint muß man sich anmelden und abmelden, um seine Anwesenheit zu beweisen. Die meisten Musher erledigten beides auf einmal, damit sie, wenn sie aufbrechen wollten, nicht herumrennen und den Zeitnehmer suchen mußten. Das sparte viel Zeit und Mühe, aber ich war so benebelt, daß ich nicht kapierte, was sie meinte.

»Da, unterschreiben Sie einfach …« Sie hielt mir das Klemmbrett ein zweites Mal hin und führte mir die Hand mit dem Stift an die Stelle, wo ich unterzeichnen mußte.

»Danke«, sagte ich.

»Wie gefällt Ihnen das Rennen bisher?«

Ich musterte sie, versuchte sarkastische Züge zu entdecken, aber sie meinte es ernst, sie wollte es wirklich wissen.

Ich überlegte, was ich ihr antworten könnte.

Ich hatte mich verirrt, war von einem Elch überrannt worden, hatte beobachtet, wie ein Hund getötet wurde, hatte einen Mann weinen sehen, über ein Drittel der Hundegespanne auf den falschen Trail gelockt, und all dies passierte, während ich in einem Rausch von Schönheit war. (Es war eigentlich ein ganz normaler Iditarod-Tag, wie ich später feststellte, vielleicht etwas ruhiger als die meisten.) Ich öffnete den Mund.

»Ich ...«

Es kam nichts. Sie tätschelte mir den Arm und nickte. »Ich weiß. Es ist noch so früh im Rennen. Später gibt es mehr zu erzählen ...«

Und sie ließ mich stehen, noch ehe ich ihr sagen konnte, daß mein ganzes Leben, meine grundlegenden Wertvorstellungen sich verändert hatten, daß ich nicht sicher war, ob ich mich von alldem je erholen würde, daß ich Gott gesehen hatte, und er war ein Hundemensch, und daß nichts für mich jemals wieder dasselbe sein würde – und es war erst der erste Kontrollpunkt des Rennens.

Ich hatte gerade mal hundertfünfzig Kilometer hinter mir.

Finger Lake

Irgendwie wurde es wieder Nacht, ohne daß ich damit gerechnet hatte.

Ich war vier Stunden im Checkpoint Skwentna geblieben und ließ die Hunde ausruhen. Ich selbst kam nicht zur Ruhe. Die ganze Zeit untersuchte ich Hundefüße, wovon es immerhin sechzig gab, und da ich es andere Musher hatte tun sehen, dachte ich, bei mir wäre es nun auch fällig. Außer einigen flüchtigen Untersuchungen während des Laufens hatte ich sie bisher nicht genauer geprüft. Die Füße sahen gut aus, aber ich spreizte noch die Klauen und sah zwischen den Zehen nach. Devil – wer sonst – mochte mir seine Pfoten nicht zeigen und ließ mich seine Kritik körperlich spüren, mit dem Ergebnis, daß ich einen Teil der vier Stunden mit dem Annähen meines Anorakärmels verbrachte. Danach kochte ich Hundefutter und packte es für unterwegs warm in die Isolierboxen auf dem Schlitten, gab den Hunden zu trinken, massierte ihnen die Schultern, flickte zwei Geschirre, die beim Raufen in der vorangegangenen Nacht gerissen waren, und konnte mich gerade noch kurz auf den Schlitten setzen, bevor es weiterging. Irgendwann beim Training hatte mir jemand gesagt, wie man erkennt, wann die Hunde ausgeruht sind: Man beobachtet sie, und wenn der schwächste – oder müdeste – aufwacht, sich streckt und anfängt, sich ein neues Bett zu graben, sind sie wieder fit.

Bei Max, den ich als mein schwächstes Tier sah, dauerte es drei Stunden und siebenundvierzig Minuten, bis er sich aufraffte und zu buddeln anfing. Der Schlitten stand gepackt bereit, und als Max sich rührte, erhob ich mich und sagte mir, jetzt wecke ich die anderen Hunde.

Was sich allerdings erübrigte. Sie hatten ihre Ruhepause beendet, und als Cookie mich aufstehen sah, erhob sie sich ebenfalls, schüttelte sich, und das wiederum brachte die übrigen Hunde auf Trab. Ich hatte ihnen die Zugleinen abgenommen und nur die Halsbänder an die Gangline gehakt gelassen, damit sie ungehindert schlafen konnten, und als ich nun die Leinen der Reihe nach wieder einhängte und jeden streichelte, wurden sie aufgeregt. Noch ehe ich fertig war, warfen sie sich ins Geschirr, wollten los, und ich erwischte kaum den Schlitten, als sie den Anker aus dem massiven Schnee auf dem Fluß rissen und an mir vorbeidonnerten.

Den ganzen Tag liefen wir bei Sonnenschein, umgeben von Bergspitzen. Ich hatte den Kontrollpunkt gleichzeitig mit einem anderen Musher verlassen, doch sein Team war langsamer – eine der wenigen Ausnahmen –, und bald war ich wieder allein.

Die Landschaft war atemberaubend und blieb es während des gesamten Rennens. Blauer Himmel und strahlender Sonnenschein hoben den Schnee von den Bergen ab, die in der Helligkeit fast lebendig wirkten. Der Trail schlängelte sich über Flüsse und Seen, dann über andere Flüsse, immer leicht bergauf, bis die Sonne unterging und die Dunkelheit kam.

Wie fast während des ganzen Rennens hatte ich keine Ahnung, wo ich mich eigentlich befand. Es gab einen Trail mit Hunde- und Schlittenspuren, also ging ich davon aus, daß wir in die richtige Richtung liefen.

Der nächste Kontrollpunkt war eine Trapperhütte bei einem

Ort namens Finger Lake. Das wußte ich. Aber ich wußte nicht, wie weit ich gekommen war oder noch laufen mußte, und überlegte, ob ich halten und die Hunde wieder ausruhen lassen sollte.

Ich beobachtete sie eine Weile. Sie wirkten nicht müde, und eine Pause wollten sie bestimmt nicht. Einmal hatte ich versucht, sie so lange zum Halten zu bewegen, damit ich pinkeln konnte, und gab es schließlich auf, erledigte mein Geschäft im Fahren und bekleckerte den Schlitten, den Trail und meine Kleider. Nicht daß es mich gestört hätte. Von dem blutigen Fleisch, dem Urin, mit dem die Hunde mein Bein markierten, und dem ständigen Abwischen der Fußsalbe von den Händen roch ich mittlerweile wie eine wandelnde Leichenhalle, und so sah ich auch aus.

Ich ließ sie also den Tag durchlaufen und hatte den Eindruck, daß ich irgendwann am späten Nachmittag nach unten in den Schlittensack sah, und als ich wieder aufblickte, war es dunkel. Das passierte mir häufiger – und anderen, erfuhr ich später, ging es ebenso –, es war ein Ausschluß der Zeit oder besser, ein Ausblenden längerer Phasen. Ich wußte, daß ich funktionierte. Das Futter in den Isolierboxen nahm ab, also hatte ich den Hunden ihren Snack gegeben. Einige trugen Booties, das bedeutete, ich hatte ihre Füße versorgt. Ich hatte die Stirnlampe aus dem Schlittensack geholt und mir über den Kopf gezogen, die Batterien angeschlossen und den Lichtkegel über die Hunde hinweg ausgerichtet, aber ich konnte mich an nichts davon erinnern.

Es war Abend, aber nicht ganz dunkel. Der Himmel war wolkenlos, ich brauchte also nur die Lampe auszuknipsen, dann leuchteten die Sterne, und das tat ich. Schon früh, noch in meiner Trapperzeit, hatte ich gelernt, daß die Hunde im Dunkeln gut liefen, daß sie besser sahen als ich, und beim Training hatte ich festgestellt, daß sie das Licht der Stirnlampe oft irritierte. Es warf Schatten, die die Entfernungen veränderten und sie manchmal aus dem Schritt brachten – so wie es sich anfühlt, wenn man bei einer Treppe eine Stufe erwartet und gar keine da ist.

So fuhr ich im Dunkeln dahin und verließ mich darauf, daß Cookie den Weg noch eine Zeitlang sehen konnte, und als ich das nächste Mal aufblickte, waren die Hunde stehengeblieben und wir befanden uns am Kontrollpunkt Finger Lake.

Vor uns lag ein Musterbeispiel für das nächtliche Treiben in den Checkpoints. Es gab Gespanne in den verschiedensten Vorbereitungsstadien, manche schliefen, manche packten ihre Schlitten, manche brachen auf. Hier und da bellten Hunde, sie jaulten und wollten weiter, aber meist war es still, und nur die Stirnlampen der Musher schaukelten im Schnee auf und ab. Inzwischen war viel von der anfänglichen Hektik des Rennens gewichen; dies war das »hintere Ende«, die langsameren Teams, die Neulinge, die Teilnehmer, die nie das Ziel erreichen würden, und manche, die es erst erreichten, nachdem sie mehr über sich und die Hunde gelernt hatten. Wegen meiner Irrfahrt lagen wir alle fast einen Tag hinter dem Vorderfeld, und den meisten war klar, daß sie den Anschluß an die Spitze, wo berühmte Namen wie Butcher, Swenson, Mackey (der gewinnen sollte) liefen, kaum noch erreichen würden. Kein Neuling konnte ernsthaft an einen Sieg denken – nicht im ersten Rennen –, aber manche versuchten es trotzdem und schoben ihre Teams schon auf der anderen Seite aus dem Checkpoint, als ich ankam.

Ich drehte mich um und blickte auf unsere letzte Wegstrecke zurück. Wir hatten einen See überquert, waren die Böschung hochgelaufen und an ein flaches Areal neben einer kleinen Holzhütte gelangt. Aus den Fenstern drang Licht, der mattweiße Schein einer Gaslaterne leuchtete heraus, wurde aber gleich von der schwarzen Nacht verschluckt.

Als ich dastand, öffnete sich plötzlich krachend die Tür von innen, und zwei Männer polterten heraus und rauften im Schnee. Das heißt, einer raufte und traktierte den anderen offenbar mit einem Kochtopf oder einer gußeisernen Pfanne, und der andere duckte sich und rannte mit den Händen über dem Kopf davon.

»Und laß dich bloß nicht mehr blicken«, brüllte der Mann mit der Pfanne. Dann drehte er sich um, ging zurück in die Hütte und knallte die Tür hinter sich zu.

Der andere Mann, ein Musher in Parka und Thermohose, ging an mir vorbei. Er lachte.

»Ich wollte bloß eine Tasse Kaffee«, sagte er kopfschüttelnd. »Der Kerl ist verrückt ...«

»Warum ...« setzte ich an, sprach aber nicht zu Ende, denn er war schon außer Hörweite. Egal. Ich hatte bereits gelernt, daß, wenn man Fragen über Vorfälle im Rennen stellte, man nur Antworten bekam, die weitere Fragen nach sich zogen, bis es schließlich keine logische Antwort mehr gab. Aus irgendeinem Grund hatte der Mann in der Hütte nicht gewollt, daß der andere eine Tasse Kaffee trank. Das war's. Auf eine verrückte Art ergab es Sinn oder zumindest genausoviel Sinn wie alles in dem Rennen. Ich drehte mich um und sah einen Zeitnehmer mit einem Klemmbrett auf mich zukommen. Es war ein junger Mann, vermutlich um die fünfundzwanzig. Aber da ich dreiundvierzig war, wirkte er viel jünger. Nicht älter als dreizehn.

»Wie geht's?« fragte er.

Ich sah ihn genauso ratlos an wie die Frau in Skwentna und dachte an die vielen Dinge, die ich sagen beziehungsweise nicht sagen konnte. Ich schüttelte den Kopf, wobei das Licht meiner Stirnlampe auf seinem Gesicht hin und her wippte, und sagte ihm die Wahrheit: »Ich hab' keine Ahnung.«

Er nickte. »Das ist ganz normal.« Dann zeigte er in eine Richtung. »Die Futtersäcke liegen da drüben in dem Haufen; bringen Sie Ihre Hunde dort rein, wo die Strohbetten liegen.«

»Strohbetten?«

»Ja. Einer der Musher hat an jeden Checkpoint einen Ballen schicken lassen. Er ist schon ausgeschieden. Da können Sie sein Stroh ruhig benutzen.«

Betten zu verschicken, daran hatte ich nicht gedacht. Ich war mit Trapperhunden gelaufen, und die gruben sich ihre Betten einfach im Schnee. Vor der Kälte schützte sie die dicke Pelzschicht, die ihren Körper unter dem äußerlich sichtbaren Fell bedeckt; dieses Schutzhaar ist so dicht, daß selbst Wasser nicht durchdringt, es wirkt wie eine massive Styroporschicht. Aber eigentlich sind die Hunde die wahren Athleten des Rennens und verdienen jede Rücksicht und Hilfe. Ich hätte an Strohlager denken müssen, sagte ich mir und fragte mich allmählich, wie viele Dinge ich noch hätte bedenken müssen.

Aber meine Hunde verschmähten das Stroh. Ich brachte sie an die Stelle, wo ein anderes Team gelagert hatte, verfütterte das letzte Fleisch aus den Isolierboxen und ließ sie ausruhen, während ich die Futtersäcke holte. Die meisten pinkelten auf das Stroh, dann rollten sie sich daneben im Schnee ein.

Diesmal schliefen sie volle fünf Stunden. Ich fand trotzdem keine Ruhe. Einer der Musher erzählte mir, er sei in sogenannten Rasiermesserschnee geraten, der am oberen Rand der Hundezehen, dort, wo am bloßen Ballen der Haaransatz beginnt, mikroskopisch kleine Schnitte verursachte. Da ich nach wie vor fast ausschließlich aus Angst und Unwissenheit agierte oder besser: aus Angst, meine Unwissenheit könnte den Hunden Schaden oder Leid zufügen, opferte ich die Ruhe, die ich am Kontrollpunkt Finger Lake hätte finden können, und untersuchte ihre Zehen.

Ich fand die Futtersäcke, zündete den Coleman-Ofen an, den ich zum Kochen von Hundefutter verwendete – »echte« Musher, hatte ich inzwischen festgestellt, benutzten speziell gefertigte Öfen, die diese Arbeit in einem Viertel der Zeit bei halb soviel Treibstoffverbrauch erledigten –, und erhitzte das Fleisch für die Isolierboxen. Für mich hatte ich mit Käse gefüllte Fleischfrikadellen herschicken lassen, vorgekocht, aber natürlich steinhart gefroren. Sie waren in Plastiktüten verpackt, und ich legte zwei zum Auftauen auf das heiße Hundefleisch, während ich Hund für Hund und Zeh für Zeh auf die haarfeinen Risse vom »Rasiermesserschnee« untersuchte. Inzwischen schliefen die meisten Hunde – sie waren offenbar sofort in Tiefschlaf gefallen –, und wenn ich über einem kauerte, hielt er ohne aufzuwachen eine Pfote hoch, damit ich den Ballen untersuchen konnte. Sobald ich den Fuß wieder hinlegte, streckte er mir den nächsten entgegen, gleichmäßig atmend und weiter schlummernd. Mit Ausnahme von Devil natürlich, der sich meinem Berührungsversuch widersetzte und nach mir schnappte. Allerdings nur halbherzig, es war ein schneller Biß, der kaum blutete, und wieder fragte ich mich, ob unsere Beziehung allmählich besser wurde.

Als ich die Füße untersucht hatte, waren die Hunde auch schon ausgeruht und es war fast wieder Zeit zum Aufbruch. Ich ging los, um das heiße Fleisch in die Isolierboxen zu pakken, und sah, daß meine Fleischfrikadellen aufgetaut und ins Hundefleisch gesunken waren. Zögernd fischte ich sie heraus.

Ich hatte Hunger, doch das Hundefleisch, in dem sie lagen, bestand vorwiegend aus sogenannten »Abgängen«. Das sind ungeborene Kälber, die im Bauch der Muttertiere ins Schlachthaus gebracht werden. Während das Fleisch der schwangeren

Kuh für den menschlichen Verzehr geeignet ist, werden die Embryonen zermahlen und tiefgefroren in 25-Kilo-Kisten an Hundefutterfabriken verkauft.

Für die Zerkleinerung der Embryonen verwendet man einen sehr groben Mahlvorsatz am Fleischwolf, außerdem werden die ganzen Tiere zermahlen. Dementsprechend tauchen recht merkwürdige Sachen in dem Fleisch auf: riesige Hautfetzen, an denen noch weiches Haar klebt; kleine, aber ganze Füße; und nicht selten schwimmt ein kompletter Augapfel in dem Gemisch, wenn man das gekochte Fleisch in die Behälter gießt.

Daß mein eigenes Essen in dem Gebräu gelandet war, dämpfte meinen Appetit gewaltig. Ich holte die Päckchen heraus, doch die Plastikversiegelungen waren aufgeplatzt, und ein Teil des Embryofleisches hatte sich mit den Frikadellen vermischt.

Ich überlegte, hin und her gerissen, mein Atem dampfte im hellen Licht der Stirnlampe wie Rauch.

Meine Logik ging so:

Embryonen waren eklig. Ich persönlich könnte nie einen essen.

Aber die Hunde liebten Embryofleisch.

Den Hunden bekam es sehr gut; sie blieben gesund, wurden fett, ihr Fell glänzte.

Ich war sehr hungrig.

Wenn es für die Hunde gut war, konnte es dann für mich schlecht sein?

Ich war wirklich *sehr* hungrig.

Wenn es für die Hunde gut war und ich fast schon wie ein Hund lebte, dann konnte es mir doch nicht ernsthaft schaden.

Und so aß ich die Frikadellen, obwohl mich ein letzter Rest von Kultiviertheit davon abhielt, das Stückchen, das meine Finger berührten, aufzuessen.

Soviel Aufhebens um zwei Fleischfrikadellen mag übertrieben wirken, aber es wurde sehr wichtig, denn letztendlich fiel damit die letzte Barriere zwischen mir und den Hunden. In einigen grundlegenden Dingen hatte ich daran festgehalten, daß ich, wenn schon nicht normal, so doch ein Mensch war, ich hatte mich in menschlichen Kategorien gesehen.

Von diesem Punkt an gab es keine Trennung mehr. Ich war nicht mehr der Musher auf dem Schlitten, den die Hunde zogen. Es gab nur noch uns. Jetzt hieß es »wir«, und es war ein beinahe glorreiches »wir«. Als die Barriere fiel und ich zu ihnen gehörte, hörte ich auf, in menschlichen Begriffen zu denken. Am Ende der ersten Woche redete ich praktisch nicht mehr mit Menschen. Wenn ich mir in die Hand schnitt, schmierte ich Hundesalbe auf die Wunde und lief weiter. Wenn ich ein Stück Fleisch zerkleinerte oder heiß machte und ich wußte, es würde den Hunden schmecken, lief mir das Wasser im Mund zusammen, und schließlich probierte ich es. Wenn es warm war – um die fünfzehn Grad minus – und ich anhielt, damit die Hunde ausruhten, brachte ich sie automatisch in den Schatten, weil ich spürte, nein, ich *wußte*, dort fühlten sie sich wohler. Wenn es kalt war und windig, suchte ich eine geschützte Stelle, offen für die Sonne, aber ohne Wind. Andere Musher taten das natürlich auch, besonders die guten wie Butcher und Swenson, aber es war mehr, als sie einfach nachzuäffen. Ich hatte tatsächlich angefangen, wie ein Hund zu denken.

Und dies alles begann, obwohl ich es noch nicht wußte, in jener Nacht am Finger Lake.

Als die Ruhephase der Hunde zu Ende war, meldete sich das erste Tageslicht und ein schwaches Leuchten breitete sich über dem See aus, in der Richtung, aus der wir gekommen waren.

Ich hatte einen Augenblick auf dem Schlitten gesessen – inzwischen waren wir sechsunddreißig Stunden ununterbrochen unterwegs, und mir brannten die Beine –, und Cookie drehte den Kopf, um den Tagesanbruch zu beobachten (ich habe nie erlebt, daß sie einen Sonnenaufgang verschlief). Ich stand auf, was die übrigen Hunde auf die Beine brachte, und dann ging es weiter.

Rainy Pass

Auf dem Weg aus dem Checkpoint Finger Lake rief mir ein Musher im Vorbeifahren zu: »Fährst du jetzt los?«
Ich nickte. »Sie wollen laufen …«
»Ich warte, bis es dunkel wird.«
Ich stieg auf die Bremse. Die Hunde blieben zwar nicht stehen, aber der Schlitten fuhr langsam genug, daß ich fragen konnte: »Warum?« Bis zur Dunkelheit dauerte es noch gut elf Stunden – zu lange für eine Rast.

»Ich möchte den Happy Canyon lieber nicht sehen, wenn ich durch muß …«

Und schon war ich unterwegs.

Bei den Informationsabenden hatte man uns allgemein auf einige der schwierigeren Passagen hingewiesen – die Berge, das Landesinnere, die Kälte. In diesem Zusammenhang hatte jemand den Happy Canyon erwähnt. Man sagte uns, die Schlucht liege zwischen Finger Lake und Rainy Pass – in etwa so aufschlußreich wie die Bemerkung, daß New York zwischen Boston und Washington, D.C. liegt – und aufgrund des tiefen Schnees könne es dort schwierig werden. Oder so ähnlich. Ich hatte es aufgeschrieben, wußte aber nicht mehr, was.

Man hatte uns nicht gesagt, daß es sich um eine fast vertikal abstürzende Felswand handelte, und auch nicht, daß sie gleich nach dem Kontrollpunkt Finger Lake kam, wo die Hunde noch frisch und ausgeruht waren.

Ich fummelte gerade am Schlitten herum, zog eine Lasche fester, und als ich aufblickte, sah ich die vorderen Hunde plötzlich ins Nichts stürzen.

Am Morgen war es klar gewesen, doch inzwischen war Wind aufgekommen, der mir wirbelnde Neuschneewolken ins Gesicht peitschte. Daher sah ich zunächst nicht, wohin die Hunde verschwanden, aber als ich der Absturzstelle entgegenraste und beobachtete, wie jedes Hundepaar vor meinen Augen entschwand, drehte der Wind und setzte kurz aus, so daß ich mir ein eigenes Bild vom Happy Canyon machen konnte.

Ich bin nicht religiös, aber ich glaube, ich hätte gebetet, wäre mehr Zeit gewesen. Unter mir, soweit das Auge reichte, dehnte sich eine gewaltige Schlucht aus. Die andere Seite schien endlos entfernt, der Fluß unten bildete eine dünne Linie in der Mitte.

»Scheiße!« Für dieses eine Wort hatte ich noch Zeit, dann kam der Schlitten, gezogen von den fallenden Hunden, an den Abgrund.

Ich weiß ehrlich nicht, wie ich es schaffte. Später unterhielt ich mich mit einem Engländer, der ebenfalls am Rennen teilgenommen hatte, und er sagte mit typisch britischem Understatement: »Es ist, als würde man fallen, nicht wahr?«

Abstürzen wäre treffender. Es gab die Andeutung eines Trails, der zu einem unglaublich abrupten Zickzackweg hinabführte, aber der spielte keine Rolle.

Cookie sah, daß sie, wenn sie überleben wollte, vor den Hunden, dem Schlitten und dem Musher bleiben mußte, und sagte sich, zum Teufel mit dem Trail. Sie nahm den direkten Weg nach unten und sprang. Und das Team, daran gewöhnt, ihr blind zu folgen, setzte ihr nach.

Mit beiden Händen packte ich den Schlittenbügel, hielt mich fest und schleifte bäuchlings hinterher, während wir etwa hundertfünfzig Meter abwärts rasten, plumpsten, rollten und stürzten, dem gefrorenen Fluß entgegen.

Ich würde gern behaupten, daß ich, weil ich angesichts von Krisen einen kühlen Kopf bewahre, meinen Körper als lebendes Schleppgewicht einsetzte, wodurch der Schlitten hinter den Hunden blieb und wir durch eine Reihe von geschickt gelenkten Manövern auf dem Flußeis unten galant zum Stehen kamen.

Das würde ich wirklich gern behaupten, nur wäre es gelogen. Genauso lief es zwar ab, doch es war reiner Zufall. Sobald es in die Tiefe ging, machte ich die Augen zu. Vielleicht habe ich geschrien, wie mir zwei Musher erzählten, die auf dem Eis ihre ramponierten Schlitten reparierten, aber ich kann mich nicht daran erinnern. Als ich die Augen wieder öffnete, lag ich auf dem Eis, die Hunde vor mir ordentlich ausgerichtet und – Wunder aller Wunder – der Schlitten samt Inventar stand unversehrt und aufrecht da.

Die beiden Musher an der Seite klatschten leise Beifall. Einer lächelte und nickte. »Irre! Nächstes Jahr mach' ich das auch so.«

Ich stand auf, schüttelte mir den Schnee aus den Kleidern und zuckte mit den Schultern. »Eine andere Methode ist mir nicht eingefallen.«

»Nicht schlecht.«

»Anfängerglück …«

Er nickte zustimmend und wollte noch etwas sagen, da hörten wir ein Brüllen, drehten uns um und sahen etwas, das einem explodierenden Holzlager glich. Das nächste Gespann stürzte über den Rand. Ausrüstung, Schlittenteile, Hunde, Mann, vereinzelte Kleidungsstücke, alles mögliche kam in einer lärmenden Masse aus Gebell und wütenden Flüchen herab.

Ich setzte den Anker und half den beiden anderen Männern, die Hunde zu fangen und die Ausrüstung aufzusammeln. Der Musher, ein kleiner stämmiger Mann, der schon mehrere Male am Iditarod teilgenommen hatte, nickte und lächelte mir zu. »Ist das nicht einfach ein verteufelt schönes Rennen?«

Und ich stellte erstaunt fest, daß er es ehrlich meinte, er fand es wirklich schön. Dieser Mann hatte schon einige Male teilgenommen, hatte nie gewonnen, noch nie Geld gekriegt (gezahlt wird nur bis zum zwanzigsten Platz), und trotzdem liebte er den Iditarod.

Ich murmelte ihm etwas zu, richtete die Hunde aus und fuhr weiter. Hätte ich darüber nachgedacht und meine eigenen Gefühle hinterfragt, wäre mir klar geworden, daß ich inzwischen ganz ähnlich dachte. Das Rennen wurde für mich etwas Eigenständiges, mehr als die Summe seiner Teilchen, es wurde zum Iditarod.

Aber mich beschäftigten andere Gedanken, vorwiegend beunruhigende. Während nämlich sehr wenig über den Happy Canyon gesagt wurde, der fast mein Aus bedeutet hätte, hatte *jeder* etwas über die Schrecken des nächsten Abschnitts, den Rainy Pass, zu sagen gewußt.

Es war kaum zu glauben. Auf dem Weg zum Rainy Pass kam ich in eine Phase, in der nichts schiefging. Der Trail war fest und schnell, die steilen Anhöhen wirkten flach, wir flogen förmlich dahin.

Alle Horrorgeschichten entpuppten sich als das, was sie waren – Geschichten. Theoretisch war die Strecke schwierig. Wir mußten über die Alaska-Kette, zu der auch der Mt. Denali/McKinley gehört, den man gelegentlich den amerikanischen Everest nennt. In der Gerüchteküche vor dem Rennen hieß es nur, wie schrecklich dieser Abschnitt sei; eine Geschichte erzählte gar von einem Mann, den man aufgespießt und tot an seinem Schlittenbügel gefunden hatte, damals, als man noch mit Hundegespannen Frachtschlitten über den Rainy Pass schleppte, um die Minen im Landesinneren zu versorgen.

Aber es lief wie geschmiert, kinderleicht. Beschwingt und frisch erreichten wir die Rainy Pass Lodge, den Kontrollpunkt auf der Bergspitze; die Hunde sprühten vor Energie.

Es gab dort eine kleine Hütte, um die fünfzehn bis zwanzig Gespanne im Schnee verstreut lagerten.

Ich ließ die Hunde in den Checkpoint einlaufen, trat auf die Bremse, warf den Anker mit dramatischem Schwung in den Schnee und ging zu der Zeitnehmerin, um mich einzutragen.

»Wie geht's?« Es war die junge Frau, die ich bereits in Skwentna getroffen hatte. Beim Iditarod gibt es eine Art freiwillige »Luftwaffe«, bestehend aus mehreren Leuten mit Privatflugzeugen, die Zeitnehmer und Tierärzte im Bocksprungverfahren von einem Kontrollpunkt zum nächsten bringt. Es werden trotzdem noch Hunderte von Freiwilligen benötigt und eingesetzt, aber dieses Bockspringen ist ganz hilfreich.

»Ich dachte, der Rainy Pass soll so schwierig sein«, sagte ich, nicht gerade bescheiden. »Das war doch ein Kinderspiel.« Mein Beinahe-Desaster am Happy Canyon übersah ich geflissentlich, aber bei weiterem Nachdenken fand ich, es könnte sich dabei um das gleiche Phänomen handeln, das man den Schmerzen bei einer Geburt nachsagt: Sobald das Kind da ist, sind die Schmerzen vergessen. Ruth meint, das kann nur ein Mann sagen und sie möchte mir vorschlagen, eine Wassermelone, und zwar eine ganze, aus mir herauszudrücken, bevor ich mich noch einmal zu einer solchen Äußerung versteige.

Die Zeitnehmerin jedenfalls, eine junge Frau mit klarem Blick, wußte einiges mehr als ich. Sie legte mir sanft eine Hand auf den Arm.

»Nicht die Auffahrt zum Rainy Pass ist hart«, sagte sie freundlich, »sondern die Abfahrt.«

»Ach«, entgegnete ich. »Das weiß ich ja, aber alle haben gesagt, der Weg rauf sei auch hart.«

Sie schüttelte den Kopf. »Nein. Bei der Abfahrt muß man vorsichtig sein. Besonders an der Schlucht.«

Ich hatte schon von der Dalzell-Schlucht gehört, aber all das Gerede kam mir unwirklich vor – wie die Gerüchteküche in der Armee. Das meiste hatte ich abgetan, denn es klang einfach lächerlich und zu weit hergeholt, um wahr zu sein. Schließlich war Dalzell Gorge nur eine zweiunddreißig Kilometer lange Schlucht am Fuße des Rainy Pass, die aus den Gebirgsausläufern heraus auf den Fluß und unmittelbar in den Rohn River Checkpoint führte.

Ich hatte schon über dreihundert Kilometer hinter mir, plus mehrere hundert beim Training, und es kam mir lächerlich vor, mir wegen eines so kurzen Abschnitts Sorgen zu machen.

Ich täuschte mich, und die unschuldige Zeitnehmerin mit den großen Augen hatte völlig recht.

Die Abfahrt war der schlimmste Teil am Rainy Pass.

Dalzell Gorge und The Burn

Mein Hirn wollte einfach nicht funktionieren. Irgend jemand redete laut auf mich ein, schüttelte mich verbal. »... stehen?«

Es ergab keinen Sinn. Ich hatte nicht den blassesten Schimmer, wo ich mich befand oder was um mich geschah.

»Gottverdammtnochmal, kannst du aufstehen? Die reißen mir hier den Arsch auseinander!«

Ich öffnete die Augen. Alles war weiß, leer, hell. Ich schloß die Augen, öffente sie wieder, konzentrierte mich. Ich starrte in Schnee, direkt vor mir, der Schnee reflektierte das grelle Licht der Sonne.

Warum liege ich am Boden, dachte ich, wieso schlafe ich tagsüber?

»Gottverdammtnochmal, steh endlich auf.«

Die Stimme war lauter, vermischte sich mit dem Schmerz, den ich jetzt plötzlich spürte. Mein Kopf fühlte sich an, als explodierte er gleich, in den Ohren war ein fernes Rauschen, und als die Kopfschmerzen mich klarer und wacher machten, merkte ich, es war nicht nur mein Kopf. Mein ganzer Körper war eine einzige Marter, ich hatte das Gefühl, als hätte mich ein Betonmischer durchgeschüttelt.

Dalzell Gorge.

Genau. Langsam kam es wieder – nur die Worte. Die Schlucht, Dalzell Gorge. Die Abfahrt.

»Hör zu, entweder du stehst auf und hilfst mir, oder ich laß dein Gespann los ...«

Ich wälzte mich auf die andere Seite, schrie fast vor Schmerz in der Brust und sah hoch. Ein Musher hielt den Bügel meines Schlittens. Meine Hunde zogen in Richtung einer Eisrinne, die am Rand eines reißenden, mit Felsbrocken übersäten Bachs entlangführte. Sein Team bellte und zerrte im 45-Grad-Winkel zu meinem, direkt in Richtung des Bachs. Er hatte den linken Arm durch meinen Schlittenbügel geklemmt, den rechten durch seinen eigenen, und er hatte recht: Die Hunde drohten ihn auseinanderzureißen. Wenn er mein Gespann losließ, würde es weglaufen und mich im Stich lassen ... aber wo? Irgendwo in der Schlucht. Wenn er sein Gespann losließ, würde es ins Wasser stürzen und stromabwärts weiß Gott wohin laufen.

Ich kroch auf alle viere, klammerte mich an den Bügel meines Schlittens, zog mich hoch und sagte, maßlos übertrieben: »Alles klar, ich hab' sie.«

Daraufhin ließ er los.

Ich »hatte« sie keineswegs. Sofort schossen sie den Trail entlang, ich wurde von den Füßen gerissen und auf dem Bauch hinter ihnen hergeschleift, eine Position, mit der ich, offen gestanden, inzwischen recht gut zurechtkam.

In dieser Position hatte ich die Abfahrt in der Schlucht hinter mich gebracht, wie mir jetzt wieder einfiel.

Ich hatte die Hütte oben am Rainy Pass am Morgen verlassen, nach einer »ruhigen« Nacht, in der ich versucht hatte, die Hunde (die eindeutig nicht müde waren) vom Raufen mit anderen Teams abzuhalten. Devil liebte inzwischen den Iditarod und sah das ganze Rennen als eine Art reisenden Fleischmarkt. Während die anderen Hunde einfach gerne kämpften, betrachtete Devil es als Mittel zum Zweck: Erst wurde gekämpft, dann ließ man seinen genetischen Codes und Instinkten freien

Lauf und fraß den anderen Hund. Ich hatte beobachtet, wie er dieses Verfahren anwendete, er riß seinem Gegner ein Ohr ab und verschlang es mitten in der Rangelei. In der Nacht am Rainy Pass versuchte er es wieder. Die Gespanne lagerten auf einem relativ kleinen Gelände, und auf der Suche nach Futter zerrte Devil mehrere Male das gesamte Team mit sich.

Es war eine lange, sechsstündige Pause, und sobald Max aufstand und sich schüttelte, hakte ich die Hunde an die Leinen, und wir brachen auf.

Ich war entsetzlich müde. Die durchwachten Tage und Nächte hatten mich in einen traumartigen Zustand versetzt. Aber als die Sonne zwischen den Bergspitzen aufging, verjagte die Schönheit jeden Gedanken an Erschöpfung.

Die Hütte lag an einer Senke, die Sicht war durch das ringsum ansteigende Gelände teilweise verdeckt. Doch nach einer halben Stunde zogen die Hunde den Schlitten aus der Senke heraus über den Kamm, und ich stand in der Sonne, die die schneebedeckten Berge in alle Richtungen beleuchtete. Wir befanden uns ein Stück über der Baumgrenze, und ohne Bäume wirkten die Spitzen so sauber und unberührt, als hätte man sie in Zucker getaucht.

Der höchste Punkt des Trails lag zwischen zwei Bergspitzen, die so nah wirkten, daß ich meinte, einen Stein auf sie werfen zu können. Und dann führte der Weg abwärts.

Allerdings hatte man mich falsch informiert, zumindest sah es so aus. Die Abfahrt war harmlos, eine sanfte Neigung, die auf einem guten, festen Trail vom Gipfel wegführte. Die Spur verlief etwa drei Kilometer über eine leicht geneigte Ebene, immer sanft abwärts, und verschwand dann rechts um einen großen Felsausbiß.

Ich überlegte, ob ich die Hunde bremsen sollte. Es war fünfzehn Grad kalt, windstill und klar, für die Hunde eigentlich etwas zu warm zum Laufen. Aber sie galoppierten so begeistert dahin, daß ich dachte, was soll's, laß sie laufen. Wenn das alles war, was die Schlucht an Unannehmlichkeiten zu bieten hatte, würde es ein harmloser Ausflug. Zum Teufel, sagte ich mir, bei dem Tempo sind wir in anderthalb Stunden aus dem Tal.

Als wir uns dem Punkt näherten, an dem der Trail verschwand, hörte ich ein Geräusch oder bildete es mir ein, und ich sah in genau dem Moment zur Seite, als die Hunde um die Kurve bogen; eine Sekunde, nicht länger.

Als ich wieder nach vorn blickte, verschlug es mir die Sprache, ich erstarrte vor Entsetzen.

Unter mir und vor mir lag die Schlucht, ein enger Korridor mit einem rauschenden Fluß in der Mitte, der in die Tiefe stürzte und sich seine Bahn zwischen riesigen Felsbrocken und zerklüftetem Gestein brach. Es gab keinen Trail, nur eine Eisrinne, die an einer Seite entlangführte und später zur anderen wechselte, über eine »Brücke«, die aus einem einzigen Baumstamm bestand, gerade breit genug für einen Hund und eine Kufe. Es war mehr eine Rutschbahn als ein Trail, passierbar vielleicht mit einem langsamen, streng kontrollierten Gespann.

Ich sauste mit vollem Tempo in die Falle. Der Versuch, die Bremse auf dem blanken Eis der Rinne zu treten, um die Hunde zu verlangsamen, war völlig fruchtlos. Ich probierte es einmal, warf noch einen kurzen, entsetzten Blick auf die vor mir gähnende Schlucht, und dann brach die Hölle los.

Ein Ast von einem Strauch oder ein hervorragender Stein traf mich seitlich am Kopf. Ich entsinne mich noch, wie ich das Seil packte, das ich für den Notfall an den Bügel gebunden hatte, und dann war ich weg, wurde von den Kufen gerissen, übers Eis geschleift, prallte gegen Steine, stürzte und purzelte.

Ich weiß noch, daß es mich verwirrte, wie hart sich das Eis und die Felsbrocken beim Aufprallen anfühlten, und dann bekam ich noch einen Schlag an den Kopf und wußte nichts mehr, bis der andere Musher auf mich einbrüllte.

Aus dem, was ich mir später zusammenreimen konnte, war es reines Glück, daß ich noch lebte. Ich legte mehrere Kilometer in der Schlucht – dem schlimmsten Abschnitt – auf dem Bauch zurück, und hätte der Mann meine Hunde nicht aufgehalten, ich wäre buchstäblich verloren gewesen.

Als ich in den Kontrollpunkt Rohn River humpelte, war es dunkel, und ich fühlte mich wie eine wandelnde Wunde. (Später stellte ich fest, daß ich auch so aussah – ich war am ganzen Körper zerschlagen.)

Ich meldete mich an und ab, suchte mir neben der kleinen Holzhütte, die als Kontrollpunkt diente, einen Platz zwischen ein paar Bäumen und versorgte die Hunde für die Nacht, fütterte sie, massierte Schultern, untersuchte Pfoten und kochte Futter für den nächsten Streckenabschnitt.

Ich erledigte all diese Dinge automatisch und überging die Schmerzen in meinem Kopf – später sagte mir ein Arzt, daß ich mir vermutlich eine Gehirnerschütterung zugezogen hatte –, aber in Wahrheit nagte der Keim des Zweifels in mir. In irgendeinem Winkel meines Hirns hatte er Fuß gefaßt, der Gedanke aufzugeben, der Gedanke, daß dieses Rennen für mich nicht zu schaffen war.

Ich dachte ganz vernünftig: Mir wird übel mitgespielt. Den Hunden geht es gut, immer besser, sie amüsieren sich – aber ich gehe dabei kaputt.

Warum? Warum mich einer solchen Strafe unterwerfen?

Da es darauf keine logische Antwort gab – warum sollte sich überhaupt jemand derartigen Strapazen aussetzen? –, ging mein Verstand zum nächsten Schritt über: Ich begann zu rationalisieren.

Es ist ja kein *echtes* Aufgeben. Ich bin schon weiter gekommen als die meisten Anfänger, viele haben es nicht einmal bis zum Rainy Pass geschafft, geschweige denn über das verdammte Ding.

Und dann stürzten die Gedanken über mir zusammen. Ich bin dreiundvierzig, um Himmels willen, ich bin erfolgreich, da unten wartet ein Leben auf mich, was in Gottes Namen suche ich überhaupt hier oben?

In dem Moment hätte ich fast aufgegeben. Einer der Hilfsschiedsrichter kam mit dem Tierarzt zu mir, der sich meine Hunde ansehen wollte, und ich hätte ihm nur ins Gesicht sehen und sagen müssen, ich gebe auf.

Ganz einfach.

Ich gebe auf.

Und dann nach Hause, in ein warmes Bett und in die Badewanne und dann ein warmes Essen und und und …

Statt dessen sah ich Cookie an.

Es war dunkel, und als der Strahl meiner Stirnlampe sie streifte, stand sie auf und schaute auf den Trail.

Einfach so. Wir waren noch keine zehn Minuten in diesem Checkpoint. Die Hunde wußten, sie sollten ausruhen und fressen; Cookie arbeitete härter als jeder andere Hund, sie hätte müde sein müssen, aber sie stand auf.

Frisch und bereit.

Sie stand auf, um zu laufen, und mit diesem simplen Akt war es von mir genommen, jede Möglichkeit aufzuhören war verschwunden.

Cookie und die übrigen Hunde würden laufen. Es war ebensosehr ihr Rennen wie meines, ihres sogar noch mehr.

Sie wollten laufen. Ich hatte nicht das Recht aufzugeben.

Ich ging in die Hütte und ließ mir von jemandem die Brust mit dem schwarzen Isolierband zupflastern, das ich zum Festkleben der Booties benutzte. Die Rippen taten am meisten weh, aber das Pflaster half.

Dann kochte ich Futter, füllte die Isolierboxen mit heißem Fleisch, ließ die Hunde schlafen, bis Max nach drei Stunden aufstand, um sich ein neues Bett zu buddeln. Noch im Morgengrauen hakte ich sie an die Leinen und brach zur nächsten Teilstrecke auf, gebückt und hinkend vor Schmerz.

The Burn.

So vieles in diesem Rennen war Irrsinn, daß es fast belanglos wird, zu sagen, The Burn sei irrsinnig gewesen. Aber das war es, und vielleicht sogar mehr als das – es lag jenseits aller Vernunft. Entbehrungen hin oder her, es ergab keinen Sinn.

Zuerst gab es eine Andeutung von Trail, die aber schnell verschwand, weil sich jedes Team einen besseren Weg suchte, den es allerdings nicht gab. Die Hunde jagten vorwärts, bis der Schlitten unter einem umgestürzten, verkohlten Baum steckenblieb, worauf ich, da ein Hundegespann nie rückwärts läuft, die Axt holte, den Baum durchhackte, mich am Bügel festhielt und über Steinbrocken und Matsch fuhr, bis der Schlitten – manchmal nur wenige Meter weiter – unter dem nächsten Baum steckenblieb.

Auf einer Strecke von hundertfünfzig Kilometern.

Zählte man dazu den plötzlichen Temperatursturz auf fünfunddreißig Grad minus, der die Sache noch erschwerte, und schließlich meinen völligen Verlust an Realitätssinn, dann hatte man die Motive für einen erstklassigen Fellini-Film.

Gegen Mitternacht fing ich an zu halluzinieren. Die klinische Ursache lag im Schlafmangel, ich hatte bereits kleinere, belanglose Begegnungen mit diesem Phänomen erlebt: Schatten, die sich rasch entfernten, Lichter, die fast, aber nicht ganz da waren. Kleinkram.

Dies alles änderte sich in The Burn, hier fielen sämtliche Barrieren, und ich betrat eine Welt, in der sich Realität und Träume mischten, bevölkert mit den bizarrsten Seelen und Wesen, daher ist es nicht leicht, mich an das zu erinnern, was wirklich passierte.

Es fing ganz simpel an. Ich hackte einen Baum durch, um den Schlitten zu befreien, da trat ein dünner Mann mit Brille zu meiner Rechten heran. Er trug eine Anzugjacke aus Cord und eine Krawatte, und er lächelte.

»Wird aber auch Zeit, daß jemand kommt und mir hilft«, sagte ich. »Dieser Mist wird langsam lächerlich.«

Und er half mir. Er sagte nichts, sondern hielt den Baum fest, während ich hackte und schnell den Bügel packte, als der Schlitten weiterjagte. Ich konnte gerade noch auf die Kufen springen, um zum nächsten umgestürzten Baum zu gelangen.

Unterwegs fuhren wir an einer Frau vorbei, wunderschön und splitternackt. Sie saß auf einem mit Gras bewachsenen Hügel und winkte mich zu sich, aber ich schüttelte den Kopf und sagte: »Ich muß weiter, ich bin im Rennen …«

Sie nickte, kam anmutig und leichtfüßig herbeigerannt und sprang auf den Schlitten. »Ich fahre mit dir.«

Der andere Mann war immer noch da, und ich befürchtete, es könnte Streit geben, denn er zeigte sich höchst interessiert an ihr, und ich war es auch. Ich wurde verdammt eifersüchtig und überlegte, was ich tun könnte, um mit diesem schönen Wesen ein bißchen allein zu sein, und dann blinzelte ich, und beide waren verschwunden, und als ich über die Hunde hinwegblickte, sah ich die Küste Kaliforniens vor mir liegen, gleich nördlich von Santa Maria. Surfer kämpften mit riesigen Brechern, Männer wie Frauen, und zu meiner großen Freude erkannte ich die Zeitnehmerin, die mich vor der Abfahrt am Rainy Pass gewarnt hatte, sie trug einen String-Bikini und krallte sich mit den Füßen an einem kurzen Brett fest, und wieder blinzelte ich und sah eine Herde Weißschwanzgnus, gejagt von einer wilden Meute mit Cookie an der Spitze, und wieder ein Blinzeln, und ich entdeckte meine Frau, die mich aufforderte, das Gespann loszulassen und Pause zu machen.

»Steig ab«, sagte sie. »Ich halte sie auf. Keine Angst …«

Ich hätte es fast getan, mit einer Hand ließ ich schon den Bügel los, aber ich blinzelte ein weiteres Mal, und meine Frau war fort, und die Hunde standen da, und Cookie sah zu einem Elch hoch.

Ich blinzelte. Inzwischen kapierte ich schneller: Ich konnte die Halluzinationen zwar nicht abstellen, aber offenbar durch mein Blinzeln verändern, wie das Umschalten auf einen anderen Sender.

Der Elch verschwand nicht.

Wieder blinzelte ich. In The Burn gab es angeblich keine Elche. Ich blinzelte fester.

Der Elch war noch da und stand drohend vor Cookie.

Ich spürte eine Kälte, die nichts mit der Temperatur zu tun hatte, ein tiefes Loch aus Angst. Plötzlich sah ich das Bild von dem Mann mit dem sterbenden Leithund vor mir, von der Elchattacke in der ersten Nacht. Ich tastete im Schlitten nach einem Gegenstand, irgendeinem, den ich als Waffe benutzen konnte, fand die Axt und rannte nach vorn.

Die Sache hätte friedlich enden können, der Elch hätte verschwinden oder sonstwas tun können, aber nein, er griff an. Er stürzte sich frontal auf die Hunde, trat wahllos um sich, und ich ging mit der Axt auf ihn los, holte aus und schlug zu.

Er trat mich, ich fiel rücklings zu Boden, ich raffte mich Axt schwingend wieder auf und brüllte: »Du verdammtes Miststück!«

Und dann war er fort.

Ich stand allein da, das Licht der Stirnlampe wippte über die knorrigen Bäume und Sträucher. Aber vor mir sah ich kein Hundegespann. Entsetzt drehte ich mich um.

Kein Gespann.

Spuren, dachte ich. Ich muß Spuren suchen. Gebückt ging ich die Umgebung ab, arbeitete mich spiralenförmig weiter, ließ das Licht hin- und herschweifen und suchte sorgfältig den Boden ab. Ohne Schnee ließ sich kaum etwas erkennen, alle Spuren glichen sich. Bei meiner vierten erweiterten Runde stieß ich im Schlamm auf eine Linie, eine kerzengerade, etwa einen Meter lange Linie von einer Schlittenkufe.

Als Rechtshänder, und aus keinem anderen Grund, orientierte ich mich rechts und folgte der Richtung der Linie. Ich ging etwa dreißig Meter im Dunkeln und suchte mit der Stirnlampe das Gelände ab. Tausend Ängste schossen mir durch den Kopf. Wenn sie nun wirklich weggelaufen waren, was dann? Wie weit würden sie laufen? *Wohin* würden sie laufen? Wie sollte ich sie einfangen?

Weitere fünfzig Meter, vorgebeugt, die Augen angestrengt auf Gras und Boden gerichtet, auf der Suche nach Spuren.

Ich wäre fast über sie gestolpert. Die Hunde waren von den Leinen gehakt, lagen in kleinen Knäueln da und schliefen fest. Ein Feuer brannte, der Topf für das Hundefutter stand daneben, Fleisch taute darin auf.

»Was zum Teufel?« sagte ich ruhig, aber deutlich.

Cookie wachte auf und sah zu mir hoch, stand aber nicht auf. Ich suchte eine Erklärung, irgendeinen Sinn, an den ich mich klammern konnte.

Ich hatte die Hunde hierher gebracht, ohne es zu wissen. Ich hatte sie gefüttert, ausgeschirrt, zu Bett gebracht, ihnen die Booties abgenommen, ein Feuer gemacht, sie massiert und Hundefutter gekocht. Und alles, ohne es zu wissen.

Dann war ich mit der Axt in der Hand allein losgezogen, auf einem imaginären Schlitten, war einem imaginären Elch begegnet, hatte einen imaginären Kampf geführt …

Und fast mein Team verloren.

Ich kniete mich ans Feuer, legte ein paar Äste nach – selbst einen Holzvorrat hatte ich vor meinem Ausflug gesammelt – und lehnte mich gegen den Schlitten.

Vierzig, fünfzig Kilometer in The Burn. Weiter war ich nicht gekommen.

»Jesus«, sagte ich laut, und es war mehr Gebet als Fluch. Dann nahm ich eine Leine, band mein rechtes Handgelenk am Schlitten fest, damit ich nicht wieder auf Wanderschaft ging, und machte es mir bis zum Morgengrauen gemütlich.

Wir liefen den ganzen Tag, es war hart, aber wir schafften es, und im Tageslicht hatte ich die Halluzinationen einigermaßen unter Kontrolle.

Als wir gegen Mittag aus einem Wäldchen verkokelten Fichtengestrüpps fuhren, entdeckte ich erstaunt ein Hundegespann, das rechts am Fuße einer kleinen Hügelkette lagerte. Zuerst sah ich keinen Fahrer und dachte, es wäre vielleicht ein davongelaufenes Gespann. Aber der Anker war gesetzt und die Ausrüstung vom Schlitten geladen, also hatte jemand bewußt gehalten.

»Hier!«

Die Stimme kam von oben. Ich sah hoch und entdeckte einen Mann auf dem Bauch liegen und über die Hügelspitze lugen. Er schaute zu mir herunter.

»Komm mal rauf! Das mußt du dir ansehen ...«

Ich zögerte. Es gab keinen guten Halt für den Anker, und mir war die Trennung von meinen Hunden in der letzten Nacht noch frisch im Gedächtnis.

Aber die Hunde hatten bereits angefangen, sich Betten zu graben, also wollten sie bleiben, und ich war wirklich neugierig. Irgend etwas faszinierte den Mann, und als er auch noch lachte, konnte ich nicht widerstehen.

Ich setzte den Anker, stampfte ihn so gut es ging in Schnee und Gras fest, kletterte die niedrige Böschung hinauf, legte mich neben ihn ins Gras und linste über die Kuppe.

Vor uns lag ein zugefrorener See, er gehörte zu den in The Burn gelegenen Farewell Lakes. Aber das Interesse des Mushers galt nicht dem See. Unten rechts stand eine Gruppe von vier Büffeln. Zwei befanden sich am Rand im Gras, die beiden anderen auf dem Eis.

Jemand hatte mir erzählt, daß es in der Gegend eine Büffelherde gäbe, aber ich hatte nicht damit gerechnet, ihr direkt am Trail zu begegnen.

»Ja«, sagte ich zu dem anderen Musher. »Büffel. Ich weiß. Das haben sie uns gesagt ...«

»Nein, du mußt sie beobachten.«

Ich sah wieder hinunter und dachte, ehrlich gesagt, der Kerl hätte nicht mehr alle Tassen im Schrank. Da waren Büffel, na und? Ich hatte schon die Zeitnehmerin im String-Bikini surfen gesehen, was zum Teufel war dagegen ein Büffel?

Und dann sah ich, was er meinte.

Wie überall in The Burn lag auf dem See kein Schnee, und die beiden Büffel draußen auf dem Eis hatten ihre liebe Mühe zu stehen.

»Was machen die da draußen?« fragte ich.

»Psst. Jetzt paß auf.«

Ich hielt also wieder den Mund und wollte schon fast zu meinen Hunden, da trat einer der Büffel vom Ufer zurück und ein Stück die Böschung hinauf, scharrte ein paarmal mit den Hufen und raste mit voller Geschwindigkeit auf den See zu.

Als er das Eis erreichte, ging sein Schwanz kerzengerade in die Luft, er spreizte die Vorderfüße, machte die Beine steif, schlitterte weg vom Ufer und drehte sich im Kreis, während er übers Eis sauste.

Als er zum Halten ansetzte, brüllte er – es klang so ähnlich wie »Gwaaa« –, dann begab er sich auf den mühseligen Rückweg ans Ufer.

Unterdessen kam der vierte Büffel aufs Eis geschossen, er rutschte, ebenfalls Schwanz in die Höhe, ein Stück weiter, röhrte noch lauter, dann ging er ebenfalls rutschend und stolpernd zurück.

Ich konnte es nicht fassen und mußte ein paarmal blinzeln, weil ich dachte, es wäre wieder eine Halluzination.

»Nein, die sind echt.« Der Musher lachte. »Als ich vorbeifuhr, habe ich das Brüllen gehört und bin hochgestiegen, um nachzusehen.«

»Wie lange …?«

»Ich bin seit einer Stunde hier, vielleicht ein bißchen länger. Sie sind die ganze Zeit gerutscht. Ist das nicht toll?«

Wir lagen eine weitere halbe Stunde da und sahen ihnen beim Spielen zu. Das Ziel schien darin zu bestehen, wer am weitesten rutschte, und jeder probierte es mehrere Male, Schwanz in der Luft, und immer, wenn einer übers Eis schlitterte, hallte glückliches Brüllen über den See.

»Büffelspiele«, sagte er, als wir schließlich zurückgingen und die Hunde weckten. »Büffelspiele in The Burn. Wer hätte das für möglich gehalten?«

Und erst später, als ich endlich die Hütte erreichte, die das

Ende dieser furchterregenden Etappe durch The Burn markierte, erst als ich nach Nikolai kam, wurde mir klar, daß diese Szene absolut Sinn ergab. Wo sonst, wenn nicht in dem abseitigen Irrsinn von The Burn, könnte es Büffelspiele geben?

McGrath

The Burn zermürbte mich geistig und schlauchte mich körperlich. Ohne Schneepolster unter dem Schlitten war das Scharren der Kufen auf dem Boden brutal, so als würde man auf Skiern sechsunddreißig Stunden nonstop über eine Buckelpiste schußfahren. Meine Beine schmerzten, und inzwischen bluteten meine Hämorrhoiden, es wurde immer schlimmer, weshalb ich mir in einem Laden in McGrath Damenbinden kaufte, die ich während des restlichen Rennens trug.

Gegen Mittag verließ ich die wenigen Hütten, aus denen Nikolai bestand, nachdem ich den ganzen Morgen auf dem Schlitten in der Sonne gesessen und die Hunde hatte »ruhen« lassen. Draußen im Wind war es kalt gewesen, aber mit einer schützenden Mauer im Rücken und einer strahlenden Sonne von oben war es regelrecht warm – ungefähr fünfzehn Grad minus. Ich lehnte mich zurück und ließ mich braten. Am Anfang des Rennens waren die Tage und Nächte fast gleich lang gewesen. Inzwischen blieb es jeden Tag siebzehn Minuten länger hell, wir hatten also eineinhalb Stunden Tageslicht gewonnen, und ich nutzte jede erholsame, warme Minute aus.

Ich wäre noch länger geblieben, nur kam mir das Rennen dazwischen. Entgegen allen Vorhersagen, auch meiner eigenen, lag ich nämlich nicht an letzter Stelle. Von siebzig Teams belegte ich einen Platz in den oberen dreißigern. Natürlich war ich keine Konkurrenz, das wußte ich, und ich hegte sogar ernste Zweifel, ob ich das Ziel erreichen könnte. Aber immerhin war ich nicht Letzter, und so genoß ich es einerseits, in der Sonne zu liegen und zu entspannen, andererseits spürte ich bei jedem Team, das den Kontrollpunkt verließ, das dringende Bedürfnis, ebenfalls weiterzulaufen.

Als schließlich das dritte Gespann aufbrach, sagte ich mir, was soll's, hakte die Hunde an die Leinen und machte mich auf den Weg nach McGrath.

Es war ein Bilderbuchausflug. Die Hunde liefen schwerelos dahin. Der Trail führte nur über Flüsse, oder fast nur, und war dementsprechend flach und leicht.

Irgendwann nach Einbruch der Dunkelheit gelangten wir an einen Abschnitt, wo der Fluß nur in Schleifen und Windungen verlief und wir kilometerweit rannten, in Wirklichkeit aber nur ein paar hundert Meter zurücklegten. Am Horizont sah ich die Lichter von McGrath, sie schienen zum Greifen nah, und doch kamen wir dort erst vier Stunden später im Morgengrauen an.

Inzwischen konnte ich die einzelnen Kontrollpunkte ganz fachmännisch beurteilen: Finger Lake war nicht so gut, wirkte chaotisch; Rainy Pass Lodge und Rohn River waren besser; Nikolai machte einen etwas unorganisierten Eindruck.

Nachdem ich vom Fluß abgebogen und in die Stadt gefahren war, blieb ich einen Augenblick stehen. Ein Zeitnehmer kam aus einem Haus, trug mich ein und gleich wieder aus, zeigte mir, wo die Futtersäcke lagen und ich das Gespann unterbringen konnte. Es dauerte keine Minute. Ich versorgte die Hunde und ging los, um mir meinen Proviant von einem Haufen neben einem großen Laden zu holen.

Auf dem Rückweg kam ich an einem Café neben dem Laden vorbei. Jemand öffnete gerade die Tür, und der Duft, der herausdrang, ließ mich wie angewurzelt stehenbleiben.

Es war seltsam, aber plötzlich verspürte ich einen Hunger, so bohrend, daß er mein ganzes Denken vereinnahmte – wie bei Verliebten.

Bisher hatte ich wenig gegessen, oft gar nichts. Dann und wann eine Frikadelle, aber meist war ich so aufgeregt, daß Hunger keine Rolle spielte.

Jetzt spielte er eine Rolle, er beherrschte mich völlig, es war ein so fieser Hunger, daß ich an nichts anderes denken konnte. Eine Mahlzeit, eine im Sitzen eingenommene warme Mahlzeit wurde zum ein und alles in meinem Kopf. Ich stellte die Futtersäcke ab und ging in das Café.

Es war ein schmaler Raum, mit einem Tresen und Stühlen entlang der rechten Seite. In voller arktischer Montur – Anorak, Windhose, Daunenhose, Mukluks, Innenhandschuhe, Zweithandschuhe, Schaffellfäustlinge – setzte ich mich auf einen der Stühle.

»Möchten Sie etwas essen?« Eine Kellnerin trat zu mir.

Ich nahm eine Speisekarte aus dem kleinen Ständer und schlug sie auf. »Irgendwas.« Ich zeigte mit einer faustbehandschuhten Hand auf ein Gericht. »Hier. Das da.«

»Schinken mit Eiern«, sagte sie, »und möchten Sie auch Kaffee?«

»Kannenweise, bitte.«

Sie gab meine Bestellung nach hinten an einen Mann weiter, der kochte, und ich saß da, starrte auf die Speisekarte und bestaunte die herrlichen Gerichte, die sie enthielt.

»Ziehen Sie doch Ihren Parka aus«, sagte sie, als sie den Kaffee brachte. Sie lächelte. »Wir haben hier drin Heizung.«

»Was? Ach so.« Ich nickte. »Ich war eben ganz …«

Ich schälte mich aus Parka und Fausthandschuhen und zog die seitlichen Reißverschlüsse an der Daunenhose auf, um die Wärme einzulassen. Dann trank ich einen Schluck Kaffee und stellte fest, daß ich die Tasse in unbeschreiblich schmutzigen Händen hielt. Außerdem hing mein Bart voll Eis, ich spürte es schmelzen und tropfen.

Als das Essen kam – zwei Spiegeleier, eine ordentliche Scheibe Schinken und ein Berg Bratkartoffeln – zögerte ich einen Augenblick, damit ich den herrlichen Anblick genießen konnte. Dann verschlang ich es buchstäblich. Ich erinnere mich noch, daß ich den Teller sah und daß ich aß, ich benutzte sogar Gabel oder Messer, aber Einzelheiten weiß ich nicht mehr. Alles schien einfach zu verschwinden, und als ich fertig war, stand die Kellnerin vor mir.

»Meine Güte«, sagte sie. »Das ging aber schnell. Möchten Sie noch mehr?«

Ich sah sie an und muß wohl genickt haben, denn sie verschwand und kam kurz darauf mit einem zweiten Teller wie dem ersten zurück: Schinken, Eier und Bratkartoffeln.

Offenbar verschlang ich auch diese Portion im Nu, denn sie stand wieder vor mir und lächelte. »Immer noch hungrig?«

Ich sah den Teller an, dann sie und sagte nichts, aber sie nickte und ging weg.

Fünfmal.

Ich saß da und verputzte fünf komplette Frühstücksportionen Schinken mit Eiern, aß sie restlos auf, und als ich fertig war, spürte ich immer noch Hunger, aber ich hielt mich zurück, denn es war mir peinlich. Als ich aufstand, um am Tresen zu zahlen, kam der Koch von hinten. Er war ein stämmiger Kerl, der das Double für den Koch im Beetle-Bailey-Comic hätte geben können. Die Rechnung war astronomisch, sechzig oder siebzig Dollar, hier galten bereits die typischen Preise für das Landesinnere von Alaska: Jedes Ei, jede Zutat fürs Frühstück mußte mit dem Buschflieger eingeflogen werden. Ich suchte in meiner Tasche nach Geld, aber er hob die Hand.

»Sind Sie nicht einer von den Mushern?«

Ich nickte.

»Dann lassen Sie Ihr Geld stecken. Und alles Gute fürs Rennen …«

Er wollte nichts nehmen. Was ich auch anstellte, er wollte kein Geld haben. Am Ende legte ich ein Trinkgeld für die Bedienung auf den Tresen und ging zurück zu den Hunden. Später im Rennen dachte ich noch oft daran, wie ich in dem Café in McGrath saß und fünf Frühstücke verschlang, während das Eis in meinem Bart schmolz und tropfte.

Im Landesinneren

Wenn man McGrath verläßt, beginnt der Kampf, das Landesinnere Alaskas mit den Hunden zu durchqueren. Die Entfernung zur Beringküste liegt in der Größenordnung von etwa tausend Kilometern – das entspricht grob der Strecke von Minneapolis nach New Orleans –, und das Gelände ist so unterschiedlich und schwierig, daß The Burn und die Überquerung der Alaska-Kette eine gute Vorbereitung waren.

Zuerst sah es gar nicht so schlimm aus. Hinter McGrath schlängelte sich der Trail über den Fluß und führte dann zu einer Bar, wo wunderbare Gastgeber Proviantttüten und alkoholfreie Getränke – wer mochte, bekam alkoholische – zum Mitnehmen für den Weg nach Ophir verteilten, dem letzten Kontrollpunkt vor dem Landesinneren.

Wir kamen im Dunkeln in Ophir an. Ich ließ die Hunde ein paar Stunden ruhen und versorgte ihre Füße. Sie lagen da und streckten die Pfoten automatisch in die Luft, damit ich Salbe draufschmierte, aber sie schliefen unruhig und machten ständig Theater, so daß ich sie an die Leinen hakte und in der Dunkelheit weiterfuhr.

Da es nicht ganz finster war, ließ ich die Stirnlampe aus, und wir waren noch nicht weit gekommen, da spürte ich, wie der Schlitten schleifte. Wir bewegten uns zwar vorwärts – mittlerweile hätten die Hunde einen Lincoln ziehen können –, aber irgendwie komisch. Ich hielt an, um nachzusehen, knipste die

Stirnlampe an und sah, daß eine dicke Schicht Hundescheiße an den Kufen klebte. Im Licht sah ich auch, daß wir in einer meterbreiten Spur frischen Hundekots fuhren. Bisher hatte ich das noch nicht erlebt, aber nach den folgenden Kontrollpunkten sollte es immer wieder passieren. In den Checkpoints werden die Hunde randvoll gefüttert, und dann ruhen sie aus. Da sie im Laufe des Rennens immer professioneller werden, wissen sie um die Funktion und Bedeutung der Lagerplätze. Ihnen ist klar, daß, sobald sie aufbrechen, sie eine längere Strecke ziehen müssen, und sie wollen kein zusätzliches Gewicht mitschleppen, daher entleeren sie sich auf dem Weg nach draußen. Dementsprechend fährt man hinter jedem Kontrollpunkt durch ein Meer aus frischer Hundescheiße.

Ich setzte den Anker, stellte den Schlitten hochkant und kratzte die Plastikkufen mit einem Taschenmesser sauber. Es dauerte ein Weilchen, ich kratzte immer noch, als der Morgen graute. Als ich fertig war, drehte ich den Schlitten wieder um, zog den Anker und sah über die Hunde hinweg auf eine völlig andere Welt.

Es war wie ein anderer Planet, als wäre man plötzlich auf den Mond oder Mars verpflanzt. Wir standen auf einem langgestreckten, aber sehr hohen Hügel, die Sonne ging rechts hinter uns auf. Vor uns und unter uns lag eine unendliche Ebene, die sich zum Horizont und darüber hinaus erstreckte. Hier und da gab es in großen Abständen einen Flekken niedrigen Strauchwerks, und in der Ferne konnte ich gerade noch flache, wogende Hügel erkennen. Abgesehen von den wenigen Büschen war das Gelände baumlos und karg. Auf dem Gras lag eine sehr dünne Schneedecke – ein stetiger Wind blies den Schnee weg –, was die befremdende Ödnis verstärkte.

Cookie blieb stehen, als wollte sie sagen: »Du willst doch wohl nicht allen Ernstes *da* durchfahren?«

Und tatsächlich dachte ich auch nicht daran. Ein Teil von mir begriff einfach nicht die Ungeheuerlichkeit des Versuchs, mit einem Hundegespann durch Zentral-Alaska zu laufen. Da draußen könnte ich einen Monat sein, dachte ich, und habe wahrscheinlich das Gefühl, nicht vorangekommen zu sein. Es war endlos.

Andererseits aber faszinierte und reizte mich die Aufgabe. Rennen hin oder her, Leben hin oder her – es gab nichts, was mich vom Inneren Alaskas abhalten konnte.

»Na, mach schon«, sagte ich, um Cookie aufzumuntern. »Sehen wir uns das Ganze mal an …«

Sie ruckte einmal und zog die Hunde den Hügel hinab und ins Herz von Alaska.

Die Landschaft, die wir bald sehen sollten, war für mich immer der echte Norden gewesen, die weite Tundra mit ihren flachen, rollenden Hügeln. Seit meiner Kindheit hatte ich Bücher darüber gelesen, die Verlockung gespürt, den Ruf des Nordens gehört. Und durch dieses Land fuhr ich jetzt mit meinen Hunden.

Nach ein paar Kilometern hielt mich die Landschaft in einem mystischen Bann gefangen. Ich liebte das Laufen mit den Hunden wie die Hunde selbst; und ich liebte die rauhe Schönheit der Wälder.

Aber nicht so wie dies hier. Irgend etwas an der Landschaft, an der Tundra und ihrer Größe, setzte sich in mir fest und ist noch immer da.

Heute glaube ich, daß in jenem Augenblick mein endgültiger Bruch mit der normalen Welt stattfand. Irgendwo weit weg, in der wirklichen Welt, hatte ich eine Frau und Familie, ein Leben. Aber hier und jetzt war alles, was ich brauchte, alles, was ich darstellte. Der Schlitten, Proviant, fünfzehn gute Freunde – oder besser, vierzehn Freunde und Devil –, das war mein Leben. Ich fühlte mich ganz, und diese Ganzheit rührte auch daher, daß die Hunde und ich gewissermaßen das taten, was wir tun mußten: durch die Ebenen des Nordens laufen.

Von der Idee war die Einteilung des Rennens durch Alaska zum Yukon River einfach – einfach und kraß.

Nach Ophir folgten knappe dreihundert Kilometer in die alte Geisterstadt Iditarod, dann ging es hundertfünfzig Kilometer weiter nach Shageluk und schließlich aufs Eis des Yukon River. Der erste Teil, die Strecke nach Iditarod, ist der längste Rennabschnitt zwischen zwei Kontrollpunkten. Man muß extra Futter, Booties und Ausrüstung mitnehmen, damit man gewappnet ist, falls ein Sturm aufkommt, und genau darin liegt das einzige echte Problem bei der Durchquerung des Landesinneren: Man ist so lange unterwegs, daß sich Wetterlagen und ganze Klimazonen ändern können.

Die Hunde laufen fünfzehn Kilometer pro Stunde, meine etwa zehn. Zwischendurch können sie mal einen Sprint einlegen, aber nicht lange. Das bedeutet vier, fünf Stunden laufen mit einer Geschwindigkeit von fünfzehn Stundenkilometern, dann eine etwa gleich lange Pause, dann weiter und wieder eine Rast, rund um die Uhr. Anstiege und tiefer Schnee drosseln das Tempo enorm – die Hunde kriechen dann nur noch vorwärts. Entfernungen in Zahlen zu messen ist sinnlos, weil das Tempo ständig wechselt. Eine Kleinigkeit wie festgefrorener und zu spät entdeckter Hundekot an den Kufen verringert die Geschwindigkeit um dreißig Prozent. Während die Zeit dahinrast, wenngleich sie im Rennen erschreckend relativ wird, kommt man scheinbar immer langsamer voran.

Wir brachen bei herrlich klarem Wetter auf. Die Sonne warf

ein neues goldenes Licht über das öde Land und ließ es förmlich leuchten. Offenbar mochten die Hunde das Licht, denn sie legten ein bißchen Tempo zu, und ich dachte mir, zum Teufel, sieht doch gar nicht schlecht aus.

Der Himmel war klar, bis auf zwei Wolkenfetzen weit hinten am Horizont, die ich geflissentlich übersah, und wir glitten mühelos über Schnee und Grasnarben den langen, flachen Hang hinab.

Bis fast Punkt zwölf Uhr mittags lief alles gut.

Die zwei Wolken schienen zu wachsen. Das fiel mir gegen Nachmittag auf. Erst hingen sie verwischt am Horizont, dann am Himmel. Der Wind wurde etwas stärker, aber nicht viel, und ich überlegte, ob ich mich auf einen Sturm vorbereiten sollte, beschloß aber, daß dazu später noch genug Zeit bliebe.

Ein Fehler.

Beim Umfahren eines flachen Hügels tauchten wir in eine Senke, und als wir wieder hinausfuhren, riß mir der Wind fast den Kopf ab. Er drang buchstäblich in meine Kapuze ein und blies sie mir vom Kopf. Mit dem Wind kam Schneetreiben, er wirbelte stechende Eisnadeln vom Boden auf, die sich wie Projektile in die ungeschützte Haut bohrten.

Ich flog fast vom Schlitten, so stark blies der Wind, und ich sah gerade noch, wie Cookie so hart zur Seite geweht wurde, daß sie sich zusammenkauern und ihre Krallen in den Boden bohren mußte, um die Position zu halten. Und dann verschwand sie hinter einer treibenden Schneewand.

Wir blieben stehen. Wenn der Wind so heftig bläst, handelt es sich meist nur um eine Bö, und wenig später ist es vorbei.

Diesmal nicht. Es fing heftig an und wurde immer schlimmer. Ich sah nichts mehr, hatte keine Ahnung, wo wir hinfahren sollten. Der Wind war von vorne links gekommen, und ich dachte, wir könnten gegensteuern und ihn auf meiner linken

Wange halten, bis wir einen Unterschlupf fänden. Aber es sollte nicht sein. Die Hunde rannten mit dem Wind. Cookie versuchte sie auf dem richtigen Kurs zu halten, aber sie waren in der Überzahl. Ich spürte, wie sie einen Bogen fuhren, bis ich den Wind im Rücken hatte und es sich leichter lief.

»Nein, verdammt! Andersrum!«

Sie gehorchten nicht. Und noch schlimmer, ich konnte sie nicht halten. Die Bremsen faßten nicht in dem vereisten Boden, und außer dem stoppeligen, gefrorenen Tundragras gab es nichts, wo der Anker hätte greifen können.

Sie liefen einfach weiter. Und da wir den Wind im Rücken hatten, steigerten sie das Tempo zum vollen Galopp. Ich sah keinen der Hunde, wußte nicht, wohin wir liefen. Ich mußte kurz an den Soldatenspruch denken: »Keine Ahnung, wo wir sind und wo wir hingehen, aber wir kommen bestens voran.«

In Wirklichkeit war dies ein Patentrezept für drohendes Unheil. Ich konnte die Hunde verlieren, oder sie liefen aufeinander auf und verletzten sich. Ich packte das Notseil und band mein Handgelenk am Schlitten fest, damit ich mich festhalten konnte, wenn ich von den Kufen fiel. Diesen Rat gab mir ein Musher, mit dem ich mich unterhielt, als er The Burn hinter sich hatte; er hatte dort sein Gespann verloren und mußte zu Fuß gehen, und zwar – so drückte er es aus – »durch den Norden, und damit meine ich den ganzen Norden Amerikas«.

Ich trat fester auf die Bremse, bearbeitete sie mit beiden Füßen und brüllte ständig »Brrr, brrr, verdammt noch mal.«

Aber es nützte nicht. Sie rasten weiter, immer schneller und schneller. Inzwischen sah ich kaum noch den Schlittenbug, die Hunde gar nicht mehr, und ich konnte nichts weiter tun, als mich festzuhalten und das Unglück abzuwarten.

Es kam nicht. Die Hunde hielten das hohe Tempo ungefähr eine halbe Stunde, dann wurden sie langsamer, und als der Schlitten auf ebenes Gelände gelangte, hielt Cookie sie schließlich an.

Ich sprang auf den Anker, um ihn im Gras zu versenken, dann versuchte ich mich umzudrehen und wurde mit Wucht von den Füßen gefegt. Was mich rettete, war das Notseil um mein Handgelenk. Ich fluchte, aber der Wind erstickte meine Worte. Mit einer Geschwindigkeit von hundertzehn, hundertzwanzig Stundenkilometern wehte er Schneefahnen horizontal auf mich und an mir vorbei – es war ein schwindelerregender, mörderischer Wind.

Die Hunde umzudrehen und zurückzulaufen war unmöglich, das wußte ich, mir blieb nur eine Möglichkeit: zusammenkauern und überleben.

Eine Hand vor der anderen hangelte ich mich die Gangline entlang, stellte fest, daß die Hunde sich bereits zu wetterfesten Kugeln eingerollt hatten, und arbeitete mich wieder zum Schlitten zurück. Dort öffnete ich den Reißverschluß am Schlittensack, rollte den Schlafsack darin aus und kroch hinein. Dann zog ich mir den Schlittensack um den Kopf, schlang den Schlafsack um mich und machte es mir gemütlich. Mehr konnte ich nicht tun. Das Wetter hatte die Führung übernommen.

Draußen gewann der Wind an Stärke, bis er heulte. Aber der Schlittensack war dicht, der Schlafsack warm, und auch wenn die Temperatur rasch sank, fühlte ich mich wohl.

Die Augen fielen mir zu, gingen wieder auf, fielen wieder zu, und irgendwann kam der Schlaf, obwohl es vielleicht eher eine Ohnmacht war.

Ich weiß nicht, wie lange ich schlief. Es war Spätnachmittag, als ich mich im Schlafsack verkrochen hatte. Einmal wachte ich auf und öffnete den Reißverschluß so weit, daß ich hinaussehen konnte. Es war dunkel, der Wind heulte immer noch.

Als ich das nächste Mal die Augen aufschlug, war es ruhig, totenstill. Ich hörte ein seltsames Rasseln und merkte, daß es mein Atem im Schlafsack war, doch außer dem nichts. Ich lag eine Weile da und mochte die gemütliche Wärme des Schlafsacks nicht verlassen. Und hätte sich nicht die Natur gemeldet, läge ich wahrscheinlich immer noch da.

Ich zog den Reißverschluß am Schlittensack auf. Er fühlte sich merkwürdig schwer an, und sobald er offen war, fiel ein Riesenhaufen Schnee auf mich, setzte dem Weckprozeß ein Ende, und schon stand ich in einer hellen, kalten Welt.

Wir waren in einer sanften Mulde gelandet, einer untertassenförmigen, etwa hundert Meter breiten Schale, völlig mit Schnee gefüllt, bis zum Rand zugeweht. Ich war weit und breit das einzige emporragende und sichtbare Ding. Die Hunde waren bedeckt und verschwunden. Außer kleinen Dampfwölkchen, die über jeder Hundenase durch geschmolzene Löcher in die Luft stiegen, gab es keine Spur von Gespann und Schlitten. Nichts.

Ich mußte dringend pinkeln und ging im hüfthohen Schnee ein Stück weg vom Schlitten, um mein Geschäft zu verrichten, und während ich mich durch Schichten von Kleidern fummelte, bewegte sich der Schnee genau da, wo ich hinpinkeln wollte, und ein Männerkopf tauchte auf.

»Jesus, ganz schön hell hier draußen, stimmt's?«

»Wo kommst du denn her?«

Er stand auf und schüttelte den Schnee ab. »Zum Teufel, ich weiß es nicht. Wir kamen ganz gut vorwärts, und dann war plötzlich die Kacke am Dampfen. Die Hunde waren nicht zu halten, und wir sind hier gelandet. Müssen deiner Spur gefolgt sein …«

»Wir? Du meinst dich und deine Hunde?«

»Ach was, nein, wir sind im Konvoi durchs Innere gelaufen. Mit sechs, sieben Gespannen in der Gruppe.«

»Und wo sind sie?«

Er sah sich in dem kleinen Becken um. »Na hier.«

Und wirklich. Cookie hatte meine Stimme gehört, streckte ihren Kopf aus dem Schnee und begutachtete den Tag. Devil platzte als nächster hervor, dann Max – endlich genug ausgeruht –, und Devil knurrte Max an, der Lärm drang an andere Ohren, und im Nu explodierten aus dem ganzen Becken Hunde und stehende Menschen, die Schnee abschüttelten, schimpften, knurrten, pinkelten und sich streckten. Elf komplette Gespanne – fast zweihundert Hunde – und zehn Menschen waren mir in den kleinen Kessel gefolgt und hatten sich vergraben, um den Sturm zu überstehen, und ich hatte keinen Ton gehört.

Aber es kam noch besser. Wir versorgten unsere Hunde, kochten heißen Kaffee auf den Hundefutteröfen, machten Pause, um einen Becher zu trinken und miteinander zu plaudern – inzwischen lagen wir ohnehin mehrere hundert Kilometer hinter den führenden Teams –, und in der folgenden Stammtischrunde brachte uns ein Mann völlig aus der Fassung.

»Habt ihr meine Schüsse gehört?«

»Welche Schüsse?« fragte ein anderer Mann.

»Als ich hier reinkam, habe ich drei Schüsse abgefeuert, gewartet und dann noch dreimal geschossen, um den Teams hinter mir ein Zeichen zu geben …«

»Womit denn? Spielzeugpistole?«

»Aber nein, mit meiner .44er Magnum. Sechs Kugeln.«

Er hatte nicht weit von mir gelagert, wenn auch vor dem Wind, und sechsmal aus einer .44er Magnum geschossen, einer absolut ohrenbetäubenden Handfeuerwaffe, und wir hatten es nicht gehört.

Wir glaubten ihm nicht und hätten ihm nie geglaubt, hätte er nicht seine Magnum aus dem Schlitten geholt und uns die leeren Patronenmäntel gezeigt, die er nun wieder lud. Der Wind hatte den Lärm verschluckt.

Wir tranken unseren Kaffee aus und verputzten die letzten Krümel Donuts – echte Donuts! –, die ein Mann irgendwie heil aus Ophir hierhergebracht hatte (jeder kriegte eine köstliche, herrliche Donut-Hälfte; in heißen Kaffee gestippt, war sie wie ein Geschenk Gottes).

Aber offenbar wollte niemand aufbrechen, bis schließlich ein Mann die Unentschlossenheit beendete und der allgemeinen Angst eine Stimme gab.

»Wenn dieser verfluchte Wind wiederkommt, möchte ich nicht allein sein. Laßt uns im Konvoi nach Iditarod laufen …«

Sofort stimmten alle zu, obwohl niemand es auszusprechen gewagt hatte. Es war derselbe Mann, der die Donuts mitgebracht hatte, und ich fand ihn ziemlich sympathisch, als wir unsere Gespanne ausrichteten und zum Trail zurückfuhren. So ohne weiteres die Donuts mit uns zu teilen und uns zu helfen, in Schwung zu kommen. Ein rundum netter Mensch, und ich war dankbar, daß er bei uns war.

Mir wäre nie in den Sinn gekommen, daß ich zehn Stunden später beobachten sollte, wie er einen Mord beging.

Don's Cabin

Auf dem langen Weg zum Kontrollpunkt Iditarod steht auf halber Strecke ein kleiner Schuppen. Es ist keine offizielle Station, nur eine verfallene, alte Trapperhütte, die futtersuchende Bären jeden Sommer auseinandernehmen. In einem früheren Iditarod-Rennen war ein New Yorker Musher namens Don in einen Sturm geraten, wie wir ihn erlebt hatten. Don war dem Tod nahe, als er auf die alte Hütte stieß, die ihn letztendlich rettete. Seitdem versorgt er den Schuppen mit Proviant, schickt vor dem Rennen einen Trupp los und läßt den Bärenschaden reparieren, und fast jeder Musher hält hier an, um eine Tasse Kaffee zu trinken und seine Hunde ausruhen zu lassen.

Wir erreichten Don's Cabin als langer Zug, die elf Teams zogen sich weit über einen Kilometer in die Länge. Die meisten zogen ohne Pause nach Iditarod weiter. Aber der Donut-Musher sagte, er wolle hier halten und sich um sein Team kümmern. Mir war aufgefallen, daß einige meiner Hunde dünnen Stuhl hatten, was durch Streß, übermäßiges Fressen oder Viren kommen kann, und da ich meine Hunde für gestreßt hielt (ein Irrtum – sie fraßen lediglich wie die Wölfe, und ich hatte sie unwissentlich überfüttert), blieb ich ebenfalls zurück.

Die Beziehung, die sich mit der Zeit zwischen einem Schlittenführer und seinen Hunden entwickelt, ist etwas Wunderbares. Sie bedeutet mehr als Liebe, ist fast vergleichbar mit den

Gefühlen, die eine Mutter gegenüber ihrem Kind empfindet, nur kommt noch hinzu, daß die Beziehung zu Schlittenhunden eine äußerst symbiotische ist. Der Mensch gibt die Grundlagen: warmes Fleisch, Schultermassagen, Fußsalbe und Booties, Impfungen, Pflege und – das ausschlaggebendste und wichtigste: Schutz. Die Hunde geben alles, was sie sind und sein können. Was den Leithund betrifft und die Verantwortung, die er trägt, können seine Entscheidungen für Gespann und Führer über Leben oder Tod entscheiden, wobei der Mann auf dem Schlitten oft gar nicht sieht, was passiert.

Hunde verletzen diese Beziehung so gut wie nie. Devil mochte mich beißen oder andere Hunde umbringen, aber bei Gott, er zog und würde bis zum Umfallen ziehen, und das war eine Art Liebe. Ich habe sie beim Laufen beobachtet, immer voll Ehrfurcht und nicht wenig Liebe, und wenn ich sie manchmal so vor mir sehe, wird die Verbindung von mir durch den Schlitten über die Gangline zu den Hunden etwas Größeres, sie wird fast spirituell, religiös.

Während die Hunde diese Beziehung also nur selten verletzen, scheint der Mensch – oder wenigstens einige Menschen – sein Bestes zu tun, sie zu zerstören. Die Erforschung der Arktis und Antarktis ist ein schreckliches und grauenvolles Kapitel in der Geschichte von Schlittenhunden und Menschen. Früher führte man solche Expeditionen durch, indem man mit vielen Hunden losfuhr und sie unterwegs tötete und verspeiste (oder an andere Hunde verfütterte). Noch heute gibt es in der Antarktis Orte, die nach diesen Schandtaten benannt sind – Butcher Plateau zum Beispiel ist ein Ort, wo sie Hunde abgeschlachtet haben.

Und auch der ursprüngliche Iditarod-Trail, auf dem Hunde Frachtschlitten durch Alaska zogen, um die Bergleute und Goldsucher zu versorgen, war von Unmenschlichkeit durchdrungen. Auf dem Höhepunkt des Goldrausches in Klondike, heißt es, war es nicht möglich, in Seattle auch nur einen Hund aufzutreiben. Jeder entdeckte Hund wurde gestohlen und nach Alaska verfrachtet, um Transportschlitten oder -karren zu schleppen. Sie wurden zu Tode geschunden, ihre Knochen säumen noch immer die Trails.

Hunde können auch nerven, das stimmt. Besonders wenn der Mensch sie und ihre Reaktionen nicht kennt. Wird ein Hund krank – sie können Erkältungen, Kopfschmerzen oder Zahnschmerzen kriegen –, schreckt er vorm Ziehen zurück, und ein Laie hält ihn dann leicht für widerspenstig. Ein winziger, kaum sichtbarer Schnitt zwischen den Zehen bewirkt, daß sie mit diesem Fuß nicht so fest auftreten, und das könnte man als offensichtliche Verweigerung interpretieren, was gar nicht der Fall ist. Hunde sind so unterschiedlich wie Menschen, und man muß Zugeständnisse machen an den jeweiligen Charakter, kleine Verletzungen, Krankheit, Langeweile, Geschlecht. (Ist ein Weibchen läufig, reibt man ihm oft Wick auf sein Fortpflanzungsorgan, damit das Menthol den Geruch überdeckt; das klappt prima, bis die Hunde herausfinden, was sich hinter dem Geruch verbirgt, und danach kann man keine Dose Wick mehr öffnen, ohne daß sie einen bespringen.)

Wenn ein Mensch mit all diesen Dingen nicht umgehen kann, die Hunde nicht als Individuen begreift und nicht die notwendige Anpassungsfähigkeit mitbringt, sollte er nicht mit Hunden laufen. So einfach ist das.

Leider gibt es Menschen, die an Hunderennen teilnehmen, aber besser die Finger davon lassen sollten. Nicht viele, denn mit der Zeit werden sie ausgesiebt. Wenn man Hunde geistig und körperlich zu hart fordert, verweigern sie sich irgendwann von selbst. Sie verlieren die Liebe zu und den Respekt vor ihrem Führer, legen sich hin und Schluß.

Doch bis dahin muß einiges passieren. Manche Hunde sterben, bevor sie sich ihre Liebe versagen, sie lieben noch, während man sie zerstört.

Und das war bei den Hunden des Donut-Mushers der Fall.

Als mein Team startbereit war, sah ich zu ihm hinüber. Wir waren die beiden letzten Gespanne, und ich ging davon aus, wir würden zusammen aufbrechen; ich glaube, er wollte das auch.

Doch seine Hunde standen nicht auf.

Ich kannte das vom Hören und hatte es selbst in abgemilderter Form erlebt, als ich mich bei einem Trainingslauf wie ein Idiot verhielt und Cookie in eine Richtung kommandierte, von der sie wußte, sie war falsch. Wegen meines Fehlers waren wir von einem Damm in eine Eisrinne geraten, und die Hunde waren so sauer auf mich, daß sie sich hinlegten und erst aufstanden, als *sie* fanden, es sei Zeit weiterzulaufen. Aber es hatte nicht lang gedauert, und ich hatte die Botschaft verstanden und mir zu Herzen genommen, und seitdem hörte ich auf sie, wenn sie mir etwas sagten.

Hier lag die Situation anders. Ich kannte den Mann nicht, hatte ihn nicht mit seinem Gespann laufen sehen, aber mit seinen Hunden stimmte etwas ganz und gar nicht. Er mußte ihnen übel mitgespielt haben. Sie wirkten völlig fertig, erschöpft, am Boden zerstört. Sie wichen vor ihm zurück, und als er sie an Gangline und Leinen festhielt, versuchten sie sich untereinander zu verstecken, sie taten alles, um diesen Mann zu meiden, der sich jetzt mit erhobener Faust brüllend über sie beugte.

Er stand mit dem Rücken zu mir, sein Gesicht sah ich also nicht, doch sein Körper war hart und steif vor Zorn. Er holte mit der Hand zu einem Schlag nach dem nächstbesten Hund aus, der sich aber duckte, so daß er nicht traf. Er holte zu einem weiteren Schlag gegen einen anderen Hund aus, der jedoch ebenfalls auswich und dem Hieb entkam. Dann überlegte er es sich anders und schnappte sich die Hunde, versuchte sie zu ziehen, auf die Füße zu zerren, die ganze Reihe ging er durch und wieder zurück, und er steigerte sich derart in seine Wut, daß sich seine Stimme vor Gift und Galle überschlug. Doch sie standen nicht auf. Er riß sie auf die Füße, aber sie sanken auf der Stelle wieder in den Schnee.

Er war um das Team gelaufen und stand jetzt mit dem Gesicht zu mir, aber ich glaube, in seiner Rage nahm er mich gar nicht wahr. Ich stand ziemlich nah bei ihm – acht, neun Meter –, dicht genug, um zu erkennen, daß seine Augen vor Wut blutunterlaufen waren und er nichts weiter sah als die Hunde vor ihm.

Und dann machte er es. Wohlüberlegt wählte er einen der Hunde zu seinen Füßen aus, ein kleiner brauner Hund mit weißer Pelzkrause um den Hals und vollem, dichtem Fell, und gab ihm einen Tritt.

Er trat ihn nicht, damit der Hund aufstand. Der Mann trug große, schwere, vorne breit aufgedunsene Schaftstiefel, von denen jeder gut drei Pfund wog, Stiefel, die leicht zur Waffe werden. Mit einem dieser Stiefel trat er zu, und er tat es nicht, damit der Hund endlich aufstand und weiterlief.

»Du Scheißvieh«, zischte er, »du dreckiges Scheißvieh, dir werd' ich das Ducken austreiben …«

Und die ganze Zeit trat er auf den Hund ein. Er trat mit ungezügelter Wut zu, die Tritte waren nicht Ausdruck seines Zorns, sondern gezielt, präzise und bösartig. Tritte, die verletzen, schwer verletzen und ernsthafte Folgen verursachen sollten. Tritte, die töten sollten.

Er trat den Hund an den Kopf, und der jaulte vor Schmerz, und wieder an den Kopf und dann gezielt, sorgfältig gezielt und mit eiserner Wucht in die Seite, am Ende des Brustkorbs. Die ganze Zeit hatte der Hund gejault, doch bei diesem letzten Tritt, unter dessen Wucht die Leber geplatzt sein mußte, sackte er um und wurde still, es war vorbei, in Sekunden war es vorbei, und der Mann blickte zu mir, direkt in meine Augen, und ich sah Dinge, die ich noch nie gesehen hatte und nie wieder sehen will. Ich sah Haß, Selbsthaß, Haß und Wut und solche Brutalität, daß ich zurückwich, und plötzlich verstand ich Nazis und Tollwut und Vergewaltigung und Plünderung und My Lai und die Todeslager und alle Greuel, die Menschen aus Haß, purem Haß anderen Menschen und sich selbst zugefügt haben. Ich dachte, ich muß ihn umbringen.

Auf der Stelle. Ich sollte diesen Hurensohn umbringen. Er hat gemordet und ist wertlos, ein Stück Scheiße, ich sollte ihn einfach umlegen. Ich glaube, meine Hand bewegte sich tatsächlich auf die Axt in meinem Schlitten zu, und es war großes Glück, daß ich keinen Revolver dabei hatte, sonst hätte ich ihn, glaube ich, wirklich erschossen.

Wie konnte er das tun, dachte ich, wie war er fähig, das einem Freund anzutun, einem engen Freund, der ihn durch halb Alaska geschleppt hat, der nur lieben und geliebt werden will, ziehen und den nächsten Hügel sehen, und jetzt ist er tot. Gekillt. Ermordet. Wer so über einen Hund herfallen konnte, über einen Freund, der war zu allem fähig.

Das Jaulen des Hundes und die Brutalität des Mannes hatten meine Hunde unruhig gemacht, und aus Angst und, wie ich glaube, auch aus Abscheu waren sie zur Seite gewichen. Ich zog den Anker und fuhr weiter. Es war vorüber, und hier zu bleiben würde nichts bringen als Auseinandersetzung und Streit, und das nützte nichts. Das einzige, was jetzt nützte, war eine Anzeige bei den Verantwortlichen des Iditarod am nächsten Kontrollpunkt, damit der Donut-Musher aus dem

Rennen und vielleicht aus dem Leben von Hunden verschwand.

Die Regeln sind streng, sehr klar und werden auch durchgesetzt: Wer aus irgendeinem Grund während des Rennens einen Hund tötet, wird sofort disqualifiziert und für immer von der Teilnahme am Iditarod ausgeschlossen (und wenn es sich herumspricht, an praktisch allen Rennen in Nordamerika). Ich war entschlossen, diesen Mann auszuschalten und wollte am nächsten Checkpoint sagen, was ich gesehen hatte. Das tat ich auch, und er behauptete, der Hund hätte ihn angegriffen und er aus Selbstverteidigung zugetreten – eine glatte Lüge –, daher stand mein Wort gegen seines. Nur hatte ein anderer Musher auf einer kleinen Anhöhe sein Gespann angehalten, um etwas am Schlitten zu richten, und er hatte das Ganze beobachtet und bestätigte meine Version. Der Mörder wurde ordnungsgemäß disqualifiziert und gesperrt, und ich glaube, er hat nichts mehr mit Hunden zu tun.

Eine Zeitlang verdarb mir dieser Vorfall den Lauf, was wohl jedem so gegangen wäre, der etwas so Unmenschliches sieht. Die Hundepflege wird im Iditarod sehr streng kontrolliert, wie es auch sein sollte, und an den Kontrollpunkten wird auf körperliche Verfassung und Doping untersucht, um ganz sicher zu stellen, daß kein Hund mißhandelt wird. Aufgrund dieser Vorsorge und der leidenschaftlichen Hingabe und Liebe, die die große Mehrheit der Musher ihrem Gespann entgegenbringt, werden auf dem Trail bei weitem nicht so viele Hunde verletzt wie Pferde oder Windhunde auf der Rennbahn. Beim Iditarod hört man so gut wie nie von Mißhandlungen, und wenn doch, machen sie wegen ihrer Seltenheit um so hellhöriger und aufmerksamer. Eine ganze Weile fuhr ich in blindem Schock und dachte an den irrsinnigen Haß dieses Mannes, und dieses Gefühl wich erst, als ich endlich die Geisterstadt

Iditarod erreichte und den Verantwortlichen erzählte, was ich gesehen hatte.

Einst eine blühende Goldgräberstadt mit Tausenden von Einwohnern, besteht Iditarod heute nur noch aus einem halb verfallenen Gebäude. In Ingalik bedeutet der Name »ein entfernter Ort«, und außer daß er bei der Taufe des Rennens Pate stand, gibt es wenig Bemerkenswertes zu berichten. Sobald ich den Mann angezeigt, mich an- und abgemeldet und meinen Proviant abgeholt hatte, fuhr ich weiter.

Shageluk

Bevor es auf das Eis des Yukon ging, dem angeblich schlimmsten und härtesten Teil des Rennens, gelangten wir in das Dörfchen Shageluk, einem zwischen Hügeln und nicht weit vom Fluß gelegenen Kontrollpunkt.

Wir legten die hundertfünfzig Kilometer von Iditarod nach Shageluk bei herrlichem Wetter zurück – am Tag Sonne, bei Nacht ein Mond, der mit uns zog, keine Wolken, kein Wind. Irgendwann stießen wir auf eine Herde Karibus, es müssen mindestens dreihundert gewesen sein, und wir liefen zwischen ihnen hindurch, so nah, daß ich sie fast hätte berühren können. Sie hatten keine besonders große Angst vor uns, und das war seltsam, denn ein Rudel von sechs Wölfen, das sich am Rand der Herde herumtrieb, erschreckte sie zu Tode, und sie rannten panisch davon. Ich hatte gedacht, sie würden Angst vor den Hunden haben, besonders vor Devil, der sich ein paarmal aus Gangline und Geschirr zu befreien versuchte, um sich einen Karibu-Snack zu holen, aber sie beobachteten uns nur neugierig, es sei denn, wir liefen direkt auf sie zu. Und dann wichen sie einfach ein paar Schritte zur Seite und ließen uns vorbei.

Kurz darauf, bei strahlender Nachmittagssonne, wühlte ich während des Laufens im Schlittensack herum. Ein Musher hatte mir in Iditarod einen Schokoriegel geschenkt, den ich mir sorgfältig für später aufgehoben hatte. Irgendwie war er aus dem kleinen Beutel gefallen, der immer auf der Ladung lag, und in den Ritzen zwischen der übrigen Ausrüstung verschwunden. Ich wollte ihn unbedingt und wühlte weiter, und als ich ihn endlich ganz unten fand und mich wieder aufrichtete, blieb das Gespann plötzlich stehen. Ich konnte gerade noch die Bremse treten, damit der Schlitten nicht auf die Hunde auffuhr.

Vor mir stand ein Schlitten mit Gespann, der Anker gesetzt, alles in Ordnung, die Hunde warteten brav.

Und weit und breit kein Mensch.

Wir befanden uns inmitten einer weiten Ebene, flach und baumlos, aus dem sanft gewellten Boden ragte kurzes, verkümmertes Tundragras durch einen Hauch von Schneedecke, ich konnte unendlich weit sehen, aber ein Mensch war nicht in Sicht.

Ich glaubte schon an eine Halluzination, aber mein Team roch die anderen Hunde, und Devil machte sich kampfbereit; außerdem war hellichter Tag. Halluzinationen kamen meist zwischen Mitternacht und Morgengrauen, sehr selten nachmittags, und als Devil sich auf einen der anderen Hunde stürzen wollte, wußte ich, es war Wirklichkeit. Mit Körpereinsatz zerrte ich mein Gespann weg, setzte den Anker in Gras und Schnee und bedachte die Situation.

Da stand ein Hundeteam.

Aber kein Mensch war zu sehen.

Wieso lief jemand einfach weg? Aus Angst vor Wölfen, überlegte ich, oder er war verrückt und es ging ihm wie mir in jener Nacht, als ich gegen einen imaginären Elch kämpfte. Oder Geister hatten ihn weggezaubert …

Meine Gedanken überschlugen sich, und ich hatte gerade beschlossen, die Umgebung im Kreis abzusuchen, da fiel mir eine schwache Bewegung auf. Ein paar Hundert Meter entfernt stand an der Seite, in einer leichten Senke, ein hüfthoher Busch, natürlich ohne Laub und auf diese Entfernung kaum zu erkennen. Ich sah ihn nur, weil sich dahinter eine schmale Gestalt erhob und mir entgegenkam.

Es war der Führer des Gespanns, und erst als die Gestalt ein ganzes Stück näher war, erkannte ich, daß es sich um eine Frau handelte.

»Ist alles in Ordnung?« fragte ich, als sie in Hörweite war.

Sie lächelte und nickte. »Mußte mal austreten, und dort war die einzige Deckung. Ich wollte die Hunde keinen Umweg laufen lassen, daher habe ich sie hier gelassen und bin zu Fuß gegangen …«

Ich sah den Busch an. Er war sehr weit entfernt. Und keine lebende Seele im Umkreis von hundert Kilometern.

Sie las meine Gedanken. »Meine Ruhe ging mir schon immer über alles.«

Ich nickte.

»Vor allem, wenn ich mal muß.«

»Verstehe.« Ich zog den Anker und fuhr weiter, und ich glaube, dies könnte noch heute der Rekord sein, was Ungestörtheit im Badezimmer betrifft.

In Shageluk kam ein Kind aus einem Holzhaus gerannt und reichte mir einen großen Pappbecher mit einem Löffel.

»Chili«, sagte der kleine Junge. »Elch-Chili. Für dich.«

Ich stand noch auf dem Schlitten, den Fuß auf der Bremse, aber das Chili war dampfend heiß und sah köstlich aus. Ich konnte einfach nicht warten, daher aß ich es im Stehen, während der Junge lächelnd zuschaute. Sobald ich den letzten Löffel verspeist hatte, schnappte er sich den Becher, rannte ins Haus und kam mit der nächsten Portion zurück.

Die ich ebenfalls aß.

Und noch eine.

Irgendwann mußte ich ihn stoppen. Ständig brachte er mir einen neuen Becher, und wahrscheinlich würde ich immer noch essen, hätte ich das Ganze nicht beendet, indem ich mir den Bauch rieb und sagte: »Ich bin satt. Es hat toll geschmeckt. Vielen Dank. Das war eine gute Idee, ich war am Verhungern.«

Er sah mich an und zuckte die Schultern. »Schon gut. Deswegen haben wir ja den Topf mit Elch-Chili. Nur für die Schlittenführer. Aber du hast mehr gegessen als die anderen ...«

»Ich habe seit McGrath nichts Warmes mehr gegessen«, sagte ich. »Und das war vor ...« Ich konnte mich nicht erinnern. Ich hatte einfach kein Zeitgefühl mehr. »Das war vor Don's Cabin und dem Sturm und dem toten Hund und ...« Ich verstummte.

»Mein Vater sagt, ihr seid verrückt.«

»Ich?«

»Ihr alle. Die Hundeführer. Er sagt, ihr seid alle verrückt. Bist du auch verrückt?«

Mir fiel das alte Sprichwort ein, in dem es heißt, wer sich für wahnsinnig hält, ist nicht wahnsinnig; Verrückte wissen ja nicht, daß sie verrückt sind. Aber inzwischen war ich überzeugt, daß ich nicht ganz dicht war, denn kein normaler Mensch würde dies alles auf sich nehmen. »Ja, ich bin verrückt.«

Er lächelte. »Ich bin neun und habe schon vier Hunde. Wenn ich achtzehn bin, werde ich auch verrückt und laufe den Iditarod.«

Dann rannte er mit dem Becher davon. Das nächste Gespann näherte sich, und Sekunden später sah ich ihn mit demselben Becher voll Elch-Chili herauskommen – meine dreckigen Hände hatten ein verschmiertes Blümchenmuster hinterlassen. Er reichte ihn dem Musher, der das Chili dankbar aß, und ich fuhr weiter, um das Team zu versorgen und mich für den Lauf auf dem Yukon vorzubereiten.

Der Yukon

Zweihundertsechzig Kilometer auf dem Yukon River immer nach Norden, drei Tage und zwei Nächte. Man muß in der Mitte fahren, dem Wind ausgesetzt, denn an den Seiten ist der Schnee zu tief, und da der Fluß stellenweise fast tausend Meter breit ist, erwischt einen der Wind nicht schlecht. Das Problem ist, daß sich im Yukon-Tal offenbar die ganze Kälte Alaskas zusammenballt, nicht selten bis zu sechzig Grad minus, und zwar keine Windkälte, sondern echte Temperatur. Kalt genug, um sich »beim Pinkeln an die eigene Pisse lehnen zu können«, wie die Leute im Norden sagen; kalt genug, daß die Spucke in der Luft gefriert.

Jedes Jahr überlegen die Veranstalter, den Yukon wegen der harten Verhältnisse zu umgehen, und jedes Jahr wird er wieder befahren, weil er eine flache Verkehrsader durch hügeliges und gebirgiges Gelände bietet.

Der Yukon ist, in einem Wort, brutal.

Er versetzt einem keinen Schock wie der Happy Canyon oder die Dalzell Gorge, er hat nicht die reißende, aufreibende Intensität von The Burn, er erfüllt einen nicht mit Ehrfurcht wie die weiten Flächen im Landesinneren.

Er ist nur gräßlich. Oder, wie ein New Yorker Musher es ausdrückte, der ebenfalls am Iditarod teilnahm: »Der Wind bläst dir in die Fresse, daß dir Hören und Sehen vergeht.«

Es gibt keine Hilfe, keinen Ausweg, keine Hoffnung ...

Nach einem schnellen Lauf von Shageluk kamen wir kurz vor Tagesanbruch von einem kleinen Bach auf den Fluß.

Cookie hatte den Weg über das gewundene Bachbett genossen. Sie brachte den Schlitten ins Schleudern und amüsierte sich köstlich, als wir plötzlich auf das Flußeis gelangten. Überall glattes, spiegelblankes Eis. Vor mir führte die Kratzspur eines Schlittens in die Mitte und dann nach rechts. Cookie folgte ihr, zögerte dann, blickte sich fragend zu mir um, die Ohren gespitzt.

»Ja. Schon richtig, immer weiter …«

Zuerst wirkte es, wie am Rainy Pass, gar nicht so schlimm. Es war Tag, die Sonne schien, wir hatten um die dreißig Grad minus – für Hunde eine ideale Temperatur zum Laufen, sie lieben sie –, und als sie sich an das Eis gewöhnt hatten, legten wir ordentlich Tempo zu. Am Anfang rutschten sie ein bißchen aus, fanden aber schnell ihren Rhythmus und eine Laufmethode, die sie auf dem Eis hielt, wir kamen wirklich gut voran. Wir liefen mit einer Geschwindigkeit von etwa fünfzehn Stundenkilometern, und ich rechnete mir aus, daß wir den Fluß, einschließlich Pausen, bei diesem Tempo in anderthalb Tagen schaffen könnten und nicht, wie bei der Informationsveranstaltung vor dem Rennen angekündigt, in drei Tagen. Mir war schleierhaft, wie man so lange für dreihundert Kilometer auf einem geraden Fluß brauchen sollte. Ich weiß noch, daß ich sogar dachte, das ist ja ein Kinderspiel.

Aber wieder war die Zeit bedeutungslos. Was zählte, war allein die Strecke multipliziert mit Schwierigkeitsfaktor. Und Kälte.

Kälte behindert.

Echte Kälte, tiefe, schneidende Kälte wird auch ohne Wind eine Barriere, hart wie Backstein. Und obwohl ich bereits Temperaturen um fünfunddreißig, gar vierzig Grad minus und einigen Wind erlebt hatte, obwohl ich mir meiner Fähigkeit, mit dem Winter fertig zu werden, fast schon todsicher war, hatte ich keine blasse Ahnung, was mir bevorstand. Der Yukon definiert, was wahre Kälte ist.

Wir hielten uns in der Flußmitte, die wärmende Sonne im Rücken, die Hunde liefen leichtfüßig voran, die Schlittenkufen zischten und quietschten auf dem Eis, und wie fast immer war die Landschaft atemberaubend.

Gegen Nachmittag gab es ein Vorzeichen, auch wenn ich es nicht ganz verstand. Wir fuhren um eine Flußbiegung, da schlug uns Wind entgegen – nicht viel, aber genug, um den Schlitten zu bremsen und das Gespann zu dämpfen, und gleichzeitig gelangten wir in einen schattigen Abschnitt, wo die Sonne hinter einem Berg verschwand und die Temperatur sank.

Und zwar nicht behutsam. Sie sackte ab wie ein Stein, und ich spürte eine jähe, gemeine Kälte im Gesicht.

»Jesus ...« Ich hatte meine Parkakapuze nicht auf, trug aber eine warme Mütze. Ich zog mir die Kapuze über und drehte das Gesicht vom Wind ab. Meine Nase fühlte sich an wie erfroren. In weniger als fünf Sekunden.

Doch dann fuhr der Schlitten wieder in die warme Sonne, der Fluß wurde breiter, der Wind verteilte sich und war fort. Nur ein Kältestoß, aber mit etwas mehr Scharfsinn hätte ich geahnt, was das für die kommende Nacht bedeutete. (Obwohl mich der englische Musher, mit dem ich mich später über die Fahrt auf dem Yukon unterhielt, ganz richtig fragte: »Was zum Teufel hättest du denn gemacht – etwa angehalten?«)

Vielleicht ist Beschränktheit bisweilen auch ein Segen. Jedenfalls machte ich mir den ganzen Tag keine Sorgen, genoß die Landschaft und den Sonnenschein, und die Gefahr spürte ich erst, als die Sonne links hinter den Bergen versank.

Es war noch nicht dunkel, und bis zum kältesten Teil der Nacht, den Stunden vor dem Morgengrauen, dauerte es noch lange, aber als die Sonne hinter den Gebirgskamm schlüpfte, traf es mich wie ein Hammerschlag.

Trotzdem wurde ich nicht panisch. Ich hatte schon oft gefroren. Immerhin hatte ich mittlerweile über die Hälfte des Iditarod hinter mir und einiges Überlebenstraining im Winter bewältigt.

Es ist eben kalt, dachte ich. Na und? In meinem Schlittensack lag Ersatzkleidung, die ich noch nicht getragen hatte. Dickere Hosen, Pulloveranoraks, Schutzmasken, Fausthandschuhe aus Schaffell. Nun war es an der Zeit, sie auszupacken.

Ich hielt die Hunde an, gab ihnen einen Snack und holte die Sachen aus dem Schlittensack. Als ich den Parka ablegte, um die Kleider anzuziehen, bekam ich einen eisigen Vorgeschmack von der Kälte. In Rekordgeschwindigkeit zog ich mich an, und in dem Moment dämmerte mir, was wohl auf mich zukam. Die Kälte fühlte sich intensiver an, war schneidender, als ich es je erlebt hatte.

Aber ihre geballte Kraft sollte noch kommen, und vorläufig half die extra Kleidung. Ich ging wieder an die Arbeit, untersuchte die Hunde, fütterte sie, zog denen Booties über, die welche brauchten, lief weiter, beobachtete die Leinen. Was eben zum Laufen mit Schlittenhunden gehört.

Ich streifte mir die Stirnlampe über, obwohl es noch nicht dunkel genug war, und stellte mich auf einen – so dachte ich – normalen Nachtlauf ein.

Dann wurde es dunkel, und die Welt ging unter.

Von allen Seiten drang die Kälte auf mich ein. In jeden Saum, jede Ritze, jede Öffnung bohrte sie sich, ich spürte sie wie Stiche, Nadeln, tödlich schneidende Eissplitter, schlimmer als Eis, absolute *Kälte.*

Es war einfach nicht zu fassen.

Nach einer Stunde bekam ich Schwierigkeiten. Ich trug jedes Kleidungsstück aus meinem Kaltwetterarsenal, aber es half nicht. Ich spürte, wie die Kälte in mich kroch, sich in die Schultern fraß, durch die Schutzmaske über meinem Gesicht, in den Parka, sie umschloß mich wie die Faust des Todes.

Gott, dachte ich, *Gott im Himmel* …

Es müssen fünfzig Grad minus gewesen sein. Hinzu kam, daß jetzt ein starker Wind wehte, gegen den wir mit etwa fünfzehn Stundenkilometern anrannten, und damit wurde die bisher beunruhigende Situation gefährlich und tödlich.

Ich machte mir Sorgen um die Hunde und hielt einige Male an, um sie auf Erfrierungen oder Verletzungen zu untersuchen, aber es ging ihnen gut. Sie wirkten glücklich, die Kälte und der Wind schienen sie nicht zu stören, also lief ich wieder zum Schlitten, und das brachte mich auf die rettende Idee.

Bei einem der Stopps hatte ich den Anker in eine Eisritze gesetzt. Das war bestenfalls riskant, denn die Hunde hätten ihn leicht lösen und davonlaufen können, daher lief ich schnell nach vorn, sah mir ihre Pfoten an und rannte zum Schlitten zurück. Und als ich wieder auf den Kufen stand und den Anker zog, fühlte sich mein Körper wegen des schnellen Laufens wärmer an.

Von da an rannte ich. Nicht ständig, aber ich hielt mich am Bügel fest und rannte hundert Schritt, dann fuhr ich ein Stück, bis die Kälte unerträglich wurde, sprang wieder von den Kufen und rannte.

Die ganze Nacht. Es war trotzdem schlimm. Ich hatte Frostbeulen an den Wangen, die Finger und Zehen spürte ich bald nicht mehr, aber sie waren nicht ganz erfroren. Ich überstand die Nacht und auch die übelste Phase kurz vor Tagesanbruch, und dann ging die Sonne auf und brachte Erleichterung und Leben für einen weiteren Tag.

Ich weiß nicht, wie kalt es in dieser Nacht war, jedenfalls nicht in Gradzahlen, nicht in den nüchternen, belanglosen Maßeinheiten, die wir Menschen verwenden.

Ich weiß nur, es war so kalt, daß die Streichhölzer an der Reibfläche der Schachtel nicht zündeten, egal wie fest ich rieb.

Es war so kalt, daß die Batterien meiner Stirnlampe den Geist aufgaben und ich die Nacht im Dunkeln lief – und ich trug die Batterien *unter* den Kleidern.

Es war so kalt, daß die in Plastiktuben verpackte Salbe für die Hundefüße, die ich an einer Kordel um den Hals unmittelbar über meiner Thermo-Unterwäsche trug, steinhart gefroren war.

Kälte. So schneidend, daß ich, als die Sonne aufging und ich die Wärme auf den Kleidern spürte, am liebsten geheult und zugleich gebetet hätte und daß ich, als ich nach einer zweiten schlimmen Nacht endlich das Dorf Kaltag erreichte, wo der Trail den Yukon verläßt und hundertfünfzig Kilometer über Land zur Beringsee führt, so dankbar war wie damals, als ich aus der Armee entlassen wurde oder als ich die Geburt meines Sohnes erlebte – dankbar bis ins Herz.

Unalakleet

Wie Tag und Nacht. So kraß war der Unterschied zwischen Zentral-Alaska und der Küste. Irgendwie hinterließen die Durchquerung des Landesinneren und die Fahrt auf dem Yukon nach Norden den Eindruck von Dunkelheit, obwohl ich tags wie nachts gelaufen war, den Eindruck von Kälte und Dunkelheit.

Die Küste der Beringsee war nur Licht und Sonne und freundliches Wetter.

Kurz nach Einbruch der Dunkelheit verließ ich Kaltag und den verhaßten Yukon. Eigentlich hatte ich mich dort ausruhen und von den geistigen wie körperlichen Strapazen der kalten Fahrt auf dem Fluß erholen wollen, nur stieß ich in dem Dorf auf ein Problem des Rennens, das in der Öffentlichkeit gern verschwiegen wird. Nämlich: Alkohol.

Manche Dörfer haben Probleme mit Alkohol, oder besser gesagt, manche Menschen in manchen Dörfern haben Probleme mit Alkohol. Das beschränkt sich natürlich nicht nur auf Eskimodörfer – Alkoholismus findet sich in allen Schichten der Gesellschaft –, doch an jenem Abend in Kaltag begegneten mir auffällig viele Betrunkene.

Eine Frau bot mir ihre Liebesdienste an, andere wollten meine Hunde streicheln, es wurde getanzt und gelacht, allgemeine Partystimmung überall, mit dem Ergebnis, daß die Hunde nie zur Ruhe gekommen wären, daher schnappte ich mir die Futtersäcke, trug mich ein und aus und brach noch im Dunkeln auf.

Ich wußte nichts über das Gelände, das uns erwartete, nur daß es hundertfünfzig Kilometer »runter« zur Küste ging.

Wir liefen also durch die Dunkelheit, und ich wartete ständig auf die »Abfahrt«, die Schatten des Rainy Pass noch immer in Erinnerung, aber das steile Gefälle blieb aus. Nach etwa fünfzig Kilometern über flaches oder leicht bergab führendes Gelände, das die Hunde in Begeisterung versetzte und mich den Yukon schnell vergessen ließ, je weiter wir uns von der eisigen Kälte entfernten, fuhren wir um eine Kurve und stießen auf ein Lagerfeuer.

Es brannte gut, hatte den Schnee bis zum Boden geschmolzen, und daneben befand sich ein Bett aus Fichtenästen – wir fuhren durch ein Tal, daher gab es vorübergehend Bäume –, aber kein Lebenszeichen. Weder ein Hundegespann oder ein Musher noch irgendein Hinweis, daß es jemals einen gegeben hätte, obwohl ich frische Schneemobilspuren entdeckte. Ich bog vom Trail ab, band Hunde und Schlitten an einen Baum, hakte sie von den Leinen und machte es mir gemütlich. Der Ausgleich für die ausgefallene Pause in Kaltag und ein kleiner Hunde-Snack waren ohnehin fällig, und das Feuer wirkte sehr einladend.

Es ergab zwar keinen Sinn, aber ich sagte mir, hier hat wohl jemand gehalten, das Feuer brennen lassen, und der Wind hat wahrscheinlich die Spuren verweht oder zugedeckt.

Ich holte die Isolierboxen und den Hundefutterofen, legte Holz von dem frisch geschnittenen stattlichen Haufen neben dem Bett nach, wärmte das Hundefleisch auf und öffnete Parka und Hose, damit mich das Feuer ein bißchen wärmte. Das alles dauerte keine zehn Minuten, da kam ein Gespann um die Ecke gedüst, und der Musher trat auf die Bremse, daß der Schnee nur so spritzte, und hielt neben mir.

Er sah mich schweigend an.

»Hallo«, sagte ich. »Auf der Suche nach einem Plätzchen zum Ausruhen? Hier«, ich machte eine einladende Handbewegung, »ich hab' ein hübsches Feuer gefunden.«

»Ich … ähm …« Er wirkte verlegen, was eigentlich unsinnig war. »Nun ja. Eine Pause kann nicht schaden …«

Er zog seine Hunde auf die andere Seite des Trails, hakte die Leinen aus und brachte sein Futter und seinen Ofen ans Feuer.

»Hübsches Bett«, sagte er.

»Ja. Das war auch schon da. Tut mir leid, daß es kein zweites gibt.«

»Ich schneide ein paar Äste ab und baue mir selbst eins …«

Irgendwie herrschte immer noch eine leichte, mir unerklärliche Spannung, aber ich dachte mir, zum Teufel, das liegt am Rennen, wahrscheinlich denkt er, er halluziniert oder so was; ich machte mir darüber keine Gedanken mehr.

Es verstrichen weitere fünf oder zehn Minuten, da hörte ich das unverwechselbare Aufheulen eines Schneemobils, das Sekunden später den Trail herabjagte.

Das war weiter nicht ungewöhnlich. Schneemobile waren eine der großen Gefahrenquellen des Rennens, besonders wenn Besoffene am Steuer saßen. Neben Flugzeugen sind sie im Winter die wichtigste Transportmöglichkeit in Alaska, und auf dem Yukon, einem traditionellen Verkehrsweg, rauschen sie mit hundert Stundenkilometern und mehr an einem vorbei. Tagsüber ist das schon schlimm genug, besonders wenn man nicht mitten auf dem Fluß ist und sie blind um eine Kurve jagen und in das Gespann fahren. Nachts aber ist es noch schlimmer. Sie flitzen mit Geschwindigkeiten dahin, die dem Fahrer jegliche Reaktionsmöglichkeit nehmen, wenn ihm etwas vor die Scheinwerfer kommt, daher gibt es oft Unfälle. Teams wurden über den Haufen gefahren, Hunde kamen dabei um, Menschen wurden verletzt, manche tödlich. Ich hatte vor den verdammten Dingern einen Heidenrespekt entwikkelt, um nicht zu sagen Angst, und sobald ich eines kommen hörte, hielt ich an, zog die Hunde vom Trail und ließ zur Warnung meine Stirnlampe auf und ab wippen.

Aber dieser fuhr nicht vorbei.

Er preschte um die Kurve, bog ab vom Trail, hielt beim Feuer, und noch ehe der Fahrer registrierte, daß wir zu zweit waren, sprang er von der Maschine und hielt eine wärmeisolierte Schachtel in der Hand.

Er war verdattert. »Oh …« Er und der andere Musher wechselten einen Blick, und plötzlich kapierte ich, was vor sich ging. Die beiden waren Freunde, und der Mann auf dem Schneemobil half dem anderen. Er hatte das Feuer gemacht, das Bett gebaut, hatte alles für seinen Freund vorbereitet und war dann losgefahren, um …

»Was ist in der Schachtel?« fragte ich.

»Ach, nichts. Ich war nur in Unalakleet und habe Pizza gekauft.« Er zuckte die Achseln. »Für später.«

»Was für eine Pizza?«

»Wurst. Und extra Käse.»

»Ist sie noch heiß?«

Er nickte, klemmte sich aber die Pizza in der Thermoverpackung schützend unter den Arm.

Ich sah zu meinen Hunden. Ich hatte ihnen bereits einen Happen zu fressen gegeben, und sie richteten sich auf die Ruhephase ein. Sie jetzt zu füttern würde sie nur stören. Das konnte ich später tun, wenn sie ausgeschlafen hatten. Ich hatte Zeit. Und die Lage war eindeutig: Hier fand ein Regelverstoß statt. Hilfe ist nicht erlaubt. Nicht einmal das Wasser darf dir jemand in den Checkpoints vorheizen, geschweige denn deine Hunde füttern oder dein Feuer herrichten. Ein

Musher darf keine fremde Hilfe annehmen, nur andere Musher, die am Rennen teilnehmen, dürfen helfen, und auch das nur mit Einschränkungen.

Jemanden mit dem Schneemobil vorauszuschicken, der Feuer macht und Betten baut und dann auch noch heiße Pizza holt …

Nein. Das war nicht erlaubt. Basta.

Wenn ich die beiden anzeigte, würde der Hundeführer zweifellos disqualifiziert.

Aber bei uns ging es nicht mehr um Preisgelder, wir waren überhaupt keine Konkurrenz, was wir taten, hatte also keinen Einfluß auf das Rennen.

Und da war diese Pizza.

Der liebe Gott, dachte ich, hat mir eine Pizza beschert.

»Ach, zum Teufel.« Der andere Hundeführer seufzte. »Möchtest du ein Stück Pizza?«

Ich zuckte die Schultern. »Na ja, wenn es nicht zu unverschämt ist.«

»Nein, kein Problem …«

Wir setzten uns um das Feuer und aßen Pizza, die nur ein bißchen kalt war – sie hatte die neunzig Kilometer von Unalakleet auf einem Schneemobil in knapp einer Stunde zurückgelegt –, und redeten über Hunde und tranken Cola, die der Mann als Beigabe zur Pizza mitgebracht hatte, und alle Mühsal des Yukon war von mir genommen.

Kurz vor Tagesanbruch hakte ich die Leinen an, ließ sie am Lagerfeuer zurück, und bis Nome traf ich keinen der beiden wieder.

Unalakleet war ein Küstenort der Eskimos und bestand aus kleinen Sozialbauten und Lebensmitteldepots auf Pfählen, um die Hunde fernzuhalten, sowie Gerüsten, über die im Sommer

Segeltuchzelte gespannt wurden. Es war einer der wenigen Orte, wo wir in Häusern wohnen durften. Die Dorfbewohner hatten sich um Musher beworben, und jede Familie beherbergte einen anderen. Sie waren wunderbar gastfreundlich, boten mir Weißbrot, Bohnen, Sauerkraut und Traubengelee an – alles zu horrenden Kosten für mich eingeflogen – und etwa zwanzig köstliche Karibusteaks, die ich, wenn ich mich recht entsinne, alle selbst aß, nur das Traubengelee hob ich für die Kinder auf, die sich in meiner Nähe herumdrückten.

Ich war einfach nicht satt zu kriegen. Sie hatten nicht genug für mich. Nachdem ich alles verputzt hatte, was ich für mich hatte herbringen lassen, und alles, was meine Gastgeber gekocht hatten, ging ich zu dem übriggebliebenen Haufen und fand Rentierwurst, die ein anderer Musher zurückgelassen hatte. Jeder läßt sich mehr Proviant als benötigt an die einzelnen Checkpoints schicken, damit man, falls ein Sturm kommt und man sich eine Weile verkriechen muß, genug zu essen hat. Folglich gibt es einen gewaltigen Überfluß, und ich fand in dem Haufen zurückgelassene Lebensmittel, die ich mir sofort einverleibte. Seit dem Yukon aß ich soviel und sooft ich konnte – ich verschlang ganze Butterstangen –, und trotzdem nahm ich jeden Tag ein Pfund ab und hatte ständig Hunger.

Vieles im Rennen war für mich mittlerweile eine mystische Erfahrung geworden. Das lag teilweise an den Halluzinationen und der ehrfurchtgebietenden Schönheit der Landschaft, aber der Höhepunkt des spirituellen Gefühls kam mit der Beringsee.

Ich weiß nicht, warum, aber das Meer berührte mich. Ich blieb die ganze Nacht in Unalakleet – ich aß, reparierte kaputte und verschlissene Ausrüstung, flickte Zaumzeug und zerrissene Kleidung, hörte mir Geschichten an und saß dösend am Küchentisch in dem kleinen Haus, sah aus dem Fenster zu den Hunden und wartete darauf, daß Max sich ein neues Bett baute.

Er rührte sich erst eine Stunde vor Tagesanbruch von der Stelle. Daraufhin ging ich hinaus, hakte die Leinen an, und währenddessen dachte ich zum letztenmal über mein anderes, mein altes Leben nach. Inzwischen kam es mir seltsam vor, als gehörte es zu einem anderen. Mein Leben bestand aus dem Team, aus Pfoten pflegen, Hunde füttern, ihnen Liebe geben, auf dem Schlitten stehen mit dem Horizont vor den Augen.

Städte, Frau, Sohn, Arbeit, das alles wirkte jetzt fremd, es *war* fremd. Es heißt immer, wenn man eine neue Sache einundzwanzig Tage lang durchhält, wird sie zur Gewohnheit. Ich war seit dreizehn Tagen im Rennen, hatte aber weit mehr als einundzwanzig Tage trainiert, immer zusammen mit den Hunden, und die Aussage war richtig: Ich hatte mich verändert und war nicht mehr derselbe. Ich hatte Dinge gelernt, die ich nicht verstand. Ich wußte instinktiv, wo der Wind auf einem Hügel am stärksten wehte, ich wußte, wo ich mich vor Elchen hüten mußte, ich wußte, wie der Schulterrhythmus der Hunde beim Traben und Laufen aussah und was es bedeutete, wenn sie ihn wechselten.

Mich hielt es nicht mehr im Inneren eines Hauses. Immer wieder lief ich zur Wand, ans Fenster, bis schließlich ein alter Mann, der mit mir am Tisch gesessen hatte, lachte und etwas zu den anderen sagte, das ich nicht verstand.

»Was?« fragte ich und drehte mich vom Fenster weg.

»Du bist einer von ihnen geworden«, sagte er. »Ein Hund. Du gehst auf und ab, du schaust hinaus, du bewegst dich … wie ein Hund.«

»Und riechen tu' ich auch so …«

Er nickte lächelnd. »Ja. Das stimmt. Nur ist da auch noch

dieser andere Geruch, der von den Orten der Weißen kommt. Aber der geht weg. Jetzt sag mir, ist es so nicht besser?«

»Was?« Ich hatte wieder zu den Hunden geschaut.

»Na, diese Art zu leben. Mit den Hunden und dem Schlitten und dem Schnee. Ist es so nicht besser als wie du sonst lebst?«

»Unten in den Staaten?«

Er nickte. »Der ganze Kram. Wie hältst du das aus? Ich sehe es immer im Fernsehen und begreife nicht, wie man so leben kann. Ist es so nicht besser?«

Ich nickte. »Doch. Es ist besser.«

»Gut. Lauf das verdammte Ding zu Ende, und danach holst du deine Frau und kommst zurück an die Küste und lebst bei uns. Wir gehen auf dem Eis Robben jagen, deine Kinder werden dick und rund, und wir können uns hinsetzen und reden.«

Ich lächelte.

»Mach das. Komm zu uns, und vergiß das andere Leben. Es ist nicht gut.«

Ich habe diese Einladung nie vergessen, sie lebt immer wieder auf, wenn ich an die Küste denke und an die Beringsee.

Kurz vor Morgengrauen brachen wir auf und liefen etwa eine Stunde die Küste entlang in Richtung Norden, auf einem guten Trail, ohne Wind, und als die Sonne im Osten aufging, schien ihr Licht sofort im Westen zu verschwinden. Es gab nichts, wo es sich hätte brechen können, keine Berge, keine Hügel, kein Land, es spiegelte sich golden im offenen Wasser (das Eis reichte nicht weit ins Meer hinaus) und ging weiter nach Sibirien, um die Welt, schönes goldenes Licht, das unaufhörlich davonglitt.

»Seht euch das an«, sagte ich laut. »Das Meer.«

Und die Hunde sahen es sich an. Nicht alle. Ich glaube, Devil blieb stur. Es war ja nichts zum Fressen. Aber die meisten, und Cookie bestimmt, sahen aufs Meer, und dann jagten wir einen Schwarm von zwei- bis dreihundert Schneehühnern auf, sie stoben in die Luft wie weiße Bomben, und die Hunde waren nicht mehr zu halten und hetzten hinter ihnen her. Ich ließ sie laufen, denn die Richtung stimmte, und irgendwann verfielen sie von selbst wieder in einen Trab. Wir fuhren den ganzen Tag, einem freundlichen, milden Tag, das blaue Wasser zu unserer Linken, bis wir einen langen Hang hinabglitten und zwischen Weiden hindurch zu einer Landzunge gelangten, die hinaus auf den Nortonsund führte, wo wir hundertzwanzig Kilometer Meereseis überqueren mußten.

An der Spitze der Landzunge lag ein kleines Dorf, Shaktolik, in das wir im letzten Tageslicht einliefen. Wieder wurden wir in Häusern untergebracht, aber hier war es anders. Ich teilte mir ein Zimmer mit vier Mushern, die alle schon einmal am Iditarod teilgenommen hatten; jeder arbeitete stumm an seiner Ausrüstung, und im Raum hing eine Spannung, ein Unbehagen, das ich nicht verstand.

Schließlich fragte ich. »Warum seid ihr so still?«

»Das liegt am Sund«, sagte der Mann neben der Tür. »Dem Nortonsund. Wir müssen übers Eis. Letztes Jahr hat er ein paar Leute fast das Leben gekostet. Einen Mann haben sie in seinem Schlittensack gefunden, und wenn sie ihn nicht mit dem Flugzeug entdeckt hätten, hätte er die nächste Stunde wahrscheinlich nicht überlebt.«

Während er sprach, sah ich zufällig aus dem Fenster. Der Mond spiegelte sich auf dem Eis, ruhig und wunderschön. Die Spuren des letzten Schlittens verloren sich in der Ferne. Es war nicht kalt, vielleicht dreißig Grad unter Null. Windstille. Es war, kurzum, ideal zum Laufen mit Hunden.

»Das versteh' ich nicht«, sagte ich. »Da draußen ist es doch verdammt schön.«

Aber keiner antwortete. Sie arbeiteten weiter, bis der Mann, der gesprochen hatte, seinen Parka anzog und zur Tür ging. Dort blieb er stehen, zögerte, den Rücken uns zugewandt, dann zuckte er die Achseln, machte die Tür auf und ging hinaus. Ich hörte, wie er die Leinen einhakte und die Hunde ungeduldig bellten, sie wollten los, und dann beobachtete ich, wie er auf der Landzunge davonglitt und in der Ferne auf dem Eis verschwand.

Ich blieb viereinhalb Stunden, ließ die Hunde ausruhen, wartete auf Max, und in der Zwischenzeit fuhren auch die drei anderen Musher los, jeder etwas widerwillig, jeder zögerte an der Tür, und wenn mir jemand gesagt hätte, daß ich sie um ein Haar nicht wiedersehen würde, ich hätte ihn für verrückt erklärt.

Nortonsund

Hundertzwanzig Kilometer über treibendes, gespaltenes, schwankendes Meereseis, Salzwassereis, durchbrochen von Druckkanten und ohne jeden Schutz, wenn der Wind einem entgegenschlägt.

Wir fuhren noch im Dunkeln weiter, und ich konnte tatsächlich die Lichter des nächsten Checkpoints im Dorf Koyuk übers Eis hinweg erkennen. Konnte sehen, wo ich in zwei Tagen sein würde. Dann ging die Sonne auf und löschte die Lichter aus.

Der Sund war einfach traumhaft. Es wehte kein Wind – eine, wie ich später erfuhr, fast unerhörte Ausnahme –, und die Sonne erhob sich zu unserer Rechten über dem Eis und ließ die dünne Schutzschicht aus Schnee strahlendweiß leuchten. Ich mußte blinzeln und sah, wie Cookie zum Aufspüren des Trails von den Augen zur Nase wechselte, weil die Sonne sie blendete, sie senkte den Kopf, um eine Duftmarke aufzuspüren, und dann beschleunigte sie.

Ich kam mir sehr arktisch vor, ein anderes Wort fällt mir nicht ein. Bislang hatte es nur Berge, Flüsse, Bäume und Tundra gegeben, aber dies hier war Schlittenhundlaufen auf Meereseis. Ich mußte an all die Arktisforscher denken, all die Menschen, die auf dem Eis Hunde benutzt hatten, um zu jagen und zu leben, und ich fühlte mich ihnen verwandt.

So liefen wir zwei, drei Stunden dahin, ich mit meinem verwirrten Kopf in höheren Gefilden, als sich plötzlich, innerhalb von Sekunden, alles änderte.

Im ersten Moment sah ich nur, wie Cookie das Tempo wechselte. Sie war mit leicht zurückhängender linker Schulter gelaufen, eine Trab-Position, die es ihr erlaubte, mit dem rechten Vorderbein weiter auszuholen. Für sie als Rechtshänderin war es bequemer, so zu laufen. Jetzt aber verfiel sie in einen weit langsameren Schritt, sie ging fast, und ihr Schwanz ragte plötzlich in Fragezeichenhaltung in die Luft. Wenn sie sich ihrer Sache sicher war, hing er gerade nach unten, und der Grad, in dem er in die Höhe zeigte, stand in direkter Proportion zu dem, was sie als Gefahr wahrnahm. Ich vertraute ihrer Schwanzstellung, immerhin hing mein Leben davon ab, und jetzt ragte er kerzengerade hoch, die Spitze zum Fragezeichen gewölbt. Gleichzeitig machte sie sich »leicht«. Mir stockte das Blut in den Adern. Wenn sie sich auf die Zehenspitzen stellte, um sich leichter zu machen, bedeutete das nur eines: schlechtes Eis.

Plötzlich spürte ich, wie der Schlitten sich bewegte. Es war wie bei einem Erdbeben – ein Zittern, dann eine Welle, eine Bewegung der ganzen Welt, ein Verrutschen des Firmaments, die Grundlage deiner Existenz sackt weg.

Ich machte mir fast in die Hose. So schnell war es passiert. Eben noch hatte ich in arktischen Gefühlen geschwelgt, das Eis und das Meer zu meiner Linken geliebt, und jetzt, ohne Vorwarnung, die Gefahr. Ich war schon einmal eingebrochen und nur durch Glück und Cookies sofortige Reaktion gerettet worden, ich wußte, wie rasch es geht. Man war ganz schnell weg. Mit all den Kleidern am Leib konnte man nicht schwimmen, konnte man nicht mal lange genug oben bleiben, um zu schreien; man sank wie ein Stein.

Und ich befand mich hier über einer weiß Gott wie tiefen Beringsee.

Zunächst hatte ich keinen sichtbaren Hinweis auf veränderte Eisbedingungen entdeckt. Ich schätzte die Eisdecke auf gute zwei Meter dick. Als ich sie jetzt aber näher betrachtete, sah ich, daß es frisches Eis war, sehr frisches Eis, bedeckt von einer hauchdünnen Schneeschicht. Es war keinen Fuß dick, womöglich sogar viel weniger, und es arbeitete, bog sich und schwankte durch die Unterwasserbrandung.

Ich packte das Notseil und ließ mich bäuchlings hinter den Schlitten fallen, die Beine gespreizt, um das Gewicht zu verteilen. Gleichzeitig brüllte ich »Rechts herum!«, ein altes Trapperkommando, das bei den Rennhunden nicht gefruchtet hätte. Aber Cookie kannte es und wußte, sie sollte im weiten Bogen nach rechts schwenken und das Gespann umdrehen, um einer gefährlichen Stelle auszuweichen.

Die Hunde sträubten sich zunächst gegen sie, wollten weiter geradeaus, aber Cookie fand einen Spalt im Eis, krallte sich darin fest und zerrte sie herum, während ich auf dem Bauch hinterherschlitterte.

Auf diese Weise legten wir etwa hundert Meter zurück, dann senkte sich Cookies Schwanz, und sie lief geradewegs nach Osten. Dann spürte ich einen Hubbel, und mein Bauch glitt von dem schlechten Eis auf die alte Schicht.

Spätere Nachforschungen erklärten, was geschehen war. Im Gegensatz zum Eis auf Seen ist Meereseis niemals statisch. Es hat die verschiedensten Fließeigenschaften, deformiert und bewegt sich. In der Nacht zuvor hatte sich eine gewaltige Scholle gelöst – über dreihundert Kilometer im Durchmesser – und war ins Meer hinaus getrieben. In der Lücke hatte sich sofort neues Eis gebildet. Aber es war Salzeis, das langsamer gefror als Süßwasser, und es war längst nicht so fest.

Zwei Stunden früher, und ich wäre durchgebrochen. Vielleicht auch nur eine Stunde früher. Jedes Jahr sterben Menschen auf dem Eis – manche Eskimofrauen waren mit fünfundzwanzig schon mehrfache Witwen, ihre Männer starben im Meereseis.

Und auch der Mann vor mir hätte beinahe zu den Opfern gehört. Ich umfuhr die frisch gefrorene Stelle und machte einen längeren Umweg gen Osten und wieder zurück, und als ich den Kontrollpunkt in Koyuk erreichte, fragte mich der Zeitnehmer, ob ich den Mann gesehen hätte.

»Ich habe niemanden da draußen gesehen.«

»Komisch, der Funker sagt, er sei eine ganze Weile vor Ihnen aufgebrochen.«

»Stimmt, mindestens zwei Stunden.«

»Und Sie haben ihn nicht auf dem Eis gesehen?«

Ich schüttelte den Kopf. »Nichts.« Ich behielt es für mich, aber wenn er da draußen gewesen wäre, hätte ich ihn gesehen.

»Wie war das Eis?«

»Schlecht ...« Ich erzählte ihm, was ich erlebt hatte, und wir kamen zu dem Schluß, daß der Mann vor mir auf schlechtes Eis geraten und eingebrochen war, mit Hunden und allem. Das war schon passiert, nicht im Rennen, sondern im Training. Alle tot. Ich versuchte mich an ihn zu erinnern, wie er aussah, was er gesagt hatte. Das würden mich die Leute fragen. Aber ich sah nur das Bild vor mir, wie er nach unten wirbelte, in Schlitten und Hunden verheddert, wie er tiefer und tiefer gezogen wurde in das dunkle Blau des Sund ...

Aber ich täuschte mich.

Er war auf die abgespaltene Scholle geraten, die ins Meer trieb. Einen ganzen Tag lang merkte er es nicht, so groß war die Scholle, er lief immer weiter mit den Hunden, fütterte sie, bis er schließlich auf Wasser stieß und wußte, was passiert war.

Er verpaßte einen Checkpoint. Zwei Tage später war die

Scholle an Land getrieben, in der Nähe von Topkok Head, wo er das Eis verließ und feststellte, daß er hundertfünfzig Kilometer zu weit war. Die Regeln legen fest, daß man sich in jedem Checkpoint an- und abmelden muß, da halfen keine Ausreden, und so wurde er disqualifiziert. Aber ich erfuhr, daß es ihm egal war. Da draußen, ganz allein auf dem Eis, hatte er zu Gott gefunden, er war heilfroh, überhaupt zurückzukommen, und pfiff auf die Messingschnalle, die jeder bekommt, der durchs Ziel läuft.

Es war wieder dunkel, als ich vom Sund in Koyuk einlief und die Hunde vor einem Gebäude unterbrachte, das sich als Waffenlager der Nationalgarde entpuppte. Davor saß ein Eskimo in der Dunkelheit, um den Kopf eine Stirnlampe, den Strahl auf seinen Schoß gerichtet, und er gab seltsame Laute von sich.

»Zieeehhh deiiin Geweeehr ...«

Ich trat näher und sah, daß er einen Western von Louis Lamour las, er benutzte ihn zum Lesen lernen, und heute wünschte ich, ich hätte ein Bild von ihm. Er saß auf einem umgestülpten Eimer an die Wand gelehnt und las, als säße er in einem Wohnzimmer. Es war vierzig Grad kalt, vom Sund blies ein immer stärkerer Wind, der an allem rüttelte, und er war völlig vertieft in den Western.

Nome

Das Rennen ist unerbittlich. Ich hatte gedacht, es wären nur zweihundertvierzig Kilometer von Koyuk nach Nome, und nachdem ich mittlerweile das Landesinnere hinter mir hatte, den Rainy Pass, den gottverdammten Yukon (das ist er noch heute für mich) und den Nortonsund, nachdem ich all dies bewältigt und mich bewährt hatte, könnte es nicht mehr schwer sein, wäre der Rest ein gemütlicher Schlittschuhlauf nach Nome.

Doch das Rennen ist unerbittlich; kein Abschnitt berücksichtigt einen anderen Abschnitt. Wenn es auf dem Yukon schlimm ist, heißt das nicht, daß es auf dem Sund gut ist, vielmehr kann es auch dort schlimm sein und auf der Strecke von Koyuk nach Nome noch schlimmer werden.

Manche haben hier aufgegeben. Man muß über einen Berg, der Trail führt direkt über die Spitze des Topkok Mountain in den vorletzten Checkpoint in White Mountain, und manche Musher waren so fertig, daß sie dort aufgegeben haben. Mitten auf dem Berg. Achtzig Kilometer vor Nome.

Das Rennen läßt einfach nicht nach, und ich stellte fest, man darf nicht entspannen, darf nicht schwach werden.

Wir fuhren am Rande des Eises entlang in das Dorf Elim, immer weiter, bis das Meer gegen die Felsen brandete und Eisplatten abriß, so daß wir nicht weiterkamen und uns zwischen Felsgestein hinaufarbeiteten, um oben die schroffe Küste entlangzulaufen, ein Alptraum aus schrundigen Klippen und zerklüfteter feste Erde.

Und dann kam Wind auf. Als das Laufen ohnehin kaum noch möglich war, kam der Wind und setzte uns zu, er wehte mich vom Schlitten und fegte die Hunde von den Füßen, als wir uns den Topkok hochkämpften. Auf dem Gipfel gerieten wir in seltsame Strömungen, und ich durfte das Wunder erleben, wie Cookie frei in der Luft hing, alle vier Füße über dem Boden, sie schwebte auf einem Kissen aus Hochgeschwindigkeitsluft, als wir die Bergspitze überquerten.

Zwei, drei Sekunden hing sie im freien Raum, und das machte sie so sauer, daß sie nach ihrer Landung den Kopf drehte und Wilson biß, der hinter ihr lief. Es war das einzige Mal, daß ich sie so unbeherrscht erlebte, und ich habe bestimmt einen halben Topf Salbe auf Wilsons Kopf geschmiert, damit die Wunde zu bluten aufhörte.

Dann ging es bergab, Hals über Kopf, wir prallten gegen Höcker und flogen durch die Luft. Ich bekam die Füße nicht auf die Kufen und wurde die ganze Abfahrt hinterhergeschleift, bis wir wieder auf Meereseis fuhren und über eine kleine Bucht nach White Mountain liefen.

Inzwischen war der Wind richtig fies. Wie Wetterfahnen schlitterten wir über das spiegelblanke Eis, ich hing seitwärts im Wind, während Cookie und das Gespann seitwärts im Krebsgang liefen, damit wir die Richtung hielten.

Und auch im Checkpoint war es nicht vorüber. Ich trug mich ein und aus, gab den Hunden einen Snack, aber da Nome nur noch achtzig Kilometer entfernt war, konnte und wollte ich nicht bleiben.

Ich weiß nicht, ob die Hunde es ahnten oder spürten, aber sie wollten nicht ausruhen. Heute muß man in White Mountain eine zwölfstündige Pflichtpause einlegen, das mußte man damals nicht, und viele Musher fuhren gleich weiter.

Wir liefen die ganze Nacht, in den Tag hinein, immer gegen den Wind, und gegen Spätnachmittag, fast gegen Abend erreichten wir den »Strand«, eine etwa sechzig Kilometer lange Strecke, die direkt nach Nome führt.

Ich zog Cookie nach links aufs Meereseis, wo es sich leichter lief, und wir hielten erst wieder am Sicherheits-Checkpoint, der letzten Kontrollstelle dreißig Kilometer vor dem Ziel. Es war dunkel, und in der Ferne konnte ich trotz Schneetreiben die Lichter von Nome sehen.

Ich mochte nicht durchs Ziel laufen. Plötzlich fiel mir der alte Mann ein, der mich eingeladen hatte, zurückzukommen und mit ihm Robben zu jagen und an der Küste zu leben. Am liebsten wäre ich umgekehrt.

Aber Cookie spürte das Ziel. Sie sah die Lichter ebenfalls, sie wußte Bescheid und übernahm die Führung, sie zog die Hunde weiter, und wir liefen das Eis entlang, noch immer gegen den Wind kämpfend, und dann hörte ich die Sirene – jedes einlaufende Gespann wird mit einer Sirene angekündigt –, und wir verließen das Meereseis auf einer langen Rampe, die sonst zum Stapellauf von Schiffen diente.

Auf der Front Street lag kein Schnee, und da meine Plastikkufen so gut wie hinüber waren, hielt ich mich am Schlitten fest und trabte nebenher, während Cookie das Gespann die Straße entlang zog, wo eine Menschenmenge an der Ziellinie wartete.

Lichter, Kameras, Reporter, meine Frau und mein Sohn sowie der Bürgermeister von Nome begrüßten uns.

»Nun«, fragte ein Reporter. »Was sagen Sie zu dem Rennen?«

Und ich stand da, in zerrissenen Kleidern, alles in Fetzen

und zusammengeflickt, eine Damenbinde unter die blutenden Hämorrhoiden geklemmt, bar jeder Denkfähigkeit, Hüften und Rücken schmerzend vom Rütteln der Kufen; ich stand da, gezeichnet von siebzehn Tagen und vierzehn Stunden auf dem Trail; stand mit gefrorener Spucke im Bart und erfrorenen Wangen und zwei schwarzen Zehen; stand in Erinnerungen an angreifende Elche und mörderischen Wind, an die öden Ebenen im Landesinneren; all dies im Kopf stand ich da und sagte völlig überzeugt:

»Ich werde wiederkommen und dieses Scheißding gewinnen.«

Aus

Er trug einen vergilbten Kittel mit kleinen Bildern von Disney-Figuren. Mickymaus, Donald Duck, Tick, Trick und Track, Dagobert.

Der Arzt.

Er hatte ein Kind besucht, oder Kinder, bevor er zu mir in die Kabine kam. Auf seinen Lippen lag noch das Lächeln, das er bei Kindern aufsetzte. Ein kleines Lächeln. Ein kleines, trauriges Lächeln.

Die Tests waren durch. Tretmühle, Kardiogramm, Angiogramm, er hielt die Mappe in der Hand, eine braune DIN-A4-Mappe. Kleine Disney-Figuren und die braune Mappe. Ich lag im Bett, die Leistengegend mit einem elastischen Verband zugepflastert, um das Loch zusammenzupressen, wo die Sonde in die Beinarterie führte.

»Nun, die Tests sind positiv.« Das Lächeln wich, kam wieder, aber schwächer. Er sah mir in die Augen. Ganz fest. Das lernen sic in cincm obligatorischen Kurs im Medizinstudium: Einführung in den Umgang mit Patienten. Immer Augenkontakt herstellen. Besonders bei schlechten Nachrichten. Sehr schlechten. »Das ist natürlich negativ. Ein positiver Test bedeutet ein negatives Ergebnis. Sie leiden an einer Verengung der Herzkranzgefäße.«

Aber.

Das war das erste Wort. Der erste Gedanke. Nur das. Aber.

Aber ich trainiere doch für meinen dritten Iditarod.

Aber mein Sohn ist noch nicht mit dem College fertig.

Aber ich bin doch gerade so erfolgreich und habe eine Diät angefangen und eine Idee für ein neues Buch und ein Maß an spiritueller Gnade gefunden, und allmählich verstehe ich den Rhythmus, den Puls der Sprache, und ich muß noch lernen, wie man losläßt, wie man den Bogen losläßt …

Aber.

Eisiges Frösteln. Unten an der Wirbelsäule.

Plötzlich wurde es wichtig, ihm zu sagen, wie es passiert war, sehr wichtig, außerordentlich wichtig. »Ich war beruflich in Boston und wartete am Flughafen, da spürte ich es und sank auf ein Knie, ich glaube, es war das linke …« Ich verstummte. Welch ein kleiner, kalter Ort, ich wollte auf die Toilette oder mich umdrehen und weggehen und nicht all diese Schweinekoteletts essen, und die Angst wuchs, kroch mir den Rücken hinauf und verwandelte sich in die Armeeangst und in die Bar-in-Juarez-als-der-Mann-sein-Messer-zog-Angst, und dann setzte sie sich im Magen fest.

Aber.

Du mußt das Gesicht wahren. Am liebsten hätte ich geschrien, alles in Stücke gerissen und getobt, aber ich fragte mit kühler Stimme – o Scheiße, ja, kühl, James Bond: »Wie lange noch?«

Er verstand mich falsch und schüttelte den Kopf, und ich spürte die Angst wachsen, die mich plötzlich wie ein Schuß in die Brust traf. *Mist,* dachte ich. Kein *aber* mehr, sondern *Mist.* Ich muß sterben. Und schon roch ich ihn – den Tod. Roch und schmeckte ihn. Kupfer, genau wie es immer in Büchern beschrieben wird – ein kupferblauer Geschmack. Mein Körper zog sich zusammen, und mir war, als müßte ich scheißen. An Ort und Stelle. Schweißperlen traten mir auf die Stirn, ich sah auf die Uhr an der Wand. Eine große Uhr. Solche benutzten sie immer in Schulen. Klebte an der Wand in dem kleinen Raum.

Der Zeiger hatte sich nicht bewegt. Keine Minute war verstrichen, seit er es mir mitgeteilt hatte. Keine Minute. Aber alles hatte sich verlangsamt, kroch nur noch voran. Auch die Schwester lächelte, allerdings aus Mitleid, und einen Augenblick ließ ich mich davon mitreißen. Von der ach so traurigen Sache. Sie wußte Bescheid. Die Schwester kannte das. Die Madonna weiß alles.

Der Arzt erkannte seinen Fehler und berührte meinen Arm. »Nein … nein. Nicht so. Eine Ihrer Herzarterien ist fast zu. Es gibt eine Reihe von Behandlungsmethoden, bis zu einer Bypass-Operation. Noch sind Sie nicht tot.«

Ich holte Luft, stieß sie wieder aus. Ich erinnere mich an jeden Teil dieses Atemzugs. Rein, halten, raus.

»Aufgrund Ihrer aktiven Arbeit mit den Hunden glauben wir, daß Ihr Herz zusätzliche Arterien um den Block bildet. Das kommt manchmal vor. Wir möchten es mit Medikamenten, Gymnastik und einer strengen Diät versuchen, dann besteht die Chance, daß Sie in ein bis zwei Jahren, vielleicht auch etwas länger, wieder normal leben können.«

»Normal …«

»Den Iditarod dürfen Sie natürlich nicht mehr laufen.«

»Iditarod …«

Nichts funktionierte mehr richtig. Ich konnte nicht denken. Ich konnte einfach nicht denken. Vorsichtig hob ich mein Bein und versuchte, die Angst hinunterzuschlucken, den Geruch des Todes zu vertreiben, aber er blieb und ist nicht verschwunden, und auch jetzt, während ich dies schreibe, ist er hier. Er wird nie weggehen.

»Sie werden ein normaleres Leben führen müssen.«

»Normal …«

»Sie nehmen die Medikamente, machen täglich einen zünftigen Spaziergang und besuchen hier im Krankenhaus einen Diätkurs. Ein Restrisiko bleibt natürlich, immerhin haben Sie eine Herzkrankheit. Aber wenn Sie richtig damit umgehen, besteht eine gute Chance, daß Sie noch lange leben und alles so wird wie immer.«

Aber da täuschte er sich. Danach würde nichts wieder so sein, wie es einmal war, nichts würde so sein wie immer.

Ich hatte das Kupfer gerochen, den schalen Kupfergeschmack, und ich wußte, Herzleiden waren Todesursache Nummer eins – so heißt es doch immer, Todesursache Nummer eins, als wäre es ein gottverdammter Wettbewerb –, Todesursache Nummer eins bei Menschen zwischen fünfzig und sechzig. Ich näherte mich den Fünfzigern und hatte das Kupfer gerochen, und nichts würde jemals wieder sein wie früher, und ich würde auch nicht mehr leben.

Nicht wie früher.

Nicht mit den Hunden.

Aber wie sollte das gehen? Wie sollte ich ohne ihre Begeisterung leben? Ohne das Licht am Horizont und ihre ausgelassene Freude und den Sinn, den sie meinem Leben gaben? Wie in aller Hölle sollte das gehen?

All diese Fragen waren da, während er im Kittel mit den kleinen Disney-Figuren mit mir sprach, und jetzt, da ich dreiundfünfzig bin, sind sie ebenfalls da, und auch heute nacht, wenn ich versuche, das zu tun, was man als schlafen bezeichnet, werden sie da sein, und sie werden auch da sein, wenn ich morgen früh aufwache.

Wie soll ich bloß ohne die Hunde leben?

Dann kam der schwerste Schritt – der Anruf bei einem Freund, ebenfalls ein Hundeführer: »Du mußt kommen und alles mitnehmen – Welpen, Hunde, Schlitten – nur Cookie nicht. Wenn ich nach Hause komme, müssen sie fort sein, sonst …«

Unbeendet.

Sonst komme ich nicht. Sonst sterbe ich. Sonst halte ich es nicht aus.

Der Bruch muß sauber sein. Er wird gut auf sie achtgeben, den Iditarod mit ihnen laufen, mit meinen Hunden.

Meine Hunde. O Gott.

Wie soll ich bloß ohne die Hunde leben?

RUSSLAND
Tschuktschensee
Sibirien
Nome
Saint Lawrence
Yukon
Yukon
Beringsee
Kuskokwim
Nuniwak
Anchorage
Kodiak
Aleuten